Die von internationalen Strafgerichtshöfen anwendbaren Normen des Völkerstrafrechts

Europäische Hochschulschriften
Publications Universitaires Européennes
European University Studies

Reihe II
Rechtswissenschaft

Série II Series II
Droit
Law

Bd./Vol. 2603

PETER LANG
Frankfurt am Main · Berlin · Bern · New York · Paris · Wien

Martina Niehoff

Die von internationalen Strafgerichtshöfen anwendbaren Normen des Völkerstrafrechts

PETER LANG
Europäischer Verlag der Wissenschaften

Die Deutsche Bibliothek - CIP-Einheitsaufnahme

Niehoff, Martina:

Die von internationalen Strafgerichtshöfen anwendbaren Normen des Völkerstrafrechts / Martina Niehoff. - Frankfurt am Main ; Berlin ; Bern ; New York ; Paris ; Wien : Lang, 1999
(Europäische Hochschulschriften : Reihe 2, Rechtswissenschaft ; Bd. 2603)
Zugl.: Münster (Westfalen), Univ., Diss., 1998
ISBN 3-631-34611-5

Gedruckt auf alterungsbeständigem,
säurefreiem Papier.

D 6
ISSN 0531-7312
ISBN 3-631-34611-5

Printed in Germany 1 2 3 4 5 7

Meinen Eltern
in Dankbarkeit gewidmet

GLIEDERUNG

LITERATURVERZEICHNIS

Albrecht, A.R.	War Reprisals in the War Crimes Trials and in the Geneva Conventions of 1949 in: AJIL 1953 S. 580-614
Aldrich, George H.	Jurisdiction of the International Criminal Tribunal for the Former Yugoslavia in: AJIL 1996 S. 64-69
Ambos, Kai	Zum Stand der Bemühungen um einen ständigen Internationalen Strafgerichtshof und ein Internationales Strafgesetzbuch in: ZRP 1996 S. 263-271
Angevin	Rapport in: La Semaine Juridique 1988 Bd I No 2 S. 21149
Appleman, John Alan	Military Tribunals and International Crimes Indianapolis 1954
Aroneanu, Eugene	Le crime contre l'Humanité Paris 1961
Aroneanu, Eugene	La Définition de l'Agression Paris 1958
Baade, Hans W.	Intertemporales Völkerrecht in: JIR 1956 S. 229-256
Balasz, André	Die rechtliche Begründung des Nürnberger Urteils in: FW 1946 S. 369-375
Ballis, William	The Legal Position of War - Changes in its Practice and Theory from Plato to Vattel New York, London 1973
Balmer-Basilius, H.R.	Nürnberg und das Weltgewissen in: FW 1946 S. 289-293
Barandon, Paul	Die Vereinten Nationen und der Völkerbund Hamburg 1948
Barandon, Paul	Das Kriegsverhütungsrecht des Völkerbunds Berlin 1933

Bassiouni, M.Cherif	A Draft International Criminal Code and Draft Statute for an International Criminal Tribunal Dordrecht, Boston, Lancester 1987 (zitiert: Bassiouni, A Draft International Criminal Code S.)
Bassiouni, M.Cherif	International Criminal Law Band I: Crimes Band III: Enforcement Dobbs Ferry, New York 1986 und 1987
Bassiouni, M.Cherif	Crimes against Humanity in International Law Dordrecht, Boston, London 1992 (zitiert: Bassiouni, Crimes against Humanity S.)
Bassiouni, M.Cherif/ Nanda, Ved P.	A Treatise on International Criminal Law Band I: Crimes and Punishment Springfield 1973
Bauer, Fritz	Die Kriegsverbrecher vor Gericht Zürich 1945
Baumann, Jürgen	Gedanken zum Eichmann-Urteil in: JZ 1963 S. 110-121
Bell, Johannes (Hrsg.)	Völkerrecht im Weltkrieg Band IV Berlin 1927 (zitiert: Autor in Bell, Völkerrecht im Weltkrieg Bd S.)
Berber, Friedrich	Lehrbuch des Völkerrechts Band I: Allgemeines Friedensrecht München 1975
Berber, Fritz	Das Diktat von Versailles 2 Bände Essen 1939
Bernhardt, Rudolf (Hrsg.)	Encyclopedia of Public International Law Band III und IV: Use of Force, War and Neutrality, Peace Treaties Band VIII: Human Rights and the Individual in International Law, International Economic Relations Amsterdam, New York, Oxford 1982 und 1985 (zitiert: Bearbeiter in EPIL Bd S.)

Bleckmann, Albert	Die Nichtrückwirkung völkerrechtlicher Verträge in: ZaöRVR 1973 S. 38-55
Blumenwitz, Dieter	Das Verbrechen gegen den Frieden aus völkerrechtlicher Sicht in: Festschrift für Friedrich-Wilhelm Krause Köln, Berlin, Bonn, München 1990 S. 79-92 (zitiert: Blumenwitz in FS Krause S.)
Blumenwitz, Dieter (Hrsg.)	Flucht und Vertreibung Köln, Berlin, Bonn, München 1987 (zitiert: Autor in Blumenwitz, Flucht und Vertreibung S.)
Bluntschli, J.C.	Das moderne Völkerrecht der civilisierten Staaten 3. Auflage Nördlingen 1878
Bothe, Michael	Conflits armés internes et droit international humanitaire in: RGDIP 1978 S. 82-102
Brackmann, Arnold C.	The other Nuremberg New York 1987
Brownlie, Ian	Principles of Public International Law 4. Auflage Oxford 1990
Bruha, Thomas	Die Definition der Aggression Berlin 1980
Buhse, Karl-Heinrich	Der Schutz von Kulturgut im Krieg Hamburg 1959
Carjeu, P.M.	Projet d´une Juridiction Pénale Internationale Paris 1953
Crawford, James	The ILC adopts a Statute for an International Criminal Court in: AJIL 1995 S. 404-416
Colombos, John	Internationales Seerecht München, Berlin 1963
Cot, Jean-Pierre/ Pellet, Alain	La Charte des Nations Unies 2. Auflage Paris 1991

Cotler, Irwin	Regina v. Finta, Canadian Supreme Court War Crimes Decision in: AJIL 1996 S. 460-476
Dahm, Georg	Zur Problematik des Völkerstrafrechts Göttingen 1956
Dahm, Georg	Völkerrecht Band III Stuttgart 1961
Dahm, Georg	Die Stellung des Menschen im Völkerrecht unserer Zeit Tübingen 1961
Darby, W. Evans	International Tribunals London 1899
Davidson, Eugene	The Nuremberg Fallacy - Wars and War Crimes since World War II New York 1973
Descheemaeker, Jacques	Le Tribunal militaire international des grands criminels de guerre in: RGDIP 1946 S. 210-311
Dinstein, Yoram	The Defence of Obedience to superior orders in International Law Leyden 1965
Doehring, Karl	Völkerrechtliche Beurteilung des Kriegsverbrecherprozesses von Nürnberg in: Beiträge zur Konfliktforschung 1986 Heft 4 S. 75-84
Doman, Nicholas R.	Aftermath of Nuremberg: The Trial of Klaus Barbie in: University of Colorado Law Review 1989 S. 449-469
Donner, Michael	Die Begrenzung bewaffneter Konflikte durch das moderne jus ad bellum in: AdV 1995 S. 168-218
Drost, Pieter N.	The crime of State Band II: Genocide Leyden 1959

Eccard, Frédéric	La signification supreme du Procès de Nuremberg in: RDI 1946 S. 82-84
Ehard, Hans	The Nuremberg Trial against the major war criminals and international Law in: AJIL 1949 S. 223-245
Elias, T.O.	The doctrine of intertemporal Law in: AJIL 1980 S. 285-307
Fenwick, Charles G.	International Law 2. Auflage New York, London 1934
Ferencz, Benjamin B.	An International Criminal Court 2 Bände London, Rom, New York 1980
Finch, George A.	The Bryan Peace Treaties in: AJIL 1916 S. 882-890
Finch, George A.	The Nuremberg Trial and International Law in: AJIL 1947 S. 20-37
Fleck, Dieter (Hrsg.)	Handbuch des humanitären Völkerrechts in bewaffneten Konflikten München 1994 (zitiert: Autor in Fleck, Handbuch des humanitären Völkerrechts S.)
Fleischmann, Max	Völkerrechtsquellen Halle 1905
Fuhrmann, Peter	Der höhere Befehl als Rechtfertigung im Völkerrecht München, Berlin 1963
Garner, James W.	Punishment of offenders against the Laws and Customs of War in: AJIL 1920 S. 70-94
Gasser, Hans-Peter	Der Internationale Strafgerichtshof für das frühere Jugoslawien und das „Kriegsrecht und die Kriegsbräuche“ in: Humanitäres Völkerrecht-Informationsschriften 1993 S. 60-62

Geiss, Imanuel	Hegemonie und Genozid: Das Serbien-Syndrom 1991/92 in: EA 1992 S. 421-432
Genet, Raoul	Droit maritime pour le temps de guerre 2 Bände Paris 1937
Gentili, Alberico	De Iure Belli libri tres Ausgabe von 1612, neu herausgegeben vom Carnegie Endowment of International Peace, Division of International Law durch James Brown Scott, Oxford und London 1933
Ginsburgs, George/ Kudriavtsev, V.N. (Hrsg.)	The Nuremberg Trial and international Law Dordrecht, Boston, London 1990 (zitiert: Bearbeiter in Ginsburgs/Kudriavtsev, The Nuremberg Trial and international Law S.)
Glaser, Stefan	Vers une juridiction criminelle internationale in: Schweizerische Zeitschrift für Strafrecht 1952 S. 281-306
Glaser, Stefan	Die Gesetzlichkeit im Völkerstrafrecht in: ZStW 1964 S. 170-192
Goodrich, Leland M./ Hambro, Edvard	Charter of the United Nations Boston 1949
Gornig, Gilbert	Die Verantwortlichkeit politischer Funktionsträger nach völkerrechtlichem Strafrecht in: NJ 1992 S. 4-14
Graefrath, Bernhard	Universal Criminal Jurisdiction and an International Criminal Court in: EJIL 1990 S. 67-88
Graefrath, Bernhard	Jugoslawientribunal - Präzedenzfall trotz fragwürdiger Rechtsgrundlage in: NJ 1993 S. 433-437
Graefrath, Bernhard	Formen der Durchsetzung eines Kodex der Verbrechen gegen den Frieden und die Sicherheit der Menschheit in: NJ 1990 S. 53-56
Grassi, Mario	Die Rechtsstellung des Individuums im Völkerrecht Winterthur 1955

Graven, Jean	Comment juger le jugement Eichmann? in: Revue internationale de criminologie et de police technique 1962 S. 19-60
Graveson, R.H.	Der Grundsatz „nulla poena sine lege“ und Kontrollratsgesetz Nr. 10 in: MDR 1947 S. 278-281
Grebing, Gerhardt	Zur Frage der Schaffung eines Internationalen Strafgerichtshofs in: GA 1976 S. 97-113
Green, L.C.	The Eichmann Case in: The Modern Law Review 1963 S. 507-515
Greenspan, Morris	The modern Law of Land Warfare Los Angeles 1959
v. Gretschaninow	Der Plan eines internationalen Abkommens betreffend die Bekämpfung politischer Verbrechen und die Errichtung eines internationalen Strafgerichtshofs in: ZaöRVR 1935 S. 181-185
Grewe, Wilhelm G.	Rückblick auf Nürnberg in: Festschrift für Karl Doehring London, Paris, Tokio, Hongkong 1989 (zitiert: Grewe in FS Doehring S.)
Grewe, Wilhelm G./ Küster, Otto	Nürnberg als Rechtsfrage Stuttgart 1947
Groh, Franz	Das Recht der Kriegsgefangenen und Zivilpersonen nach den Genfer Konventionen vom 12. 8. 1949 Hamburg 1952
Grotius, Hugo	De Iure Belli ac Pacis libri tres Amsterdam 1642
Guggenheim, Paul	Lehrbuch des Völkerrechts 2 Bände Basel 1951
v. Hackwitz, Günther	Die Neutralität im Luftkriegsrecht Stuttgart 1927

Haft, Fritjof	Strafrecht Allgemeiner Teil 3. Auflage München 1987
Hankel, Gerd/ Stuby, Gerhard (Hrsg.)	Strafgerichtshöfe gegen Menschheitsverbrechen zum Völkerstrafrecht 50 Jahre nach den Nürnberger Prozessen Hamburg 1995 (zitiert: Bearbeiter in Hankel/Stuby, Strafgerichte gegen Menschheitsverbrechen S.)
Heidelmeyer, Wolfgang	Die UN-Grundsätze bei Kriegs- und Humanitätsverbrechen in: VN 1974 S. 176-179
Heidelmeyer, Wolfgang	Über die Unverjährbarkeit von Kriegs- und Humanitätsverbrechen in: VN 1969 S. 18-22
Heidelmeyer, Wolfgang	Verjährung von Kriegs- und Humanitätsverbrechen in: VN 1967 S. 61-63
Heidelmeyer, Wolfgang	Die Definition der Aggression - Ein Instrument für den Sicherheitsrat in: VN 1975 S. 108-112
Hertz, Wilhelm G.	Das Problem des völkerrechtlichen Angriffs 2. Auflage Leiden 1936
Heydecker, Joe J./ Leeb, Johannes	Der Nürnberger Prozeß Köln 1985
v. der Heydte, Friedrich August	Völkerrecht Band I Köln 1958
Hinz, Joachim	Das Kriegsgefangenenrecht Berlin, Frankfurt 1955
Hobbes, Thomas	Leviathan, neu herausgegeben von J.P. Mayer Zürich 1936
Hodges, Henry G.	The doctrine of Intervention Princeton 1915
Hoffmann, Gerhard	Strafrechtliche Verantwortlichkeit im Völkerrecht Frankfurt, Berlin 1962

Hold v. Ferneck, Alexander — Die Reform des Seekriegsrechts durch die Londoner Konferenz 1908/09
Stuttgart 1914

Hollweg, Carsten — Das neue Internationale Tribunal der UNO und der Jugoslawienkonflikt
in: JZ 1993 S. 980-989

v. Holtzendorff, Franz — Handbuch des Völkerrechts
Band I
Berlin 1885

Hosoya, C./
Ando, N./
Onuma, Y./
Minear, R — The Tokyo War Crimes Trial - An International Symposium
Tokyo 1986
(zitiert: Hosoya/Ando/Onuma/Minear, The Tokyo War Crimes Trial S.)

Horwitz, Solis — The Tokyo Trial
in: International Conciliation 1950 S. 473-584

Hudson, Manley O. — The Budapest Resolutions of 1934 on the Briand Kellog Pact of Paris
in: AJIL 1935 S. 92-94

Ipsen, Knut — Völkerrecht
3. Auflage
München 1990
(zitiert: Bearbeiter in Ipsen, Völkerrecht § Rn)

Ipsen, Knut — Das „Tokyo Trial" im Lichte des seinerzeit geltenden Völkerrechts
in: Festschrift für Dietrich Oehler
Köln, Berlin, Bonn, München 1985 S. 505-515
(zitiert: Ipsen in FS Oehler S.)

Jackson, Robert — International Conference on Military Trials - London 1945
Washington 1949

Jacqart, Michèle — La notion de crime contre l´Humanité en droit international contemporain et en droit canadien
in: Revue Générale de Droit 1990 S. 607-649

Jescheck, Hans-Heinrich | Die Verantwortlichkeit der Staatsorgane nach Völkerstrafrecht
Bonn 1952
(zitiert: Jescheck, Die Verantwortlichkeit der Staatsorgane S.)

Jescheck, Hans-Heinrich | Die internationale Genocidium-Konvention vom 9. Dezember 1948 und die Lehre vom Völkerstrafrecht
in: ZStW 1954 S. 193-217

Jescheck, Hans-Heinrich | Lehrbuch des Strafrechts, Allgemeiner Teil
4. Auflage
Berlin 1988

Jung, Susanne | Die Rechtsprobleme der Nürnberger Prozesse dargestellt am Verfahren gegen Friedrich Flick
Tübingen 1992
(zitiert: Jung, Die Rechtsprobleme der Nürnberger Prozesse S.)

Kelsen, Hans | Principles of International Law
New York 1952

Kelsen, Hans | The Law of the United Nations
London 1950

Keydel, Hans | Das Recht zum Kriege im Völkerrecht
Leipzig 1931

Kimminich, Otto | Einführung in das Völkerrecht
5. Auflage
Tübingen, Basel 1992

Kimminich, Otto | Schutz der Menschen in bewaffneten Konflikten
München, Mainz 1979

Klein, Eckart | Die Bedeutung der Nürnberger Prozesse für die Bewältigung des SED-Unrechts
in: ZRP 1992 S. 208-213

Klein, Friedrich | Der Begriff des „Angriffs“ in der UN-Satzung
in: Festschrift für Hermann Jahrreiß
Köln, Berlin, Bonn, München 1964
(zitiert: Klein in FS für Jahrreiß S.)

Kraus, Herbert | Kontrollratsgesetz Nr. 10
Hamburg 1948
(zitiert: Kraus, KRG Nr. 10 S.)

Kraus, Herbert/ Rödiger, Gustav	Urkunden zum Friedesvertrag 2 Bände Berlin 1920 und 1921
Kunig, Philip	Das völkerrechtliche Delikt in: Jura 1986 S. 344-352
Kunz, Josef L.	The United Nations Convention on Genocide in: AJIL 1949 S. 738-746
Lansing, Robert	Some Legal Questions of the Peace Conference in: AJIL 1919 S. 631-650
Larnaude F./ de La Pradelle A.	Examen de la responsabilité pénale de l'empereur Guillaume II d´Allemagne in: JDI 1919 S. 131-159
Le Fur, Louis/ Chklaver, Georges	Recueil de Textes de Droit international public 2. Auflage Paris 1934
Less, Avner Werner	Schuldig - Das Urteil gegen Adolf Eichmann Frankfurt 1987
Liang, Yuen-Li	Notes on legal questions concerning the United Nations in: AJIL 1952 S. 73-88
Lloyd George, David	Memoirs of the Peace Conference 2 Bände neu herausgegeben New York 1972
Mandell House, Edward/ Seymour, Charles (Hrsg.)	What really happened at Paris London 1921 (zitiert: Autor in Mandell House/Seymour, What really happened at Paris S.)
v. Mangoldt, Hermann	Das Kriegsverbrechen und seine Verfolgung in Vergangenheit und Gegenwart in: Jahrbuch für internationales und ausländisches öffentliches Recht 1948 S. 283-334
Manner, George	The object theory of the individual in international law in: AJIL 1952 S. 428-449

Maurach, Reinhart	Die Kriegsverbrecherprozesse gegen deutsche Gefangene in der Sowjetunion Hamburg 1950
Meier, Gert	Der bewaffnete Angriff Göttingen 1963
Mérignhac, A.	De la sanction des infractions au droit des gens in: RGDIP 1917 S. 5-56
Meron, Theodor	War Crimes in Yugoslavia and the Development of international Law in: AJIL 1994 S. 78-87
Meron, Theodor	International Criminalization of internal Atrocities in: AJIL 1995 S. 554-557
Meron, Theodor	The Geneva Conventions as Customary Law in: AJIL 1987 S. 348-370
Meurer, Christian	Das Friedensrecht der Haager Konferenz 2 Bände München 1905
Miyazaki, Shigeki	Internationaler Schutz der Menschenrechte und Völkerrechtsunmittelbarkeit in: Festschrift für Hermann Mosler 1983 S. 581-597 (zitiert: Miyazaki in FS Mosler S.)
Moser, Johann Jacob	Versuch des neuesten Europäischen Völkerrechts in Friedens- und Kriegszeiten Frankfurt 1779
Mosler	Die Konferenz zur internationalen Bekämpfung des Terrorismus in: ZaöRVR 1938 S. 99-107
v. Münch, Ingo	Völkerrecht 2. Auflage Berlin, New York 1982
Muyombano, Célestin	Ruanda: die historischen Ursachen des Bürgerkrieges Stuttgart 1995 (zitiert: Muyombano, Ruanda S.)
Nellessen, Bernd	Der Prozeß von Jerusalem Düsseldorf, Wien 1964

Neuhold, Hans-Peter	Internationale Konflikte - verbotene und erlaubte Mittel ihrer Austragung Wien, New York 1977 (zitiert: Neuhold, Internationale Konflikt S.)
Nowak, Manfred	Die UNO - Konvention gegen die Folter vom 10. Dezember 1984 in: EUGRZ 1985 S. 109-116
O´Brian, James	The international Tribunal for Violations of international humanitarian Law in the former Yugoslavia in: AJIL 1993 S. 639-659
Oppenheim, Lassa Francis Lawrence	International Law - A Treatise London, New York, Toronto 1928 (zitiert: Oppenheim, International Law S.)
Oehler, Dietrich	Internationales Strafrecht 2. Auflage Köln, Berlin, Bonn, München 1983
Oellers-Frahm, Karin	Das Statut des Internationalen Strafgerichtshofs zur Verfolgung von Kriegsverbrechen im ehemaligen Jugoslawien in: ZaöRVR 1994 S. 416-445
Oellers-Frahm, Karin	Internationaler Gerichtshof: Bosnien-Herzegowina gegen Jugoslawien (Serbien und Montenegro) in: VN 1996 S. 181-183
Oeter, Stefan	Kriegsverbrechen in den Konflikten um das Erbe Jugoslawiens in: ZaöRVR 1993 S. 1-48
Orentlicher, Diane F.	Settling Accounts: The Duty to prosecute Human Rights Violations of a Prior Regime in: Yale Law Journal 1990/91 S. 2537-2615
Ostermeyer, Gerhard	Die Intervention in der Völkerrechtstheorie und -praxis Würzburg 1955
Partsch, Karl-Josef	Die Einzelperson im Völkerrecht in: FW 1949 S. 249-262

Pechstein, Matthias — Die Ratifizierung der Zusatzprotokolle zu den Genfer Konventionen durch die BRD
in: AdV 1992 S. 281-297

Pella, Vespasian — Le Code de Crimes contre la Paix et la Securité de l'Humanité
Genf 1964

Pella, Vespasian — La justice pénale internationale
in: RDI 1945 S. 88-139

Phillipson, Coleman — The International Law and Customs of Ancient Greece and Rome
Band I
London 1911

Pictet, Jean S. — La Convention de Genève
Band III
Genf 1958

Pompe, Cornelis Arnold — Aggressive War an International Crime
Gravenhagen 1953
(zitiert: Pompe, Aggressive War S.)

Pritchard, John R./ Zaide, Sonia Magbanua — The Tokyo War Crimes Trial
22 Bände
New York, London 1981

Der Prozeß gegen die Hauptkriegsverbrecher vor dem Internationalen Militärgerichtshof, 42 Bände, Nürnberg 1947-49

Pufendorf, Samuel — De Jure Naturae et Gentium
1672

Punishment for War Crimes, The Inter-Allied Declaration signed at St. James Palace on 13th January 1942 and relative documents, London 1942

Punishment for War Crimes, Collective notes presented to the government of Great Britain, the USSR and the USA, London 1942

v. Puttkamer, Ellinor — Die Haftung der politischen und militärischen Führung des Ersten Weltkriegs für Kriegsurheberschaft und Kriegsverbrechen
in: AdV 1948/49 S. 424-449

Radbruch, Gustav — Zur Diskussion über die Verbrechen gegen die Menschlichkeit
in: SJZ 1947 S. 131-136

Randelzhofer, Albrecht	Das Kriegsrecht zwischen Bewahrung und Veränderung - Die Zusatzprotokolle zu den Genfer Rotkreuz-Abkommen in: EA 1978 S. 725-736
Randelzhofer, Albrecht	Die Aggressionsdefinition der Vereinten Nationen in: EA 1975 S. 621-632
Ratz, Paul	Über die völkerrechtlichen Grundlagen des Londoner Statuts vom 8. August 1945 und des Kontrollratsgesetzes Nr. 10 in: AdV 1951/52 S. 275-299
Rauschenbach, Gerhard	Der Nürnberger Prozeß gegen die Organisationen Bonn 1954
Regout, Robert	La doctrine de la guerre juste de Saint Augustin à nos jours Paris 1934
Reichhelm, Konrad	Der Angriff Berlin 1934
Renault, Louis	De l´Application du Droit Pénal in: RGDIP 1918 S. 5-29
Röling, Bert V.A./ Rüter, C.F.	The Tokyo Judgment 2 Bände Amsterdam 1977
Röling, Bert V.A.	Die Definition der Aggression in: Festschrift für Eberhard Menzel Berlin 1975 S. 387-403 (zitiert: Röling in FS Menzel S.)
Roggemann, Herwig	Der Internationale Strafgerichtshof der Vereinten Nationen von 1993 und die Balkankriegsverbrechen in: ZRP 1994 S. 297-301 (zitiert: Roggemann, Der Internationale Strafgerichtshof der Vereinten Nationen S.)
Roggemann, Herwig	Krieg und Frieden auf dem Balkan Berlin 1993
Roggemann, Herwig	Strafverfolgung von Balkan-Kriegsverbrechen aufgrund des Weltrechtsprinzips - ein Ausweg? in: NJW 1994 S. 1436-1439

Roggemann, Herwig	Der Internationale Strafgerichtshof der Vereinten Nationen von 1993 und der Krieg auf dem Balkan Berlin 1994 (zitiert: Roggemann, Der Internationale Strafgerichtshof auf dem Balkan S.)
v. Rohland, W.	Völkerrechtsquellen 2. Auflage Freiburg 1908
Rousseau, Jean-Jacques	Le contrat social ou principes du droit politique Amsterdam 1762, L'Etat de guerre - Political Writings of Rousseau, herausgegeben von Vaugham Cambridge 1915
Sandiford, Roberto	Evolution du droit de la guerre maritime et aérienne in: Recueil des Cours 1939 S. 555-682
Scheidl, Franz	Die Kriegsgefangenenschaft von den ältesten Zeiten bis zur Gegenwart Berlin 1943
Scherer, Hans	Das Vergleichsverfahren Rostock 1928
Schick, F.B.	The Nuremberg Trial and the International Law of the Future in: AJIL 1947 S. 770-794
Schlepple, Eberhard	Das Verbrechen gegen den Frieden und seine Bestrafung Frankfurt 1983 (zitiert: Schlepple, Das Verbrechen gegen den Frieden S.)
Schlögel, Anton	Die Genfer Rotkreuz-Abkommen vom 12. August 1949 und die beiden Zusatzprotokolle vom 10. Juni 1977 7. Auflage Bonn 1980 (zitiert: Schlögel, Die Genfer Rotkreuz-Abkommen S.)

Schmitt, Carl	Das internationalrechtliche Verbrechen des Angriffskrieges und der Grundsatz „Nullum crimen, nulla poena sine lege" Berlin 1994 (zitiert: Schmitt, Das internationalrechtliche Verbrechen des Angriffskrieges S.)
Schottlaender, Adolf	Die geschichtliche Entwicklung des Satzes: nulla poena sine lege Breslau 1911
Schücking, Walter/ Wehberg, Hans	Die Satzung des Völkerbunds Berlin 1921
Schütze, Heinrich Albrecht	Die Repressalie unter Berücksichtigung der Kriegsverbrecherprozesse Bonn 1950 (zitiert: Schütze, Die Repressalie S.)
Schwelb, Egon	Crimes against Humanity in: BYIL 1946 S. 178-226
Scott, James Brown	Les Conférences de la Paix de la Haye de 1899 et 1907 2 Bände Paris 1927
Shaw, Malcolm N.	International Law 3. Auflage Cambridge 1991
Shotwell, James T.	War as an Instrument of National Policy New York 1929
Shraga, Daphna/ Zacklin, Ralph	The International Criminal Tribunal for the Former Yugoslavia in: EJIL 1994 S. 360-380
Simma, Bruno (Hrsg.)	Charta der Vereinten Nationen - Kommentar München 1991 (zitiert: Autor in Simma, Charta der VN S.)
Sottile, Antoine	Les criminels de guerre et le nouveau droit pénal international, seul moyen efficace pour assurer la paix du monde in: RDI 1945 S. 228-248

Spetzler, Eberhard — Luftkrieg und Menschlichkeit
Göttingen, Berlin, Frankfurt 1956

Suarez, Francisco — in: Die Klassiker des Völkerrechts herausgegeben von Walter Schätzel
Tübingen 1965

Sunga, Lyal S. — Individual Responsibility in International Law for serious Human Rights Violations
Dordrecht 1992

Stier-Somlo, Fritz (Hrsg.) — Handbuch des Völkerrechts
Band I und III
Berlin, Stuttgart, Leipzig 1936
(zitiert: Autor in Stier-Somlo, Handbuch des Völkerrechts Bd S.)

Stillschweig, Kurt — Das Abkommen zur Bekämpfung von Genocide
in: FW 1949 S. 93-104

Stowell, Ellery C. — Intervention in International Law
Washington 1921

Strebel, Helmut — Die Genfer Abkommen vom 12. August 1949 - Fragen des Anwendungsbereichs
in: ZaöRVR 1950/51 S. 118-145

Strebel, Helmut — Die Haager Konvention zum Schutze der Kulturgüter im Falle eines bewaffneten Konflikts vom 14. Mai 1954
in: ZaöRVR 1955/56 S. 33-75

Strisower, Leo — Der Krieg und die Völkerrechtsordnung
Wien 1919

Strupp, Karl/ Schlochauer, Jürgen — Wörterbuch des Völkerrechts
3 Bände
Berlin 1960
(zitiert: Autor in Strupp/Schlochauer, Wörterbuch des Völkerrechts Bd S.)

Strupp, Karl — Urkunden zur Geschichte des Völkerrechts
2 Bände
Gotha 1911

Taylor, Telford — Nuremberg and Vietnam: an American Tragedy
New York 1970
(zitiert: Taylor, Nuremberg and Vietnam S.)

Teitgen, M.	Le jugement de Nuremberg in: RDI 1946 S. 161-173
Thiele, Willi	Völkerstrafrecht - Entwicklung und Gegenwartslage Göttingen 1952 (zitiert: Thiele, Völkerstrafrecht S.)
Thürer, Daniel	Vom Nürnberger Tribunal zum Jugoslawien - Tribunal und weiter zu einem Weltstrafgerichtshof ? in: Schweizerische Zeitschrift für internationales und europäisches Recht 1993 S.491-516
Tomuschat, Christian	Ein internationaler Strafgerichtshof als Element einer Weltfriedensordnung in: EA 1994 S. 61-70
Trainin, A.N.	Hitlerite Responsibility under Criminal Law Moskau 1944
Trapp, Erwin	Die kriegsrechtliche Bedeutung der Nürnberger Urteile Düsseldorf 1957
Triepel, Heinrich	Völkerrecht und Landesrecht Leipzig 1899
Triffterer, Otto	Dogmatische Untersuchungen zur Entwicklung des materiellen Völkerstrafrechts seit Nürnberg Freiburg 1966 (zitiert: Triffterer, Dogmatische Untersuchungen S.)
Triffterer, Otto	Grundlagen, Möglichkeiten und Grenzen des internationalen Tribunals zur Verfolgung der Humanitätsverbrechen im ehemaligen Jugoslawien in: ÖJZ 1994 S. 825-844
Triffterer, Otto	Völkerstrafrecht im Wandel ? in: Festschrift für Hans-Heinrich Jescheck Berlin 1985 S. 1477-1503 (zitiert: Triffterer in FS für Jescheck S.)
United Nations War Crimes Commission	History of the United Nations War Crimes Commission and the development of the Laws of War London 1948
Unverhau, Kurt	Der Schutz von Kulturgut bei bewaffneten Konflikten Göttingen 1955

de Vabres, Donnedieu H. — Le Proces de Nuremberg devant les Principes modernes du Droit pénal international
in: Recueil des cours 1947 S. 481-577

de Vattel, Emeric — Le Droit des Gens ou Principes de la Loi Naturelle
in: Classics of International Law, herausgegeben von der Carnegie Institution of Washington
Washington 1916

Verdross, Alfred/ Simma, Bruno — Universelles Völkerrecht
3. Auflage
Berlin 1984

Verhoeven, Joe — Le crime de Génocide, Originalité et Ambiguité
in: Revue Belge de droit international 1991 S. 5-26

Vierucci, Luisa — The First Steps of the International Criminal Tribunal for the Former Yugoslavia
in: EJIL 1995 S. 134-143

de Vitoria, Franciscus — De Indis et de iure belli
in: Classics of International Law, herausgegeben von der Carnegie Institution Washington
Washington 1917

v. Weber, Hellmuth — Internationale Strafgerichtsbarkeit
Berlin, Bonn 1934

v. Weber, Hellmuth — Die strafrechtliche Verantwortlichkeit für Handeln auf Befehl
in: MDR 1948 S. 34-42

Wechsler, Herbert — The issues of the Nuremberg Trial
in: Political Science Quaterly 1947 S. 11-26

Wehberg, Hans — Die Ächtung des Krieges
Berlin 1930

Wehberg, Hans — Das Genfer Protokoll
Berlin 1927

Wehberg, Hans — Bryans Friedensverträge
in: FW 1913 S. 248-250

Wehberg, Hans — Die Zukunft der Haager Friedenskonferenz ?
in: FW 1913 S. 139-143

Wengler, Wilhelm	Völkerrecht 2 Bände Berlin, Heidelberg, Göttingen 1961
Wilson, George Grafton	International Law 9. Auflage New York, Boston, Chicago, San Franzisko 1935
Woetzel, Robert K.	The Nuremberg Trials in International Law London, New York 1960 (zitiert: Woetzel, The Nuremberg Trials S.)
Wolfrum, Rüdiger	Handbuch der Vereinten Nationen München 1991
Wright, Quincy	The Law of the Nuremberg Trial in: AJIL 1947 S. 38-72
Zander, Jens-Peter	Das Verbrechen im Kriege - ein völkerrechtlicher Begriff Würzburg 1969

ABKÜRZUNGSVERZEICHNIS

a.A.	andere Ansicht
Abs	Absatz
AdV	Archiv des Völkerrechts
AJIL	American Journal of International Law
Art.	Artikel
Bd.	Band
BGBl	Bundesgesetzblatt
BRD	Bundesrepublik Deutschland
BÜW	Übereinkommen über das Verbot der Entwicklung, Herstellung und Lagerung bakteriologischer Waffen und von Toxinwaffen sowie über die Vernichtung solcher Waffen vom 10. April 1972
BYIL	British Yearbook of International Law
bzw.	beziehungsweise
Chap.	Chapitre
d.h.	das heißt
Dok.	Dokument
EA	Europa-Archiv
EJIL	European Journal of International Law
EMRK	Europäische Menschenrechtskonvention
EPIL	Encyclopedia of Public International Law
EUGRZ	Europäische Grundrechte
f	folgende Seite
ff	folgende Seiten
FS	Festschrift
Fn	Fußnote
FW	Friedenswarte
GA	Goltdammer's Archiv für Strafrecht
Gestapo	Geheime Staatspolizei
GG	Grundgesetz
HLKO	Haager Landkriegsordnung
h.M.	herrschende Meinung

IGH	Internationaler Gerichtshof
IKRK	Internationales Komitee des Roten Kreuzes
ILC	International Law Commission
ILM	International Law Materials
IMT	International Military Tribunal
IMTFE	International Military Tribunal for the Far East
IPBPR	Internationaler Pakt über bürgerliche und politische Rechte vom 19. Dezember 1966
i.S.	im Sinne
JDI	Journal de Droit International
JIR	Jahrbuch für internationales Recht
Jura	Juristische Ausbildung
JZ	Juristenzeitung
Lib.	Librum
Liv.	Livre
MDR	Monatsschrift für Deutsches Recht
m.w.N.	mit weiteren Nachweisen
NJ	Neue Justiz
NJW	Neue Juristische Wochenzeitschrift
n.c.,n.p.s.l.	nullum crimen, nulla poena sine lege
Nr.	Nummer
NSDAP	Nationalsozialistische Deutsche Arbeiterpartei
ÖJZ	Österreichische Juristen-Zeitung
RDI	Revue de Droit International de Sciences diplomatiques et politiques
RGBL	Reichsgesetzesblatt
RGDIP	Revue générale de Droit International Public
Rn	Randnummer
S.	Seite
SA	Sturmabteilung der NSDAP
SD	Sicherheitsdienst des Reichsführers SS
SJZ	Süddeutsche Juristenzeitung
SS	Schutzstaffel der NSDAP

StIGH	Ständiger Internationaler Gerichtshof
Suppl.	Supplement
SVN	Satzung der Vereinten Nationen
u.a.	unter anderem
UdSSR	Union der Sozialistischen Sowjetrepubliken
UN	United Nations
UNESCO	United Nations Educational Scientific and Cultural Organisation
UNWCC	United Nations War Crimes Commission
USA	United States of America
vgl.	vergleiche
VN	Vereinte Nationen
WaffenÜb	Übereinkommen über das Verbot oder die Beschränkung des Einsatzes bestimmter konventioneller Waffen, die übermäßige Leiden verursachen oder unterschiedslos wirken können vom 10. Oktober 1980
ZaöRVR	Zeitschrift für ausländisches öffentliches Recht und Völkerrecht
z.B.	zum Beispiel
Ziff.	Ziffer
ZP I	Zusatzprotokoll zu den Genfer Abkommen vom 12. August 1949 über den Schutz der Opfer internationaler bewaffneter Konflikte vom 8. Juni 1977
ZP II	Zusatzprotokoll zu den Genfer Abkommen vom 12. August 1949 über den Schutz der Opfer nicht internationaler bewaffneter Konflikte vom 8. Juni 1977
ZRP	Zeitschrift für Rechtspolitik
ZStW	Zeitschrift für die gesamte Strafrechtswissenschaft

EINLEITUNG

Mit der Einsetzung der internationalen Gerichtshöfe für das ehemalige Jugoslawien und für Ruanda durch die Vereinten Nationen hat die internationale Staatengemeinschaft zum ersten Mal nach den internationalen Militärgerichtshöfen von Nürnberg und Tokio internationale Strafgerichtshöfe geschaffen, die einzelne Straftäter unmittelbar nach Völkerrecht aburteilen sollen. Der Gedanke der völkerstrafrechtlichen Haftbarmachung von Einzelpersonen hat dadurch neue Aktualität erfahren. Eine der Rechtsfragen, die die Einrichtung der UN-Tribunale aufwirft, ist die nach der Existenz von strafrechtlichen Bestimmungen im Völkerrecht. Dabei ist zu berücksichtigen, daß das Völkerstrafrecht neben den ausgefeilten nationalen Strafrechtsordnungen steht. Es muß daher nicht jedes Unrecht pönalisieren, sondern kann sich auf die Inkriminierung wirklich unerträglicher Verletzungen der unentbehrlichen Grundregeln für das Zusammenleben der Staaten und Völker beschränken. Seine Aufgabe liegt darin, eine strafrechtliche Verfolgbarkeit des Einzelnen sicherzustellen, wenn der Machtapparat eines Staates systematisch und in großem Ausmaß selbst Verbrechen begeht oder sich an ihnen beteiligt, und damit der nationalen Rechtsordnung eine Aburteilung nicht möglich ist. Das Völkerstrafrecht gilt dabei für jeden Handelnden, den Vollstrecker in einer Befehlskette und den politischen Repräsentanten. Letzteren befreit auch die Immunität, die grundsätzlich Staatsdiener vor individueller Verfolgung schützt, nicht von der völkerstrafrechtlichen Verantwortlichkeit.

Aufgabe dieser Arbeit ist zu untersuchen, welche Rechtsgüterverletzungen von der internationalen Gemeinschaft mit der Sanktion der Strafe belegt werden und welche allgemeinen Regeln das Völkerstrafrecht kennt. Der erste Teil der Arbeit befaßt sich mit den Anforderungen, die das Völkerstrafrecht an einen Straftatbestand stellt. Im zweiten Teil werden die Straftatbestände zusammengestellt, die von den internationalen Strafgerichtshöfen angewendet wurden und werden. Anschließend wird überprüft, ob sie den im ersten Teil ausgearbeiteten Anforderungen an völkerrechtliche Straftatbestände gerecht werden, insbesondere, ob ihnen bereits eine hinreichende Bestimmtheit zukommt. Im letzten Teil wird darauf eingegangen, welche allgemeinen strafrechtlichen Lehren das Völkerrecht enthält.

A. CHARAKTERISTIKA DES VÖLKERSTRAFRECHTS

Ausgangspunkt der Untersuchung im ersten Teil ist eine Begriffsbestimmung des Völkerstrafrechts. Daran schließt sich die Prüfung der Entstehungsarten von völkerstrafrechtlichen Normen an. Da Inhalt und Umfang einer Strafbefugnis der Völkergemeinschaft auch davon abhängen, wer als Träger unmittelbarer Rechte und Pflichten im Völkerrecht anerkannt ist, wird schließlich noch darauf eingegangen, ob Individuen überhaupt Normadressaten des Völkerstrafrechts sein können.

I. BEGRIFF DES VÖLKERSTRAFRECHTS

1. Wesen und Inhalt des Begriffes „Völkerstrafrecht“

Eine einheitliche Definition des Begriffes „Völkerstrafrecht“ ist noch nicht erreicht. Es besteht aber Übereinstimmung bezüglich der wesentlichen Kriterien. Zum einen können sein Inhalt und Umfang nur durch das Völkerrecht bestimmt und gestaltet werden[1], und zum anderen müssen die völkerrechtlichen Normen unmittelbar die Strafbarkeit natürlicher Personen begründen.[2] Sie dürfen also nicht erst durch das Dazwischentreten eines anderen Rechtssystems anwendbar werden. Nach Völkerstrafrecht kann daher grundsätzlich auch dann bestraft werden, wenn seine Normen nicht in die staatlichen Rechtsordnungen aufgenommen sind oder dem staatlichen Recht widersprechen.[3]

Anstelle des Begriffes „Völkerstrafrecht“ wurden in der völkerrechtlichen Lehre teilweise andere Bezeichnungen gewählt. So verwenden Hoffmann, Gornig und Kimminich den Begriff des „völkerrechtlichen Strafrechts“[4] und Oehler

---

[1] Ipsen in Ipsen, Völkerrecht § 38 Rn 1; Hoffmann, Strafrechtliche Verantwortlichkeit im Völkerrecht S. 19; Dahm, Zur Problematik des Völkerstrafrechts S. 47; Triffterer, Dogmatische Untersuchungen S. 31; Verdross/Simma, Universelles Völkerrecht § 439; Jescheck, Die Verantwortlichkeit der Staatsorgane S. 9; Gornig, NJ 1992 S. 6

[2] Ipsen in Ipsen, Völkerrecht § 38 Rn 1; Hoffmann, Strafrechtliche Verantwortlichkeit im Völkerrecht S. 44; Dahm, Zur Problematik des Völkerstrafrechts S. 47; Triffterer, Dogmatische Untersuchungen S. 31; Verdross/Simma, Universelles Völkerrecht § 439; Gornig, NJ 1992 S.7

[3] Daß einzelne staatliche Rechtsordnungen für die Anwendung völkerrechtlicher Normen durch staatliche Gerichte eine unmittelbare Anwendung nicht zulassen (z.B. Art. 103 Abs. 2 GG der BRD), ist unerheblich. Es reicht, wenn diese Normen rechtstheoretisch die Möglichkeit zu einer unmittelbaren Anwendung geben.

[4] Hoffmann, Strafrechtliche Verantwortlichkeit im Völkerrecht S. 21 ff; Gornig, NJ 1992 S. 7; Kimminich, Einführung in das Völkerrecht S. 489

den des „materiellen internationalen Strafrechts“.[5] Inhaltlich unterscheiden sich diese Bezeichnungen aber nicht. Im folgenden soll jedoch der Begriff „Völkerstrafrecht“ beibehalten werden.[6] Dieser ist die verbreitetste Bezeichnung für dieses Rechtsgebiet und läßt seine Zugehörigkeit zum Völkerrecht ersichtlicher werden. Vor allem aber grenzt er es deutlicher von dem internationalen Strafrecht ab.

2. Abgrenzung zu verwandten Rechtsgebieten

a) Das internationale Strafrecht

Mit „internationalem Strafrecht“ werden die Normen bezeichnet, die den Anwendungsbereich des eigenstaatlichen Strafrechts festlegen.[7] Es ist ein Teil der staatlichen Rechtsordnung, kein Völkerrecht. Eine Beziehung zwischen dem Völkerstrafrecht und dem internationalen Strafrecht besteht nur insofern, als bei der Durchsetzung des Völkerstrafrechts, solange kein ständiger internationaler Strafgerichtshof existiert, die Verfolgbarkeit nach dem Weltrechtsprinzip des internationalen Strafrechts angenommen wird.[8] Ansonsten haben die Gebiete nichts gemeinsam; sie gehören unterschiedlichen Rechtssystemen an.

b) Die Weltverbrechen

Die Definitionen der verschiedenen Weltverbrechen und die Regelung hinsichtlich ihrer Verfolgung sind durch völkerrechtliche Verträge festgelegt worden. Zu ihnen gehören u.a. der Sklaven-, Kinder-, und Frauenhandel, der Handel mit Rauschgiften und mit unzüchtigen Veröffentlichungen, die Verletzung von Überseekabel, Luftpiraterie, Geiselnahme, Terrorismus sowie Münz- und Sprengstoffverbrechen.[9] Da diese Verbrechen typischerweise über die Grenzen

---

[5] Oehler, Internationales Strafrecht S. 2

[6] In der englischen und französischen Rechtsterminologie fehlt für das Gebiet des Völkerstrafrechts eine eigene Bezeichnung, und es fällt mit unter die Begriffe des „International Criminal Law“ und des „Droit Pénal International“.

[7] Verdross/Simma, Universelles Strafrecht § 7; Oehler, Internationales Strafrecht S. 1; Jescheck, Lehrbuch des Strafrechts AT S. 145

[8] vgl. Triffterer, Dogmatische Untersuchungen S. 175. Das Weltrechtsprinzip ermächtigt zur Ahndung von Auslandstaten, die sich gegen übernationale Kulturwerte und Rechtsgüter richten, an deren Schutz ein gemeinsames Interesse besteht. vgl. Jescheck, Lehrbuch des Strafrechts AT S. 152

[9] Jescheck, Lehrbuch des Strafrechts AT S. 152

eines Staates hinausreichen oder von internationalen Banden organisiert werden, treffen sie mehrere Staaten, die gleichermaßen an ihrer Verfolgung interessiert sind. Hinzukommt, daß ihre wirksame Bekämpfung nur durch die Zusammenarbeit aller Staaten möglich ist. Die entsprechenden völkerrechtlichen Verträge enthalten daher Vereinbarungen über Straftatbestände und andere geeignete Mittel zur Bekämpfung solcher Handlungen. Sie begründen aber im Unterschied zum Völkerstrafrecht nicht die unmittelbare Verantwortlichkeit des Einzelnen, sondern sind lediglich Vorgaben für den Erlaß staatlicher Strafgesetze.[10] Durch diese Konventionen soll nur die Unterdrückung der Weltverbrechen mittels Koordinierung staatlicher Strafgesetzgebungs- und -verfolgungsmaßnahmen erreicht werden.

c) Das völkerrechtliche Delikt

Ein völkerrechtliches Delikt ist jedes völkerrechtswidrige Verhalten eines Völkerrechtssubjekts, wodurch einem anderen Völkerrechtssubjekt ein Schaden entsteht.[11] Die Verantwortlichkeit für eine solche Handlung und die Rechtsfolgen treffen aber nur den Staat und nicht den Einzelnen, der für den Staat handelt. Das völkerrechtliche Delikt gehört damit zum Bereich des Staatenunrechts.[12] Als Rechtsfolge sieht es Schadensersatz vor, wozu allerdings auch gehören kann, daß die handelnde Person bestraft wird. Diese Aburteilung ist dann aber Aufgabe des staatlichen Rechts.[13] Im Gegensatz zum Völkerstrafrecht richten sich also beim völkerrechtlichen Delikt die völkerrechtlichen Verbotsnormen an Staaten und nicht an Einzelne.

II. DIE ENTSTEHUNG VON VÖLKERSTRAFRECHTLICHEN NORMEN

1. Allgemeines

Da das Völkerstrafrecht, wie die Begriffsbestimmung gezeigt hat, ein Teil des Völkerrechts ist, können seine Normen auch nur aus den Rechtsquellen des Völkerrechts entstehen. Allgemein anerkannt ist heute, daß für die Bildung von Völkerrechtsnormen nur die in Art. 38 des IGH-Statuts aufgezählten Quellen in

---

[10] Triffterer, Dogmatische Untersuchungen S. 176

[11] von Münch, Völkerrecht S. 194; Kimminich, Einführung in das Völkerrecht S. 482 f; Kunig, Jura 1986 S. 345

[12] Dahm, Zur Problematik des Völkerstrafrechts S. 48; Triffterer, Dogmatische Untersuchungen S. 179; Kunig, Jura 1986 S. 345

[13] Kimminich, Einführung in das Völkerrecht S. 483

Frage kommen.[14] Es sind dies: internationale Konventionen, das Völkergewohnheitsrecht und die allgemeinen Rechtsgrundsätze der zivilisierten Nationen. Zu klären bleibt jedoch, ob alle drei Rechtsquellen auch für das Völkerstrafrecht geeignet und zulässig sind. Bedenken könnten sich aus dem Grundsatz „nullum crimen, nulla poena sine lege" ergeben.

2. Die Bedeutung des Satzes „Nullum crimen, nulla poena sine lege"

In vielen nationalen Rechtsordnungen gehört der Satz „nullum crimen, nulla poena sine lege" (im folgenden n.c.,n.p.s.l.), im anglo-amerikanischen Rechtskreis als „ex post facto law" bekannt, zum allgemeinen Strafrecht und legt sowohl die Mindestanforderungen an den Inhalt von Strafgesetzen als auch die Grenzen der Rechtsanwendung von Strafgesetzen fest. In seiner engsten Form ist der Begriff der „lex" durch vier Merkmale gekennzeichnet: der lex praevia, der lex certa, der lex scripta und der lex stricta. Er fordert also, daß die Strafbarkeit der Handlung sowie die Verbrechensfolgen in einem vor der Tatzeit erlassenen Gesetz ausdrücklich angedroht sind, dieses Gesetz erkennen lassen muß, was strafbar ist und was nicht, schließt das Gewohnheitsrecht und die allgemeinen Rechtsgrundsätze bei der Bildung von Tatbeständen aus und verbietet schließlich die Analogie im Strafrecht.[15] Nur in einem Teil der nationalen Rechtsordnungen gilt der Grundsatz aber in dieser strengen Form.[16] Der andere Teil weist Unterschiede in der Normierung des Prinzips auf, kennt es teilweise nicht in diesem Umfang oder weicht in Spezialfällen von ihm ab.[17] Ob der Grundsatz überhaupt im Völkerrecht gilt und wenn ja, in welcher Form, wird im folgenden untersucht.

a) Die Auseinandersetzung in der Literatur

In den nach dem ersten Weltkrieg beginnenden Diskussionen über die Entwicklung eines Völkerstrafrechts verlangte die Mehrheit der hieran Beteiligten Kodifizierungen, da sonst der Grundsatz n.c.,n.p.s.l. verletzt sei.[18] Dieser Funda-

---

[14] Heintschel von Heinegg in Ipsen, Völkerrecht § 16 Rn 1 ff; Verdross/Simma, Universelles Völkerrecht § 516; Brownlie, Principles of Public International Law S. 3; Shaw, International Law S. 59

[15] Haft, Strafrecht AT S. 46 ff; Glaser, ZStW 1964 S. 173 f; Schottlaender, Nulla poena sine lege S. 2 f; Gornig, NJ 1992 S. 11

[16] vgl. mit zahlreichen Beispielen Zander, Das Verbrechen im Kriege S. 44 ff

[17] vgl. mit zahlreichen Beispielen Zander, Das Verbrechen im Kriege S. 47 ff

[18] Ratz, AdV 1951/52 S. 291 ff; Jung, Die Rechtsprobleme der Nürnberger Prozesse S. 143

mentalsatz gelte auch im Völkerstrafrecht, und allein die Rechtswidrigkeit einer Handlung als Voraussetzung für ihre Strafbarkeit genüge nicht.[19]

Diese Einstellung änderte sich durch den zweiten Weltkrieg und die bekanntwerdenden Kriegsgreul. Je länger der Krieg dauerte, desto weniger fand der Einwand des n.c.,n.p.s.l. als Hinderungsgrund einer völkerrechtlichen Haftbarmachung der Verantwortlichen Beachtung.

Nach dem zweiten Weltkrieg wurde die Geltung des Satzes im Völkerstrafrecht von der Mehrheit der Autoren bestritten. Röling ging davon aus, daß n.c.,n.p.s.l. kein Rechtsprinzip sei, sondern eine Regel der Politik. Das Verbot der „ex post facto" Gesetze sei nur Ausdruck politischer Weisheit und nicht notwendigerweise in den internationalen Beziehungen anwendbar.[20] Wechsler lehnte die Geltung des Grundsatzes im Völkerstrafrecht ab, da sich die noch nicht so fest gefügte Völkergemeinschaft diesen Luxus nicht leisten könne.[21] Die Mehrheit der übrigen Autoren stellte auf das formalistische Argument ab, daß eine Anerkennung des Satzes im Völkerrecht nicht nachweisbar sei, und er deswegen nicht anwendbar wäre.[22]

Die ablehnende Haltung gegenüber dem Grundsatz wich jedoch aus Sorge vor richterlicher Willkür bald der Theorie von der eingeschränkten Geltung des Satzes im Völkerrecht. Für Dahm genügte bereits, daß die Tat zur Zeit ihrer Begehung wenigstens rechtswidrig gewesen sei.[23] Der überwiegenden Mehrheit der Autoren reichte dies jedoch nicht, und sie verlangte erneut, daß die Strafbarkeit der abzuurteilenden Handlung zur Tatzeit ausdrücklich normiert sein müßte.[24] Eine schriftliche Festlegung sei dafür aber nicht erforderlich, die Strafbarkeit könne sich auch aus ungeschriebenen Normen des Völkerrechts ergeben. Auf eine konkrete Strafdrohung, d.h. die Festschreibung von Art und Höhe der Strafe, verzichtet sie ebenfalls. Begründet wird die Theorie der eingeschränkten

---

[19] ebenda

[20] Röling, Dissenting Opinion zum Urteil des IMTFE, abgedruckt bei Hoffmann, Strafrechtliche Verantwortlichkeit im Völkerrecht S. 143 Rn 1

[21] Wechsler, Political Science Quaterly 1947 S. 25

[22] Schick, AJIL 1947 S. 793; Küster in Nürnberg als Rechtsfrage S. 85; Graveson, MDR 1947 S. 279; Pella, Le Code des Crimes contre la Paix et la Securité de l'Humanité S. 77

[23] Dahm, Zur Problematik des Völkerstrafrechts S. 65

[24] Woetzel, The Nuremberg Trials S. 115; Pompe, Aggressive War S. 258; Jescheck, Die Verantwortlichkeit der Staatsorgane S. 236 ff; Hoffmann, Strafrechtliche Verantwortlichkeit im Völkerrecht S. 22; Hollweg, JZ 1993 S. 985; Triffterer, Dogmatische Untersuchungen S. 42 ff; Gornig, NJ 1992 S. 12; Glaser, ZStW 1964 S. 178 ff (in früheren Werken lehnte er die Geltung des Satzes n.c.,n.p.s.l. im Völkerrecht noch ab)

Geltung damit, daß der Grundsatz n.c.,n.p.s.l. in seiner strengen Form nur in einer vollkommenen Rechtsordnung sinnvoll sei. In einer unvollkommenen, wie der Völkerrechtsordnung, würde er die Bildung und Weiterentwicklung des Völkerrechts behindern.[25] Zudem bestünde nicht wie in nationalen Rechtsordnungen das Bedürfnis, durch die enge Auslegung des Satzes ein Gesetzgebungsorgan zu kontrollieren, da ein solches im Völkerrecht noch nicht existiere.[26]

Ob diese Auffassung von der eingeschränkten Geltung des Satzes n.c.,n.p.s.l. im Völkerstrafrecht auch eine Verankerung in internationalen Dokumenten hat, ist als nächstes zu prüfen.

b) Der Satz n.c.,n.p.s.l. in internationalen Dokumenten

Obwohl über die Bedeutung dieses Prinzips im Völkerstrafrecht bereits nach dem ersten Weltkrieg debattiert wurde, erscheint es erst nach dem zweiten Weltkrieg in völkerrechtlichen Dokumenten.

aa) Die Allgemeine Erklärung der Menschenrechte

In Art. 11 Abs. 2 der am 10. Dezember 1948 von der Generalversammlung angenommenen „Allgemeinen Erklärung der Menschenrechte"[27] ist eine Stellungnahme zu dem Grundsatz enthalten:

> „No one shall be held guilty of any penal offence on account of any act or omission which did not constitute a penal offence under national or international law at the time when it was committed. Nor shall a heavier penalty be imposed than the one that was applicable at the time when it was committed."

Die Erklärung geht damit von der Gültigkeit des Rückwirkungsverbots für Verbrechen und Strafen aus. Das nationale oder das internationale Recht muß deutlich erkennen lassen, daß eine bestimmte Handlung strafbar ist. Aus der Verweisung auf das „international law" ergibt sich aber, daß die strafbare Handlung auch durch ungeschriebenes Recht normiert werden kann, denn das internationale Recht besteht ja zum Teil aus ungesetztem Recht. Eine konkrete, nach Art und Höhe bestimmte Strafdrohung ist allerdings erforderlich. Der in Art. 11

---

[25] Zander, Das Verbrechen im Kriege S. 36 f

[26] Triffterer, Dogmatische Untersuchungen S. 125

[27] abgedruckt in AJIL 1949 Suppl. S. 127 ff, Die Deklaration ist für die einzelnen Staaten rechtlich unverbindlich, sie programmierte aber die folgenden Menschenrechts-Konventionen.

Abs. 2 verwendete Ausdruck ist damit i.S. einer lex praevia und certa, aber nicht auch einer lex scripta und stricta zu verstehen.

bb) Die Dritte Genfer Konvention vom 12. August 1949

Das Genfer Abkommen über die Behandlung von Kriegsgefangenen vom 12. August 1949[28] bestimmt in Art. 99:

> „No prisoner of war may be tried or sentenced for an act which is not forbidden by the law of the Detaining Power or by international law, in force at the time the said act was committed."

Auch Art. 99 spricht also ein Rückwirkungsverbot aus. Wie in der Allgemeinen Erklärung der Menschenrechte wird der Begriff „international law" verwendet und damit klargestellt, daß auch eine Bestrafung aus zur Tatzeit geltenden ungeschriebenen Völkerrechtsnormen zulässig ist. Aus dem Wortlaut läßt sich jedoch nicht entnehmen, ob die Tat bereits verfolgt werden kann, wenn sie gegen eine Verbotsnorm verstößt oder nur, wenn ihre Strafbarkeit feststeht. Von letzterem geht allerdings der vom Internationalen Roten Kreuz herausgegebene Kommentar zu den Genfer Konventionen aus.[29] Mit Sicherheit verzichtet Art. 99 aber auf konkrete Strafdrohungen.

cc) Die Europäische Menschenrechtskonvention

Die am 4. November 1950 verabschiedete „Europäische Menschenrechtskonvention" wurde mittlerweile von dreißig Staaten unterzeichnet und stellt damit partikulares Völkerrecht dar. Ihr Art. 7 lautet:

> „(I) No one shall be held guilty of any criminal offence on account of any act or omission which did not constitute a criminal offence under national or international law at the time when it was committed. Nor shall a heavier penalty be imposed than the one that was applicable at the time the criminal offence was committed.
> (II) This Article shall not prejudice the trial and punishment of any person for any act or omission which, at the time when it was committed, was criminal according to the general principles of law recognised by civilised nations."[30]

---

[28] abgedruckt in BGBL 1954 II S. 838 ff

[29] Pictet, La Convention de Genève Bd III S. 496 f

[30] abgedruckt in BGBL 1952 II S. 685 ff

Abs. 1 entspricht Art. 11 Abs. 2 der Allgemeinen Erklärung der Menschenrechte und bindet die Vertragsparteien an das Rückwirkungsverbot. Bei einer Bestrafung nach den allgemein anerkannten Rechtsgrundsätzen der zivilisierten Staaten ist eine Berufung darauf gemäß Abs. 2 jedoch nur bezüglich der strafbegründenden Norm möglich, nicht aber bezüglich der Strafdrohung.[31] Aus Abs. 2 sowie der Verwendung des Begriffes „international law" in Abs. 1 läßt sich außerdem entnehmen, daß sich die Strafbarkeit auch aus ungeschriebenem Völkerrecht ergeben kann. Eine Bestrafung aus völkerrechtlichem Gewohnheitsrecht oder Analogieschlüssen ist demnach zulässig.

dd) Der Internationale Pakt über bürgerliche und politische Rechte

Art. 15 des „Internationalen Paktes über bürgerliche und politische Rechte" vom 19. Dezember 1966[32] (im folgenden IPBPR) stimmt fast wörtlich mit Art. 7 der Europäischen Menschenrechtskonvention überein. Lediglich in Abs. 1 wurde ein dritter Satz hinzugefügt:

> „If, subsequent to the commission of the offence, provision is made by law for the imposition of a lighter penalty, the offender shall benefit thereby."

Bei der Frage nach der Geltung des Prinzips n.c.,n.p.s.l. im Völkerrecht hilft dieser Satz jedoch nicht weiter. Bezüglich des übrigen Art. 15 kann auf die Ausführungen zu Art. 7 der Europäischen Menschenrechtskonvention verwiesen werden.

ee) Das Wiener Übereinkommen über das Recht der Verträge

Die Wiener Vertragsrechtskonvention vom 23. Mai 1969 regelt das Recht der Verträge zwischen Staaten.[33] Sie enthält in Art. 28 eine Normierung bezüglich der Nichtrückwirkung von Verträgen. Sie lautet:

> „Unless a different intention appears from the treaty or is otherwise established, its provisions do not bind a party in relation to any act or fact which took place or any situation which ceazed to exist before the date of the entry into force of the treaty with respect to that party."

Art. 28 legt damit fest, daß ein Vertrag seine Rechtswirkung nur für die Zukunft entfaltet, es sei denn, die Vertragsparteien vereinbaren ausdrücklich eine

---

[31] vgl. Triffterer, Dogmatische Untersuchungen S. 74

[32] abgedruckt in BGBL 1973 II S. 1534 ff

[33] abgedruckt in BGBL 1985 II S. 926 ff

Rückwirkung.[34] Dies bedeutet, daß hinsichtlich der Tatsachen und Handlungen vor dem Zeitpunkt des Inkrafttretens des Vertrages grundsätzlich eine Rückwirkung entfällt. Für die Frage nach der Verankerung des Grundsatzes n.c.,n.p.s.l. im Völkerrecht hat Art. 28 nur eine eingeschränkte Bedeutung. Zum einen bezieht sich sein Regelungsgehalt nur auf eine der in Art. 38 IGH Statut aufgezählten Rechtsquellen, den völkerrechtlichen Vertrag. Zum anderen nimmt er nicht, wie die übrigen in diesem Kapitel zitierten Normen, ausdrücklich Bezug auf strafrechtliche Tatbestände. Ableiten läßt sich aus Art. 28 jedoch, daß Straftatbestände, die in einem völkerrechtlichen Vertrag erstmals formuliert worden sind, grundsätzlich kein rückwirkender Charakter zukommt.

ff) Das Zusatzprotokoll II zu den Genfer Konventionen

Auch das Zusatzprotokoll II vom 8. Juni 1977[35] (im folgenden ZP II) enthält eine Stellungnahme zum Satz n.c.,n.p.s.l. Sein Art. 6 Abs. 2 c) stimmt fast wörtlich mit Art. 15 Abs. 1 des IPBPR überein. Für Art. 6 Abs. 2 c) gilt also das bereits zu Art. 15 Abs. 1 des IPBPR und Art. 7 Abs. 1 der Europäischen Menschenrechtskonvention Gesagte.

Als Ergebnis ist festzuhalten: Übereinstimmend gehen die internationalen Dokumente von dem Erfordernis der lex praevia und certa aus. Ob sie dafür auch ungeschriebene strafbegründende Normen im Völkerrecht für zulässig halten, ist ihnen nicht ausdrücklich zu entnehmen. Sie erklären aber, daß eine Bestrafung nach den Normen des Völkerrechts zulässig ist und schränken diese nicht weiter ein. Da im Völkerrecht auch ungeschriebene Normen existieren, läßt sich daraus schließen, daß auch diese als Rechtsquellen des Völkerstrafrechts angesehen werden. Bestätigt wird diese Auslegung durch Art. 7 Abs. 2 der Europäischen Menschenrechtskonvention sowie Art. 15 Abs. 2 des IPBPR, die die Bestrafung einer Tat, die nach allgemein anerkannten Rechtsgrundsätzen strafbar ist, für möglich halten.

Die meisten internationalen Dokumente gehen des weiteren davon aus, daß es nicht genügt, wenn die völkerrechtliche Norm lediglich völkerrechtliches Unrecht festlegt, sondern sie muß die Strafbarkeit der Handlung normieren. Ob eine konkrete Strafdrohung notwendig ist, läßt sich aus den internationalen Dokumenten nicht eindeutig entnehmen. Art. 11 Abs. 2 der Allgemeinen Erklärung der Menschenrechte, Art. 7 Abs. 1 der Europäischen Menschenrechtskonvention, Art. 15 Abs. 1 des IPBPR und Art. 6 Abs. 2 c) des ZP II gehen von die-

---

[34] vgl. dazu Bleckmann, ZaöRVR 1973 S. 40 ff

[35] abgedruckt in BGBL 1990 II S. 1551 ff

sem Erfordernis aus. Diese Bestimmungen betreffen aber nicht nur das Völker-, sondern vor allem auch das nationale Recht. Sie sollen in erster Linie den Einzelnen vor der Staatsgewalt schützen und sind daher auf das nationale Recht der Unterzeichnerstaaten zugeschnitten.[36] Bestätigt wird diese Auslegung durch Art. 7 Abs. 2 der Europäischen Menschenrechtskonvention und Art. 15 Abs. 2 des IPBPR, die für eine Bestrafung nach den allgemeinen Rechtsgrundsätzen ausdrücklich auf konkrete Strafdrohungen verzichten. Dem entspricht auch die Praxis der Völkergemeinschaft, da die Strafbestimmungen in den vier Genfer Konventionen vom 12. August 1949, im Völkermord-Abkommen, im Entwurf für ein internationales Strafgesetzbuch vom 28. Juli 1954, im Apartheid-Abkommen, in Zusatzprotokoll I zu den Genfer Konventionen, im Londoner Statut, in der Tokio Charta und in den Statuten der Tribunale für das ehemalige Jugoslawien und für Ruanda, alle keine konkreten Strafdrohungen enthalten. Auf Grund dieser in den internationalen Dokumenten erkennbaren Entwicklung im Völkerstrafrecht ist also auch eine nach Art und Höhe bestimmte Strafdrohung nicht erforderlich.

c) Die Regelung im intertemporalen Völkerrecht

Im intertemporalen Völkerrecht, dem Recht, welches die Kollision von zeitlich aufeinanderfolgenden Rechtsnormen regelt,[37] gilt der Grundsatz, daß die Wirksamkeit eines Rechtsgeschäfts, bei Fehlen einer ausdrücklich abweichenden Vereinbarung der Parteien, nach den Normen zu beurteilen ist, die zur Zeit seiner Vornahme galten.[38] Ausdrücklich wurde dieses Prinzip in dem Schiedsspruch vom 4. April 1928, der den Konflikt zwischen den Vereinigten Staaten und den Niederlanden um die Insel Palmas entschied, formuliert:

> „... a juridical fact must be appreciated in the light of the law contemporary with it, and not of the law in force at the time when a dispute in regard to it arises or falls to be settled."[39]

In der Rechtsprechung der internationalen Gerichte und der überwiegenden völkerrechtlichen Literatur wird dieses Prinzip als allgemeiner, von den zivili-

---

[36] Gornig, NJ 1992 S. 12; Triffterer, Dogmatische Untersuchungen S. 130

[37] Bleckmann, ZaöRVR 1973 S. 40

[38] vgl. Verdross/Simma, Universelles Völkerrecht § 650; Baade, JIR 1956 S. 229 ff; Elias, AJIL 1980 S. 285 ff; Heintschel von Heinegg in Ipsen, Völkerrecht § 19 Rn 10

[39] Reports of International Arbitral Awards II S. 845

sierten Staaten anerkannter Rechtsgrundsatz eingestuft.[40] Es entfaltet damit auch Gültigkeit für das Völkerstrafrecht.[41] Das Unrecht einer Tat ist demnach grundsätzlich an den Normen zu messen, die zum Zeitpunkt der Tat galten.

Zusammenfassend ist festzustellen, daß der Satz n.c.,n.p.s.l. nur in einer sehr weiten Fassung Aufnahme in das Völkerrecht gefunden hat. Eine Bestrafung nach Völkerrecht ist zulässig, wenn die Strafbarkeit der Handlung durch eine geschriebene oder ungeschriebene Norm des Völkerrechts präzise bestimmt ist. Konkrete Strafdrohungen sind nicht erforderlich. Es kommen als Entstehungsmöglichkeiten für völkerstrafrechtliche Tatbestände alle drei Quellen des Völkerrechts in Betracht: Völkervertragsrecht, Völkergewohnheitsrecht und die allgemein anerkannten Rechtsgrundsätze aller zivilisierten Nationen.

III. EINZELPERSONEN ALS VÖLKERRECHTSSUBJEKTE

Auf Grund dieser völkerrechtlichen Normen können Einzelpersonen aber nur dann bestraft werden, wenn sie dieser Rechtsordnung auch als Subjekte unterstehen. Völkerrechtssubjektivität bedeutet die Fähigkeit, Träger von völkerrechtlichen Rechten und Pflichten zu sein.[42] Der Einzelmensch müßte also Träger solcher Rechte und Pflichten sein. Bedenken ergeben sich dagegen, weil das Völkerrecht in erster Linie die Beziehungen zwischen sozialen Verbänden, vor allem Staaten, regelt.

1. Die Auffassung der ausschließlichen Völkerrechtssubjektivität der Staaten

Das klassische Völkerrecht bis zum Ende des ersten Weltkriegs ging davon aus, daß lediglich die souveränen Staaten Subjekte des Völkerrechts seien.[43] Seine Aufgabe bestand darin, die Beziehungen zwischen unabhängigen Staaten zu regeln.[44] Es gewährte dem Einzelnen keine Rechte, legte ihm aber grundsätzlich auch keine Verpflichtungen auf. Das Individuum blieb rechtlich hinter dem

---

[40] vgl. das Urteil des IGH in dem Streit zwischen Großbritannien und Frankreich um die Minquiers- und Ecrehoinseln in I.C.J. Reports 1953 S. 47, 56; Baade, JIR 1956 S. 231; Elias, AJIL 1980 S. 305

[41] Verdross/Simma, Universelles Völkerrecht § 650; Baade, JIR 1956 S. 238

[42] Kimminich, Einführung in das Völkerrecht S. 121

[43] Grassi, Die Rechtsstellung des Individuums im Völkerrecht S. 101 ff; Strupp in Stier-Somlo, Handbuch des Völkerrechts Bd III S. 23; Triepel, Völkerrecht und Landesrecht S. 20; Epping in Ipsen, Völkerrecht § 4 Rn 2

[44] Grassi, Die Rechtsstellung des Individuums im Völkerrecht S. 102

Staat verborgen.[45] Eine Ausnahme stellten allerdings bestimmte Tatbestände des Kriegsrechts dar, die sich bereits auf die menschliche Person als unmittelbares Haftungssubjekt bezogen.[46] Dazu gehörten z.B. das Verbot völkerrechtswidriger Zerstörungen und Plünderungen sowie das Verbot, Verwundete und Kriegsgefangene zu töten. In diesem begrenzten Umfang war eine Pflichtenträgerschaft des Einzelnen vorhanden. Auf die nähere Ausgestaltung dieser Pflichten wird in dem Kapitel „Kriegsverbrechen" eingegangen.[47] Zwar hätte an dieser Stelle nur allgemein geprüft werden sollen, ob im Völkerrecht unmittelbare Pflichten des Einzelnen existieren. Aus diesem Ergebnis hätte sich dann ergeben, ob eine strafrechtliche Verantwortlichkeit des Einzelnen im Völkerrecht zulässig ist. Da Beispiele für unmittelbare Pflichten des Einzelnen nach dem Völkerrecht jedoch nur im Zusammenhang mit Straftatbeständen zu finden sind, mußte an dieser Stelle der weiteren Untersuchung vorgegriffen werden. Die begrenzte Pflichtenträgerschaft des Individuums reichte der herrschenden Lehre nicht, um den Einzelnen als Völkerrechtssubjekt anzuerkennen. Denn eine Beschränkung auf Pflichten unter Ausschluß der Rechte stelle keine beschränkte Völkerrechtssubjektivität dar.[48]

2. Die neuere Entwicklung

Mit dem Aufschwung der internationalen Organisationen nach dem ersten Weltkrieg stellte sich auch bei ihnen die Frage nach der Völkerrechtssubjektivität. Die Theorie der ausschließlichen Völkerrechtssubjektivität der Staaten wurde zurückgedrängt und durch die Auffassung ersetzt, daß sowohl Staaten als auch andere soziale Verbände, wie internationale Organisationen, Subjekte des Völkerrechts sein können.[49]

Langsam begann das Völkerrecht, auch den Einzelnen nicht nur als Pflichten- sondern auch als Rechtsträger anzuerkennen, allerdings nur in engen Grenzen. So wurde in den Friedensverträgen nach dem ersten Weltkrieg festgelegt, daß die Angehörigen der alliierten und assoziierten Mächte ihre Ansprüche gegen Deutschland und seine Verbündeten vor den zu diesem Zweck eingesetzten

---

[45] Dahm, Die Stellung des Menschen im Völkerrecht unserer Zeit S. 3; Kimminich, Einführung in das Völkerrecht S. 215

[46] Ipsen in Ipsen, Völkerrecht § 65 Rn 3 f; Dahm, Die Stellung des Einzelnen im Völkerrecht unserer Zeit S. 31

[47] vgl. dazu später Kapitel C II 1. und 2.

[48] Guggenheim, Lehrbuch des Völkerrechts Bd I S. 201; Berber, Lehrbuch des Völkerrechts Bd. I § 21 V m.w.N.

[49] Grassi, Die Rechtsstellung des Individuums im Völkerrecht S. 104

gemischten internationalen Schiedsgerichten geltend machen konnten.[50] In dem deutsch-polnischen Oberschlesienabkommen von 1922[51] waren verfahrensmäßige Durchsetzungsmöglichkeiten von Individualrechten enthalten. Auch hatte der Ständige Internationale Gerichtshof (im folgenden StIGH) im Jahre 1928 in einem Gutachten über die Ansprüche der Danziger Eisenbahnarbeiter festgestellt, daß den von Polen übernommenen Arbeitern Ansprüche unmittelbar aus einem zwischen Polen und der Freien Stadt Danzig abgeschlossenen Abkommen von 1921 zustünden und vor den Danziger Gerichten eingeklagt werden könnten.[52]

Nach dem zweiten Weltkrieg nahmen dann die Möglichkeiten der Geltendmachung individueller Rechte auf völkerrechtlicher Grundlage vor internationalen Instanzen zu. Aus dem Minderheitenschutz in der Völkerbundsatzung entwickelte sich das Petitionsrecht im Rahmen des Treuhandsystems gem. Art. 87 (b) der Satzung der Vereinten Nationen (im folgenden SVN). Auch die Europäische Menschenrechtskonvention sieht ein Beschwerderecht von Privatpersonen vor. Diese sind befugt, neben den Mitgliedstaaten selbständig die Europäische Kommission für Menschenrechte anzurufen, um eine Verletzung ihrer Rechte geltend zu machen.[53] Die Kommission kann anschließend den Fall vor den Europäischen Gerichtshof für Menschenrechte bringen. Ebenso existiert im Rahmen des IPBPR auf Grund des Fakultativprotokolls I[54] die Möglichkeit einer Individualbeschwerde nach Erschöpfung des innerstaatlichen Rechtswegs an den aus unabhängigen Experten zusammengesetzten Menschenrechtsausschuß. Ein ähnliches Verfahren sieht auch das Internationale Übereinkommen zur Beseitigung jeder Form von Rassendiskriminierung[55] vor. In begrenztem Maß kann also auch eine Rechtsträgerschaft von Einzelpersonen im Völkerrecht nachgewiesen werden. Dieser Entwicklung hat auch die Völkerrechtslehre Rechnung getragen. Die Mehrzahl der Autoren vertritt nunmehr die Auffassung, daß auch Individuen Subjekte des Völkerrechts sind. [56] Innerhalb der herr-

---

[50] Dahm, Die Stellung des Menschen im Völkerrecht unserer Zeit S. 8; Miyazaki in FS für Mosler S. 593

[51] abgedruckt in RGBL 1922 II S. 238 ff

[52] Permanent Court of International Justice, Reports Ser. B No 15 S. 17 f

[53] Art. 25 der EMRK, abgedruckt in BGBL 1952 II S. 692

[54] abgedruckt in BGBL 1992 II S. 1247 ff

[55] vgl. Art. 8 ff des Abkommens, abgedruckt in BGBL 1969 II S. 961ff

[56] vgl. Partsch, FW 1949 S. 253 ff; Manner, AJIL 1952 S. 430 ff; Dahm, Zur Problematik des Völkerstrafrechts S. 14 ff; Drost, The Crime of State Bd I S. 19, 35 f, 160, 166 f, 173; Grassi, Die Rechtsstellung des Individuums im Völkerrecht S. 111 ff; Jescheck, Die Verantwortlichkeit der Staatsorgane S. 208; Triffterer, Dogmatische Untersuchungen S. 158 ff;

schenden Lehre ist allerdings umstritten, ob Einzelpersonen normale Völkerrechtssubjekte wie die Staaten darstellen, oder ob sie als Rechtssubjekte sui generis einzuordnen sind.[57]

Im Ergebnis läßt sich daher feststellen, daß der Einzelne mittlerweile in beschränktem Umfang unmittelbar Rechte und Pflichten im Völkerrecht besitzt. Daran ändert sich auch nichts, wenn man bedenkt, daß die zugestandenen Rechte meistens auf einem internationalen Vertrag beruhen, von dem sich die Vertragsparteien auch wieder lösen können.[58] Wichtig ist, daß durch die Gewährung von Rechten an Einzelpersonen im Völkerrecht anerkannt wurde, daß der Einzelne überhaupt als Träger solcher Rechte in Betracht kommt und die Völkerrechtsordnung nicht nur das Verhalten von sozialen Verbänden, sondern ebenso das von Individuen unmittelbar regeln kann.[59] Daraus ergibt sich, daß auch Einzelpersonen Adressaten von völkerstrafrechtlichen Normen sein können.

IV. ZUSAMMENFASSUNG

Völkerstrafrechtliche Normen sind solche, die dem Völkerrecht angehören und die unmittelbare Strafbarkeit des Einzelnen begründen. Entstehen können sie aus den anerkannten Rechtsquellen des Völkerrechts, wobei das Verbrechen klar definiert sein muß, konkrete Strafdrohungen jedoch nicht erforderlich sind.

Epping in Ipsen, Völkerrecht § 7; Woetzel, The Nuremberg Trials S. 96 ff; Miyazaki in FS für Mosler S. 584; Oellers-Frahm, ZaöRVR 1994 S. 419; Kunig, Jura 1986 S. 346
aA: Kimminich, Einführung in das Völkerrecht S. 215 ff

57 Berber, Lehrbuch des Völkerrechts Bd I § 21 V

58 Dahm, Die Stellung des Menschen im Völkerrecht unserer Zeit S. 9; Epping in Ipsen, Völkerrecht § 8 Rn 16

59 Triffterer, Dogmatische Untersuchungen S. 161

B. INTERNATIONALE STRAFGERICHTSHÖFE

Die Anwendung und Durchsetzung von völkerrechtlichen Straftatbeständen ist die Aufgabe von internationalen Strafgerichtshöfen.[60] Nachfolgend wird daher zusammengestellt, für welche Tatbestände internationale Strafgerichtshöfe in der Vergangenheit und gegenwärtig zuständig waren und sind. Wegen der Bedeutung der internationalen Strafgerichtshöfe für die Entwicklung des Völkerstrafrechts wird ausführlich auf ihre jeweilige Entstehungsgeschichte, ihre Strukturverschiedenheiten, die Zusammensetzung, das anwendbare Prozeßrecht und die Urteile eingegangen. Der Vollständigkeit halber werden auch die Entwürfe für einen ständigen internationalen Strafgerichtshof in die Untersuchung einbezogen.

[60] Völkerrechtliche Straftatbestände können ansonsten nur in den Staaten unmittelbar angewendet werden, deren Rechtssysteme eine direkte Anwendung von völkerrechtlichen Normen erlauben.

I. DIE STRAFBESTIMMUNGEN DER ART. 227-230 DES VERSAILLER FRIEDENSVERTRAGES[61]

Der erste Weltkrieg unterschied sich deutlich von allen vorangegangenen Kriegen. Erstmals waren die meisten Völker der Erde direkt an einem Krieg beteiligt, und die Kampfhandlungen fanden auf fast allen Kontinenten und Meeren statt. Zugleich brachte er die Totalisierung des Krieges und eine Radikalisierung der Methoden: die Wegnahme feindlichen Privateigentums, die Internierung feindlicher Ausländer, Deportation und Zwangsarbeit von Zivilpersonen, Hungerblockaden, Beschießungen und Bombardierungen offener Städte, Gas-

---

[61] Diese lauten:

Art. 227: The Allied and Associated Powers publicly arraign William II of Hohenzollern, formerly German Emperor, for a supreme offence against international morality and the sanctity of treaties.

A special tribunal will be constituted to try the accused, thereby assuring him the guarantees essential to the right of defense. It will be composed of five judges, one appointed by each of the following Powers: namely, the United States of America, Great Britain, France, Italy and Japan.

In its decision the tribunal will be guided by the highest motives of international policy, with a view to vindicating the solemn obligations of international undertakings and the validity of international morality. It will be its duty to fix the punishment which it considers should be imposed.

The Allied and Associated Powers will address a request to the Government of the Netherlands for the surrender to them of the ex-Emperor in order that he may be put on trial.

Art. 228: The German Government recognizes the right of the Allied and Associated Powers to bring before military tribunals persons accused of having committed acts in violation of the laws and customs of war. Such persons shall, if found guilty, be sentenced to punishment laid down by law. This provision will apply notwithstanding any proceedings or prosecution before a tribunal in Germany or in the territory of her allies.

The German Government shall hand over to the Allied and Associated Powers, or to such one of them as shall so request, all persons accused of having committed an act in violation of the laws and customs of war, who are specified either by name or by the rank, office or employment which they held under the German authorities.

Art. 229: Persons guilty of criminal acts against the nationals of one of the Allied and Associated Powers will be brought before the military tribunals composed of members of the military tribunals of the Powers concerned. In every case the accused will be entitled to name his own counsel.

Art. 230: The German Government undertakes to furnish all documents and information of every kind, the production of which may be considered necessary to ensure the full knowledge of the incriminating acts, the discovery of offenders and the just appreciation of responsibility.

krieg, uneingeschränkter U-Boot-Krieg, Mißhandlung und Zurückhaltung der Kriegsgefangenen u.a.[62]
Die Frage nach der Bestrafung der Kriegsurheber und der Kriegsverbrecher wurde daher schon kurz nach Beginn des Krieges aufgeworfen.

1. Einsetzung eines Gerichtshofs

a) Die Vorarbeiten

Bereits während der Kriegshandlungen wurde auf englischer Seite gefordert, die politische und militärische Führung Deutschlands als Kriegsverbrecher anzuklagen. Den Anlaß dazu gaben zum einen die Verletzung der Neutralität von Belgien und Luxemburg durch den deutschen Einmarsch und zum anderen die Versenkung des britischen Passagierschiffes „Lousitania" durch deutsche U-Boote.[63] Der englische Premierminister, Lloyd George, forderte deshalb schon am 14. Dezember 1917 in einer Rede die Bestrafung der Verantwortlichen in Deutschland wegen Verbrechen gegen das Völkerrecht:

> "There have been many times in history of the world criminal states. We are dealing with one of them now. And there will always be criminal states until the reward of international crime becomes too precarious to make it profitable, and the punishment of international crime becomes too sure to make it attractive."[64]

Die britische Regierung setzte daraufhin am 6. November 1918 ein „Committee of Inquiry into the Breaches of the Laws of War" ein. Dieses Komitee empfahl, einen internationalen Gerichtshof zu errichten und den Kaiser sowie weitere Personen, die gegen die Gesetze und Gebräuche des Krieges sowie die Gesetze der Menschlichkeit verstoßen hätten, anzuklagen.[65]

---

[62] Jescheck, Die Verantwortlichkeit der Staatsorgane S. 42; Lansing, AJIL 1919 S. 638 f; Larnaude/de La Pradelle, JDI 1919 S. 132

[63] Am 7. Mai 1915 wurde der britische Dampfer „Lousitania" durch ein deutsches U-Boot ohne vorherige Warnung torpediert. Das Schiff sank innerhalb kurzer Zeit. Fast 1200 Menschen kamen bei dem Untergang ums Leben. vgl. dazu von Puttkamer, AdV 1948/49 S. 428; Thiele, Völkerstrafrecht S. 51; Mérignhac, RGDIP 1917 S. 36; Garner, AJIL 1920 S. 88 f; von Weber, Internationale Strafgerichtsbarkeit S. 7

[64] zitiert in der alliierten Mantelnote vom 16. Juni 1919, abgedruckt in Kraus/Rödiger, Urkunden zum Friedensvertrag Bd I S. 560 f

[65] Ferencz, An International Criminal Court Bd I S. 25

Auch in Frankreich beschäftigte man sich bereits kurz nach Kriegsbeginn mit der Frage der Aburteilung von deutschen Kriegsverbrechern. Die Société Générale des Prisons debattierte auf ihren Sitzungen in den Jahren 1915 und 1916 darüber und bejahte die Zuständigkeit der französischen Militärgerichte für die Bestrafung von deutschen Kriegsverbrechern.[66] Zusätzlich wurde die Errichtung eines Strafgerichts für die politisch und militärisch Verantwortlichen empfohlen. Dieser Vorschlag wurde von der französischen Regierung übernommen und von Briand bereits am 14. September 1916 in einer Regierungserklärung vertreten.[67] Gegen Ende des Krieges teilte die französische Regierung dem britischen Kriegskabinett mit, daß sie den Kaiser vor ein interalliiertes Gericht stellen wolle.[68] Gleichzeitig beauftragte sie die Pariser Professoren Larnaude und de La Pradelle mit einem Gutachten über die strafrechtliche Verantwortlichkeit des Kaisers, in dem die beiden seine Verantwortlichkeit für die Nichtverhinderung der Kriegsverbrechen, für die Schuld am Kriegsausbruch und für den Bruch der belgischen und luxemburgischen Neutralität bejahten.[69] Sie stützten sich dabei unter anderem auf die Theorien über die Strafbarkeit eines ungerechten Krieges von Hugo Grotius, Franciscus de Vitoria und Emeric de Vattel.[70]

Bei Kriegsende waren sich die britische und die französische Regierung also bereits über die Haftbarmachung des Kaisers einig. Am 1. Dezember 1918 trat zum ersten Mal, und noch unter Abwesenheit der Vertreter der USA, der Oberste Rat der Alliierten zusammen.[71] Es wurde darüber debattiert, ob Wilhelm II durch eine Entscheidung politischer Art oder durch ein juristisches Verfahren abgeurteilt werden sollte. Man einigte sich, vorbehaltlich des Standpunktes der nicht anwesenden amerikanischen Vertreter, auf letzteres, nämlich auf ein Verfahren vor einem alliierten internationalen Gerichtshof. Der Oberste Rat der Alliierten sollte dazu die Auslieferung des Kaisers von den Niederlanden verlangen.[72] Diese Vorarbeiten wurden die Grundlage für die Behandlung der Kriegsverbrecherfrage auf der Versailler Friedenskonferenz.

---

66 Jescheck, Die Verantwortlichkeit der Staatsorgane S. 42 f; Die Société Générale des Prisons wurde 1924 in die Association Internationale de Droit Pénal umgewandelt.

67 Mérignhac, RGDIP 1917 S. 54

68 Lloyd George, Memoirs of the Peace Conference Bd I S. 54 ff

69 Larnaude/de La Pradelle, JDI 1919 S. 131-159

70 Larnaude/de La Pradelle, JDI 1919 S. 151; vgl. später Kapitel C I 1

71 Zu den Alliierten gehörten die USA, Großbritannien, Frankreich, Italien und Japan; Rußland hatte am 3. März 1918 einen Separatfrieden mit Deutschland geschlossen.

72 von Puttkamer, AdV 1948/49 S. 429

b) Die Friedenskonferenz

Die Friedenskonferenz wurde am 18. Januar 1919 mit den Delegierten der 27 Siegerstaaten in Paris eröffnet. Vertreter Deutschlands oder seiner Alliierten[73] waren nicht zugelassen. Zur Bearbeitung und Lösung der einzelnen Problemkreise wurden zahlreiche Kommissionen gebildet. Eine der ersten war die aus je zwei Vertretern der fünf alliierten Hauptmächte und je einem Vertreter Belgiens, Griechenlands, Polens, Rumäniens und Serbiens zusammengesetzte „Commission des responsabilités des auteurs de la guerre"[74]. Ihre Aufgabe bestand in der Untersuchung der folgenden Punkte: Verantwortlichkeit der Kriegsurheber, Zusammenstellung der Verletzungen der Gesetze und Gebräuche des Krieges durch die Truppen der Deutschen und ihrer Verbündeten, die Möglichkeit der Haftbarmachung für diese Verbrechen, die Zusammensetzung und die Verfahrensordnung eines Tribunals für die Aburteilung der Verbrecher.[75]

Am 29. März erstattete die Kommission dem Obersten Rat der Alliierten darüber einen abschließenden Bericht.[76] Man war sich einig, daß allein Deutschland die Schuld am Kriegsausbruch trüge. Daneben wurde zwischen zwei Gruppen von Handlungen, die zum Gegenstand von Strafverfahren gemacht werden könnten, unterschieden:

> „a) Actes qui ont amené la guerre mondiale et qui en ont accompagné le début
> b) Violations des lois et coutumes de la guerre et des lois de l'humanité"[77]

Über die Behandlung der unter a) beschriebenen Akte konnte allerdings keine Einigung erzielt werden. Die Vertreter der USA und Japans lehnten ein juristisches Verfahren vor einem internationalen Gerichtshof gegen die Verantwortlichen, insbesondere den Kaiser, ab, da Staatsoberhäupter nur moralischen Sanktionen ausgesetzt seien und bisher nicht strafrechtlich zur Verantwortung gezogen werden könnten.[78] Die Mehrheit der Vertreter dagegen sprach sich für die

---

[73] Österreich-Ungarn, Türkei, Bulgarien

[74] Kraus/Rödiger, Urkunden zum Friedensvertrag Bd II S. 1243; Lansing, AJIL 1919 S. 642; von Weber, Internationale Strafgerichtsbarkeit S. 11 f

[75] Kraus/Rödiger, Urkunden zum Friedensvertrag Bd II S. 1243

[76] auf französisch abgedruckt in Kraus/Rödiger, Urkunden zum Friedensvertrag Bd II S. 1243 ff; auf englisch abgedruckt in AJIL 1920 S. 95 ff

[77] Kraus/Rödiger, Urkunden zum Friedensvertrag Bd II S. 1260; AJIL 1920 S. 118

[78] vgl. die Vorbehalte der Amerikaner in Kraus/Rödiger, Urkunden zum Friedensvertrag Bd II S. 1313 ff; die der Japaner S. 1330 f

Einsetzung eines Tribunals zur Aburteilung von Wilhelm II aus. Es wurde vorgeschlagen, daß der Gerichtshof aus 22 Richtern bestehen sollte, von denen jeweils 3 von den Hauptmächten (USA, Großbritannien, Frankreich, Italien, Japan) sowie jeweils einer von Belgien, Polen, Griechenland, Portugal, Rumänien, Serbien und der Tschechoslowakei zu ernennen seien. Die Anklagebehörde sollte sich nur aus fünf Mitgliedern zusammensetzen, die von den fünf Großmächten bestimmt würden.

Bezüglich der unter b) aufgeführten Handlungen konnten sich die Kommissionsmitglieder auf die Errichtung von internationalen Militärtribunalen zu ihrer Ahndung einigen.

Auf der Grundlage dieses Kommissionsberichts wurde im Obersten Rat die Kriegsverbrecherfrage verhandelt, und man erarbeitete die Formulierung der Art. 227-230, die der deutschen Delegation am 7. Mai 1919 in den Friedensbedingungen mitgeteilt wurde. Die Gestaltung der Artikel stellte einen Kompromiß dar. Die Mehrheit hatte sich insoweit durchgesetzt, als auch Wilhelm II vor einem internationalen Gerichtshof angeklagt werden könne. Aber ebenso findet sich der amerikanische und japanische Standpunkt wieder, da die Anklage gegen den Kaiser nicht juristisch, sondern politisch formuliert wurde. Zudem sollte sich der zu bildende Gerichtshof gemäß Art. 227 Abs. 3 von den höchsten Grundsätzen der internationalen Politik und nicht vom Völkerrecht leiten lassen. Er sollte also kein Gerichtshof im juristischen Sinne, sondern ein politisches Instrument sein.

In ihren Gegenvorschlägen vom 29. Mai 1919 erhob die deutsche Regierung Einwände gegen die Art. 227-230.[79] Es wurde kritisiert, daß die in Art. 227 vorgesehene Strafverfolgung der Rechtsgrundlage entbehre. Nach geltendem Recht gäbe es kein Strafgericht, das zur Entscheidung über die erhobene Anklage berufen sei. Das in Art. 227 vorgesehene Gericht sei daher ein Ausnahmegericht. Die deutsche Regierung könne nicht zulassen, daß ein Deutscher vor ein fremdes Ausnahmegericht gestellt, auf Grund eines nur für seine Person von fremden Mächten erlassenen Ausnahmegesetzes nach den Grundsätzen nicht des Rechts sondern der Politik gerichtet und wegen einer Tat bestraft würde, die zur Zeit ihrer Begehung nicht mit Strafe bedroht war.[80] Deutschland erklärte sich aber bereit, einem internationalen Gerichtshof zuzustimmen, wenn

---

[79] abgedruckt in Kraus/Rödiger, Urkunden zum Friedensvertrag Bd I S. 504 ff

[80] Kraus/Rödiger, Urkunden zum Friedensvertrag Bd I S. 504

1. vor den internationalen Gerichtshof die von Angehörigen aller vertragschließenden Teile begangenen Verletzungen der Gesetze und Gebräuche des Krieges gebracht werden könnten;
2. Deutschland an der Bildung des internationalen Gerichtshofs den gleichen Anteil hätte wie die alliierten und assoziierten Mächte;
3. die Zuständigkeit des internationalen Gerichtshofs auf die Entscheidung der völkerrechtlichen Fragen beschränkt und die Bestrafung den nationalen Gerichten überlassen bliebe.[81]

Die deutschen Einwände blieben aber unberücksichtigt, und die Art. 227-230 wurden in ihrer ursprünglichen Form in den Friedensvertrag aufgenommen.[82]

c) Die Durchführung des Art. 227

Nach dem Inkrafttreten des Friedensvertrages richteten die Alliierten am 15. Januar 1920 eine Note an die neutralen Niederlande, in der sie die Auslieferung Wilhelms II auf Grund der Bestimmungen des Art. 227 verlangten.[83] Die niederländische Regierung lehnte jedoch die Auslieferung mit der Begründung ab, daß sie, da sie nicht Signatarmacht des Versailler Vertrages sei, nicht durch Art. 227 gebunden, und daß die Auslieferung eines politischen Flüchtlings mit den Gesetzen des Königreiches und der nationalen Tradition unvereinbar sei.[84] Tatsächlich gab es weder in den niederländischen Gesetzen noch in Auslieferungsabkommen zwischen den alliierten und assoziierten Mächten und den Niederlanden eine Vorschrift, die die Auslieferung einer Person, der ein politisches Verbrechen vorgeworfen wurde, vorsah.[85]

In einer zweiten Note vom 14. Februar 1920 wiederholten die Alliierten die Aufforderung, Wilhelm II auszuliefern,[86] was von den Niederlanden erneut verweigert wurde.[87] Die Einsetzung eines internationalen Gerichtshofs für die

---

[81] Kraus/Rödiger, Urkunden zum Friedensvertrag Bd I S. 505

[82] Der Versailler Friedensvertrag war als sogenanntes Gesetz über den Friedensschluß deutsches Reichsgesetz und stand im Rang sogar noch über der Verfassung. vgl. RGBL 1919 S. 687 ff

[83] abgedruckt in Berber, Das Diktat von Versailles Bd II S. 1195

[84] Note vom 21. Januar 1920, abgedruckt in Berber, Das Diktat von Versailles Bd II S. 1196

[85] Scott in Mandell House/Seymour, What really happened at Paris S. 241; Schlepple, Das Verbrechen gegen den Frieden S. 26

[86] abgedruckt in Berber, Das Diktat von Versailles Bd II S. 1198 ff

[87] Note vom 2. März 1920, abgedruckt in Berber, Das Diktat von Versailles Bd II S. 1201 f

Aburteilung Wilhelms II scheiterte also, weil man des Angeklagten nicht habhaft werden konnte.

d) Die Durchführung der Art. 228-230

Auch mit der Durchführung der Art. 228-230 wurde gleich nach dem Inkrafttreten des Friedensvertrages begonnen. Am 3. Februar 1920 übergab man dem deutschen Vertreter in Paris eine vorläufige Liste mit 896 Namen von Personen, deren Auslieferung von den Alliierten verlangt wurde.[88]

In Deutschland war aber bereits am 18. Dezember 1919 ein Reichsgesetz zur Verfolgung von Kriegsverbrechen und Kriegsvergehen erlassen worden, das die Strafverfolgung vor dem Reichsgericht in alleiniger Instanz vorsah.[89] Deswegen schlug die deutsche Regierung vor, die Verfahren auf Grund dieses Gesetzes vor dem Reichsgericht durchzuführen. Die Alliierten stimmten diesem Vorschlag schließlich zu.[90] Sie behielten sich jedoch die Ausführung ihrer Rechte aus den Art. 228-230 ausdrücklich vor, falls der Verlauf der Prozesse vor dem Reichsgericht sie nicht zufriedenstellen sollte.[91] Daraufhin wurde dem Reichsgericht eine erste Liste mit 45 Angeklagten zugeleitet, die aus der vorläufigen Liste ausgewählt waren. Später folgte die endgültige Liste, auf der die gesamte politische und militärische Führung Deutschlands während des Weltkrieges verzeichnet war. Auf Grund dieser Aufstellung waren beim Reichsgericht insgesamt 907 Verfahren anhängig.[92] In weiteren 837 Verfahren wurde auf deutsche Initiative ermittelt. Da die Verfahren in den folgenden Jahren wegen heftiger Proteste von seiten der deutschen Bevölkerung und einer weit verbreiteten Ablehnung der Prozesse in den Reihen der Justiz verschleppt wurden, kam es nur in 9 Fällen zur gerichtlichen Entscheidung. Die Hälfte der insgesamt 12 Angeklagten wurde freigesprochen.[93] Das Reichsgericht urteilte dabei nach deutschem Recht und wandte nur bei der Beurteilung der Rechtswidrigkeit

---

[88] Auf dieser Liste standen unter anderem die Generäle Hindenburg, Ludendorff und von Mackensen, Prinz Rupprecht von Bayern, der Herzog von Württemberg, Ex-Kanzler Bethmann Hollweg und einige Admiräle, darunter von Tirpitz. vgl. dazu von Puttkamer, AdV 1948/49 S. 435

[89] abgedruckt in Berber, Das Diktat von Versailles Bd II 1213 f

[90] Man befürchtete, daß es durch die Auslieferung aller genannten Personen zu innenpolitischen Unruhen in Deutschland kommen würde.

[91] Vorbehalt abgedruckt in Berber, Das Diktat von Versailles Bd II S. 1212 f

[92] Thiele, Völkerstrafrecht S. 52

[93] teilweise abgedruckt in Amtliches Weißbuch über die Kriegsverbrecherprozesse, Reichstagsdrucksache I Wahlperiode 1920/1924 Nr. 2584 S. 2542 ff

unmittelbar Völkerrecht an.[94] Die übrigen Verfahren stellte der Oberreichsanwalt mangels ausreichender Beweise ein.

Die Alliierten teilten daraufhin durch eine Note vom 23. August 1922 dem deutschen Botschafter in Paris mit, daß sie auf Grund der wenigen Verurteilungen und der milden Strafen Bedenken hinsichtlich der Unparteilichkeit des Reichsgerichts hätten und deshalb, unter Berufung auf den in ihrer Note vom 13. Februar 1920 gemachten Vorbehalt, auf die ursprünglich geforderte Durchführung der Kriegsverbrecherprozesse vor einem internationalen alliierten Militärgerichtshof bzw. vor nationalen Gerichten der Alliierten zurückkommen müßten.[95] Da Deutschland alle Auslieferungsgesuche ablehnte, wurde in der Folgezeit vor französischen und belgischen Gerichten in Abwesenheit abgeurteilt.[96] Infolge der Unmöglichkeit, die Urteile praktisch durchzusetzen, gelangten auch diese Verfahren allmählich zum Stillstand.

2. Struktur und Besetzung des Gerichtshofes

Für die Aburteilung von Verletzungen der Gesetze und Gebräuche des Krieges einigten sich die Siegermächte auf Militärgerichte. Bei Verstößen gegen Staatsangehörige einer der alliierten und assoziierten Mächte sollten die Täter vor ein nationales Militärgericht dieser Macht, bei Verstößen gegen Staatsangehörige mehrerer alliierter und assoziierter Mächte sollten die Täter vor internationale aus den Vertretern der beteiligten Mächte zusammengesetzten Militärgerichte gestellt werden.

Uneinigkeit bestand jedoch hinsichtlich des für die Aburteilung des Kaisers vorgesehenen Gerichtshofs. Man wollte einen Unterschied machen zwischen den eigentlichen Kriegsverbrechern und den politisch Angeklagten wie dem Kaiser.[97] Daher wurde vorgeschlagen, die Aufgabe dem Haager Schiedsgerichtshof oder dem neu zu gründenden StIGH zu übertragen.[98] Da diese beiden

---

[94] vgl. dazu später Kapitel C IV 2. a)

[95] Note abgedruckt in Berber, Das Diktat von Versailles Bd II S. 1217 ff; Von einigen englischen Beobachtern der Prozesse wurde dem Gericht allerdings bestätigt, daß es die Verfahren unparteiisch und einwandfrei durchgeführt habe. vgl. Mangoldt, Jahrbuch für internationales und ausländisches öffentliches Recht 1948 S. 313

[96] Grewe in Nürnberg als Rechtsfrage S. 19; Woetzel, The Nuremberg Trials in International Law S. 34

[97] von Puttkamer, AdV 1948/49 S. 446

[98] Larnaude/de La Pradelle, JDI 1919 S. 153; Schlepple, Das Verbrechen gegen den Frieden S. 23

Gerichtshöfe aber einen ganz anderen Zuständigkeitsbereich hatten, schieden sie aus. Die Hinzuziehung von Vertretern neutraler Staaten wurde ebenfalls abgelehnt.[99] Dies wurde damit begründet, daß diese Länder sich selbst diskreditiert hätten, indem sie nicht gegen die Verletzung der Neutralität Belgiens und Luxemburgs, den ausgedehnten Giftgseinsatz, die umfangreichen Luftbombardements und den kaum beschränkten U-Boot-Krieg protestiert hätten.[100] Auch der deutschen Forderung nach einer Beteiligung wurde nicht nachgegeben.

Man einigte sich schließlich auf ein rein alliiertes Gericht. Es sollte sich aus fünf Richtern zusammensetzen, von denen je einer von den Großmächten ernannt würde. Seinen Sitz sollte der Gerichtshof im Ausland haben, um möglichen demonstrativen Akten von deutscher Seite zu entgehen.[101] Genauere Bestimmungen bezüglich des Verfahrens wurden nicht mehr erlassen, da diese von ihm selbst festgelegt werden sollten.

3. Die Straftatbestände

a) Das Verbrechen gegen die Heiligkeit der Verträge (Art. 227)

Unter diesem Punkt ist vor allem die Verletzung der Neutralität von Belgien und Luxemburg zu verstehen.[102] In den Londoner Verträgen vom 19. April 1839 und vom 11. Mai 1867 hatten die europäischen Großmächte den beiden Staaten ewige Neutralität garantiert. Die Konstruktion des Verbrechens gegen die Heiligkeit der Verträge ging zurück auf den allgemeinen Rechtssatz „pacta sunt servanda".[103] Es war also noch nicht versucht worden, die Tatbestandsmäßigkeit des Planens und Führens eines Angriffskrieges nachzuweisen.

b) Das Verbrechen gegen die internationale Moral (Art. 227)

Der Begriff der „internationalen Moral" wurde weder im Friedensvertrag noch in einem anderen Dokument definiert.[104] Offenbar wollte man durch diese Un-

---

[99] Mérignhac, RGDIP 1917 S. 55

[100] ebenda

[101] von Puttkamer, AdV 1948/49 S. 446

[102] Larnaude/de La Pradelle, JDI 1919 S. 143; von Puttkamer, AdV 1948/49 S. 441

[103] Schlepple, Das Verbrechen gegen den Frieden S. 19; Larnaude/de La Pradelle, JDI 1919 S. 156

[104] von Puttkamer, AdV 1948/49 S. 442; Scott in Mandell House/Seymour, What really happened at Paris S. 239

bestimmtheit aufzeigen, daß es sich nicht um eine Rechtsverletzung, sondern um ein politisches Vergehen handele.[105]

c) Die Kriegsverbrechen (Art. 228)

In diesem Bereich konnte bereits auf geltendes Völkerrecht zurückgegriffen werden. Mit den „Kriegsgesetzen" war das geschriebene Kriegsvölkerrecht und mit den „Kriegsgebräuchen" das völkerrechtliche Gewohnheitsrecht der Kriegführung gemeint. In Frage kamen dabei die Genfer Konvention zur Verbesserung des Loses der verwundeten Soldaten der Armeen im Felde von 1864, die Petersburger Deklaration von 1868 und die Haager Landkriegsordnungen von 1899 und 1907 (im Folgenden HLKO).[106] Des weiteren konnten die gewohnheitsrechtlichen Regeln des Seekriegsrechts herangezogen werden.[107] Trotzdem wurde von der zuständigen Kommission auf der Friedenskonferenz eine eigene Liste von gegen das Völkervertrags- und Völkergewohnheitsrecht verstoßenden Handlungen zusammengestellt, die als Kriegsverbrechen anzusehen waren. Dieser Katalog war Teil des abschließenden Berichts der Kommission und enthielt die folgenden 32 Punkte:

1. Mord. Systematischer Terror;
2. Tötung von Geiseln;
3. Quälerei der Zivilbevölkerung;
4. Aushungerung der Zivilbevölkerung;
5. Notzucht;
6. Verschleppung von jungen Mädchen und Frauen, um sie der Prostitution auszuliefern;
7. Deportation von Zivilisten;
8. Gefangenhaltung von Zivilpersonen unter unzivilisierten Bedingungen;
9. Zwangsbeteiligung von Zivilisten an Arbeiten, die mit den militärischen Operationen in Beziehung stehen;
10. Ausübung von Hoheitsrechten des besetzten Staates während der Besetzung;
11. Zwangsrekrutierung von Soldaten unter den Bewohnern besetzten Gebiets;
12. Versuche, die Bewohner besetzter Gebiete zu entnationalisieren;

[105] von Puttkamer, AdV 1948/49 S. 442

[106] vgl. dazu später Kapitel C II 2. a)-c). Das Problem, ob die HLKO im Weltkrieg mit Rücksicht auf die Allbeteiligungsklausel des Art. 2 überhaupt gegolten hat, wurde mit dem Hinweis, daß das anerkannte Kriegsvölkerrecht auf jeden Fall als Gewohnheitsrecht bindend sei, gelöst.

[107] z.B. der Entwurf der Londoner Seekriegsdeklaration vom 26. Februar 1909, der die Fragen des Handelskrieges behandelte; vgl. dazu später Kapitel C II 2. d)

13. Plünderung;
14. Eigentumsbeschlagnahme;
15. Ungerechtfertigte oder unmäßige Kontributionen oder Requirierungen;
16. Geldentwertung und Ausgabe falschen Geldes;
17. Auferlegung von Kollektivbußen;
18. Sinnlose Verwüstungen und Zerstörungen von Eigentum;
19. Vorsätzliche Bombardierung unverteidigter Städte;
20. Sinnlose Zerstörung religiöser und historischer Denkmäler und Gebäude sowie solcher der Wohltätigkeit und der Erziehung;
21. Zerstörung von Handels- und Passagierschiffen ohne Warnung und Sicherheitsmaßnahmen für Besatzung und Passagiere;
22. Zerstörung von Fischerbooten und Geleitschiffen der Lebensmitteltransporte;
23. Vorsätzliche Bombardierung von Lazarettschiffen;
24. Angriffe auf und Zerstörung von Lazarettschiffen;
25. Verletzungen der Genfer Konvention;
26. Verwendung von lebensgefährlichem und erstickendem Gas;
27. Verwendung von Explosivgeschossen und anderen inhumanen Waffen;
28. Der Befehl, keinen Pardon zu geben;
29. Schlechte Behandlung von Verwundeten und Kriegsgefangenen;
30. Verwendung von Kriegsgefangenen zu nicht erlaubten Arbeiten;
31. Mißbrauch der weißen Fahne;
32. Brunnenvergiftung.[108]

d) Die Verletzung der Gesetze der Menschlichkeit

Während der Vorarbeiten und der Friedenskonferenz wurde der Begriff „Verletzungen der Gesetze der Menschlichkeit" immer wieder erwähnt.[109] In den Text der Art. 227-230 des Versailler Vertrages wurde er aber nicht aufgenommen. Das lag zum einen daran, daß die Delikte gegen die Menschlichkeit nur in enger Verbindung zu den Verletzungen der Gesetze und Gebräuche des Krieges gesehen wurden und noch nicht als selbständiges Delikt galten.[110] Zum anderen waren die amerikanischen Vertreter der Meinung, daß die Formulie-

[108] abgedruckt in Kraus/Rödiger, Urkunden zum Friedensvertrag Bd II S. 1266

[109] vgl. Lansing, AJIL 1919 S. 647 f; Ferencz, An International Criminal Court Bd I S. 25; Bericht der Kommission abgedruckt in Kraus/Rödiger, Urkunden zum Friedensvertrag Bd II S. 1260 ff

[110] von Puttkamer, AdV 1948/49 S. 444

rung „Verletzungen der Gesetze der Menschlichkeit“ noch viel zu vage sei, um als Grundlage für eine Strafverfolgung auszureichen.[111]

4. Zusammenfassung

Die Einsetzung eines ersten internationalen Gerichtshofs scheiterte also, da man der Hauptangeklagten nicht habhaft werden konnte. Die meisten Bestimmungen bezüglich des internationalen Gerichtshofs und der anwendbaren Tatbestände waren noch vage und verworren. Die Kriegsurheberschaft sollte nur durch ein politisches Urteil und noch nicht durch eine strafrechtliche Verurteilung abgegolten werden. Über Verletzungen der Gesetze der Menschlichkeit wurde bereits während der Friedensverhandlungen diskutiert, aber man sah sie noch nicht als eigenständigen Tatbestand an. Lediglich die Kriegsverbrechen bildeten bereits einen völkerrechtlich abgesicherten Anklagepunkt.

II. DER INTERNATIONALE MILITÄRGERICHTSHOF IN NÜRNBERG (IMT)

Am Ende des zweiten Weltkriegs standen die Sieger wieder vor derselben Frage wie im Jahre 1919: Sollte die Führung der Besiegten strafrechtlich zur Verantwortung gezogen werden und wie sollten, gegebenenfalls, die Verfahren ablaufen? Die Antwort darauf war der Prozeß gegen die Hauptkriegsverbrecher vor dem IMT, der vom 20. November 1945 bis zum 1. Oktober 1946 dauerte. Anders als im Jahre 1919 war die praktische Durchführung unproblematisch, da wegen der alliierten Militärverwaltung über ganz Deutschland Auslieferungsersuche unnötig waren. Für ihre Debatten über Statut, Verfahren und Zusammensetzung des Gerichtshofes konnten die Siegermächte unter anderem auf die Ausarbeitungen der Kriegsverbrechenskommission aus dem Jahre 1919 zurückgreifen.

1. Einsetzung des IMT

a) Die Vorarbeiten

Seit dem Beginn des zweiten Weltkriegs protestierten die von Deutschland angegriffenen Staaten gegen die Behandlung der Kriegsgefangenen und der Zivil-

[111] Ferencz, An International Criminal Court Bd I S. 31; Scott in Mandell House/Seymour, What really happened at Paris S. 248 f; Garner, AJIL 1920 S. 90

bevölkerung durch die deutschen Truppen. So erklärte Churchill am 25. Oktober 1941: „Retribution for these crimes must henceforward take its place among the major purposes of the war."[112] In seiner Deklaration vom 4. Dezember 1941 sprach Stalin erstmals von der „strafrechtlichen Verantwortlichkeit der Hitlerverbrecher."[113] Es folgte am 13. Januar 1942 die gemeinsame Erklärung der Minister der neun Exilregierungen in Gegenwart von Vertretern der kriegführenden Großmächte und der Länder des britischen Commonwealth im St. James Palace in London, worin sie auf die HLKO verwiesen und als eins der wichtigsten Kriegsziele die Bestrafung der Kriegsverbrecher auf gerichtlichem Wege bezeichneten.[114] Unter Bezugnahme auf diese Erklärung eröffnete Roosevelt am 21. August 1942, daß die Kriegsverbrecher „shall have to stand in courts of law in the very countries which they are now oppressing and answer for their acts."[115] Die sowjetische Regierung schloß sich diesen Äußerungen in einer Erklärung vom 14. Oktober 1942 an.[116] Am 20. Oktober wurde daraufhin die „United Nations War Crimes Commission" (im folgenden UNWCC) in London gegründet. Siebzehn alliierte Länder arbeiteten in ihr bis zum Frühjahr 1948 zusammen.[117] Ihre Aufgabe bestand darin, Beweismaterial zu sammeln, Kriegsverbrecherlisten zu erstellen und problematische Rechtsfragen zu erörtern. Nur die Sowjetunion beteiligte sich nicht an der UNWCC und bildete am 2. November 1942 eine eigene „Außerordentliche Staatskommission zur Feststellung und Untersuchung der Verbrechen der Eindringlinge".[118] Schließlich unterzeichneten die Vereinigten Staaten, Großbritannien und die Sowjetunion am 30. Oktober 1943 in Moskau die „Erklärung über Grausamkeiten".[119] Darin verkündeten die Großmächte, zugleich im Namen der übrigen 33 kriegführenden Staaten, die deutschen Offiziere, Soldaten und Mitglieder der Nazi-Partei,

---

[112] abgedruckt in Punishment for War Crimes, The Inter-Allied Declaration signed at St. James´s Palace London on 13th January 1942 and relative Documents S. 15

[113] Maurach, Die Kriegsverbrecherprozesse gegen deutsche Gefangene in der Sowjetunion S. 29

[114] abgedruckt in Punishment for War Crimes, The Inter-Allied Declaration signed at St. James´s Palace London on 13th January 1942 and relative Documents S. 3 f

[115] abgedruckt in Punishment for War Crimes; Collective Notes presented to the Government of Great Britain, the USSR and the USA S. 9

[116] abgedruckt in Punishment for War Crimes; Collective Notes presented to the Government of Great Britain, the USSR and USA S. 5; International Conference on Military Trials S. 13 ff

[117] Australien, Belgien, Kanada, China, Tschechoslowakei, Griechenland, Neuseeland, Norwegen, Polen, Südafrika, Großbritannien, USA, Jugoslawien, Indien, Luxemburg, Frankreich, Niederlande

[118] Trainin, Hitlerite Responsibility under Criminal Law S. 8

[119] abgedruckt in International Conference on Military Trials S. 11 f

die für die Grausamkeiten, Massaker und Exekutionen verantwortlich waren, nach der Niederlage Deutschlands denjenigen Ländern zur Aburteilung auszuliefern, in denen sie ihre Verbrechen begangen hatten.[120] Die Hauptkriegsverbrecher, deren Verbrechen lokal nicht gebunden waren, sollten sich jedoch in einem von den Alliierten gemeinsam durchgeführten Prozeß verantworten müssen.[121] Damit zeichnete sich bereits die spätere Vorgehensweise der Siegermächte ab, und in der Abschlußerklärung der Yalta-Konferenz am 7. Februar 1945 bestätigten die Alliierten noch einmal, alle Kriegsverbrecher umgehender Bestrafung zuführen zu wollen.[122]

Allen diesen Erklärungen ist jedoch gemeinsam, daß sie sich auf Kriegsverbrechen i.S. von Verletzungen der Gesetze und Gebräuche des Krieges beschränkten, und nur in diesem Zusammenhang Verstöße gegen elementare Forderungen der Menschlichkeit gerügt wurden. Eine Bestrafung wegen des Führens eines Angiffskrieges wurde in den amtlichen Äußerungen während des Krieges noch nicht angekündigt.

b) Das Londoner Viermächte Abkommen vom 8. August 1945[123]

Die Vereinigten Staaten übernahmen, ganz im Gegensatz zu ihrem ablehnenden Verhalten nach dem ersten Weltkrieg, kurz vor Kriegsende die Initiative zur Errichtung eines internationalen Strafgerichtshofs. Präsident Truman ernannte Robert Jackson, einen Richter am obersten Bundesgericht, zum Bevollmächtigten für die Verhandlungen mit den anderen Großmächten und zum Chef des amerikanischen Anklagestabes. Er wurde die treibende Kraft für den Nürnberger Prozeß. In seinem Bericht an den Präsidenten vom 6. Juni 1945 legte Jackson sowohl den Plan für den Hauptprozeß mit den Anklagepunkten als auch die wesentlichen Rechtsprobleme dar.[124] Dieser Entwurf wurde zur Grundlage der Debatten auf der vom 26. Juni 1945 bis zum 2. August 1945 dauernden Londoner Konferenz der vier Großmächte. Das „Londoner Viermächteabkommen über die Verfolgung und Bestrafung der Hauptkriegsverbrecher der europäischen Achse“ mit dem „Statut für den Internationalen Militärgerichtshof“ wur-

[120] International Conference on Military Trials S. 11

[121] International Conference on Military Trials S. 14

[122] abgedruckt in Die Atlantik-Charta und die Konferenzen von Casablanca, Moskau, Cairo, Teheran, Yalta S. 25

[123] abgedruckt auf deutsch in Der Prozeß gegen die Hauptkriegsverbrecher Bd I S. 7 ff; auf englisch in AJIL 1945 Suppl. S. 257 ff

[124] abgedruckt auf englisch in AJIL 1945 S. 178 ff; auf deutsch in FW 1946 S. 164 ff

de erarbeitet und am 8. August von den vier Hauptmächten unterzeichnet. Dem Londoner Abkommen traten später noch 19 weitere Länder bei.[125]

Dieser partikulares Völkerrecht darstellende Vertrag, den Deutschland nicht unterzeichnet hat, bildete die Rechtsgrundlage für den Nürnberger Prozeß gegen die Hauptkriegsverbrecher. Er regelte die Rechte und Pflichten aller Beteiligten, ordnete das Verfahren und stellte die Tatbestände und Grundsätze fest, an die sich die Richter zu halten hatten.

2. Struktur und Besetzung des IMT

Bei der Debatte über die Zusammensetzung des Gerichts wurden ähnliche Erwägungen angestellt wie nach dem ersten Weltkrieg. Die Aburteilung der Kriegsverbrecher einem deutschen Gerichtshof zu überlassen, wurde abgelehnt, da man sich des mißlungenen Versuchs, der nach dem ersten Weltkrieg vor dem Reichsgericht gemacht wurde, erinnerte.[126] Der Versuch, das Gericht mit Angehörigen neutraler Länder zu besetzen, scheiterte daran, daß die Anzahl der wirklich neutralen Länder zu gering war.[127] Man einigte sich daher wieder auf ein rein alliiertes Gericht.

Der IMT sollte aus vier Richtern und vier Stellvertretern bestehen, die jeweils von den vier Großmächten entsandt wurden.[128] Auch die Anklagebehörde setzte sich aus vier Hauptanklägern der vier Hauptmächte zusammen, denen jeweils ein Stab von Anklägern, beigeordneten Anklägern und Hilfsanklägern unterstand.[129]

---

[125] Griechenland, Dänemark, Jugoslawien, Niederlande, Tschechoslowakei, Polen, Belgien, Abessinien, Australien, Honduras, Norwegen, Panama, Luxemburg, Haiti, Neuseeland, Indien, Venezuela, Uruguay und Paraguay; von den aktiven Kriegsgegnern Deutschlands unterzeichneten China, Südafrika und Kanada das Abkommen nicht.

[126] Heydecker/Leeb, Der Nürnberger Prozeß S. 94

[127] ebenda

[128] Für die Vereinigten Staaten: Justizminister Biddle; für Frankreich: Professor Donnedieu de Vabres; für die Sowjetunion: General und Vizepräsident des Obersten Gerichtshofs Nikitschenko; für Großbritannien: Lord Justice Lawrence, der zum Vorsitzenden gewählt wurde.

[129] Für die Vereinigten Staaten: Robert Jackson; für Frankreich: Francois de Menthon; für die Sowjetunion: General R.A. Rudenko; für Großbritannien: Generalstaatsanwalt Sir Hartley Shawcross

Gemäß Art. 22 des Statuts sollte der IMT seinen ständigen Sitz in Berlin haben und nur der erste Prozeß in Nürnberg stattfinden. Zu dieser Regelung kam es, da man noch mit mehreren internationalen Gerichtsverfahren rechnete.[130] Es blieb dann aber vor dem IMT bei dem einen Verfahren gegen die Hauptkriegsverbrecher.

3. Die Straftatbestände

a) Das Verbrechen gegen den Frieden (Art. 6 a)

Das Verbrechen gegen den Frieden wurde im Statut definiert als: "Planen, Vorbereitung, Einleitung oder Durchführung eines Angriffskrieges oder eines Krieges unter Verletzung internationaler Verträge, Abkommen oder Zusicherungen oder Beteiligung an einem gemeinsamen Plan oder an einer Verschwörung zur Ausführung einer der vorgenannten Handlungen."

Unter diesem Begriff wurden also zwei Arten strafbarer Handlungen zusammengefaßt: Das Individualverbrechen des Kriegplanens und -führens und das Kollektivverbrechen der Verschwörung („Conspiracy") gegen den Frieden. Die Strafbarkeit der Angeklagten wurde jeweils nach beiden Punkten getrennt geprüft.

Von der Verteidigung wurde bestritten, daß es sich bei dem Verbrechen gegen den Frieden bereits um eine völkerrechtliche Straftat handele.[131] Sie lehnte nicht nur die völkerstrafrechtliche Verantwortlichkeit des Einzelnen für das Planen und Führen eines Angriffskrieges ab, sondern war der Auffassung, daß bei Ausbruch des Krieges schon kein allgemeines völkerrechtliches Kriegsverbot mehr existiert hätte.

Die Richter des IMT bejahten jedoch in ihrem Urteil die individuelle Strafbarkeit des Angriffskrieges. Sie stützten sich dabei zum einen auf das Statut, das sie als „maßgebend und für den Gerichtshof bindend"[132] ansahen und zum anderen auf eine Untersuchung des bestehenden Völkerrechts, in der sie vor allem auf das im Briand-Kellog-Pakt vom 27. August 1928 vereinbarte Kriegsverbot verwiesen.[133] Die individuelle Strafbarkeit eines Verstoßes gegen den Pakt be-

---

[130] Heydecker/Leeb, Der Nürnberger Prozeß S. 97

[131] Der Prozeß gegen die Hauptkriegsverbrecher Bd XVIII S. 499 ff

[132] Der Prozeß gegen die Hauptkriegsverbrecher Bd I S. 244

[133] Der Prozeß gegen die Hauptkriegsverbrecher Bd I S. 244; zum Briand-Kellog-Pakt vgl. später Kapitel C I 3. e)

gründeten sie damit, daß der „Angreifer wissen mußte, daß er unrecht hat. Weit entfernt davon, daß es ungerecht wäre, ihn zu strafen, wäre es vielmehr ungerecht, wenn man seine Freveltat straffrei ließe.“[134] Das Tribunal setzte damit die im Pakt festgelegte Illegalität des Angriffskrieges mit seiner Strafbarkeit gleich.

Im Urteil wurde von zwölf Angriffskriegen des Deutschen Reiches gesprochen, ohne daß sie ausdrücklich aufgezählt wurden. Aus dem Zusammenhang ließ sich aber entnehmen, daß es sich um die Kriege gegen Polen, Frankreich, Großbritannien, Dänemark, Norwegen, Belgien, Niederlande, Jugoslawien, Griechenland, die Sowjetunion und die Vereinigten Staaten handelte.[135] Da das Statut keine Definition des „Angriffskrieges“ enthielt, waren die Richter durch eine Untersuchung der historischen Ereignisse vor und während des Krieges zu der Annahme von zwölf Angriffskriegen gekommen. Nachdem so ihr Vorliegen bereits bejaht war, erübrigte es sich ausführlich zu erörtern, ob sie auch „Kriege unter Verletzung internationaler Verträge, Abkommen oder Zusicherungen“ waren. Daher wurden ohne weitere Prüfung die wichtigsten dieser verletzten Verträge aufgezählt: das Haager Abkommen von 1899, der Vertrag von Versailles, gegenseitige Garantie-, Schieds- und Nichtangriffsverträge sowie der Briand-Kellog-Pakt.[136]

b) Die Kriegsverbrechen (Art. 6 b)

Unter den Kriegsverbrechen verstand das Statut alle Verletzungen der Kriegsgesetze oder -gebräuche. Im einzelnen, aber nicht abschließend, gehörten dazu: „Mord, Mißhandlungen, oder Deportationen zur Sklavenarbeit oder für irgendeinen anderen Zweck von Angehörigen der Zivilbevölkerung von oder in besetzten Gebieten, Mord oder Mißhandlungen von Kriegsgefangenen oder Personen auf hoher See, Töten von Geiseln, Plünderung öffentlichen oder privaten Eigentums, die mutwillige Zerstörung von Städten, Märkten oder Dörfern oder jede durch militärische Notwendigkeit nicht gerechtfertigte Verwüstung.“

Die völkerrechtliche Zulässigkeit der Bestrafung von Kriegsverbrechen wurde von keiner Seite beanstandet. Die Richter beriefen sich neben der Bindung an

---

[134] Der Prozeß gegen die Hauptkriegsverbrecher Bd I S. 245

[135] Der Prozeß gegen die Hauptkriegsverbrecher Bd I S. 241; Zweifel bestanden bezüglich Norwegens, da die Besetzung des Landes durch Großbritannien unmittelbar bevorstand und die Deutschen dem lediglich zuvorgekommen waren. Auch hinsichtlich der Vereinigten Staaten war man sich uneins, da diese schon vor der Kriegserklärung durch Deutschland militärisch zugunsten Großbritanniens eingegriffen hatten.

[136] Der Prozeß gegen die Hauptkriegsverbrecher Bd I S. 242 f

das Statut auf anerkanntes völkerrechtliches Gewohnheitsrecht.[137] Da Kriegsverbrechen nur gegenüber dem Kriegsgegner bzw. seinen Angehörigen begangen werden können, fielen alle Verbrechen gegenüber den eigenen Staatsangehörigen und denen der verbündeten Staaten aus Art. 6 b) heraus. Dafür wurden sie von den Verbrechen gegen die Menschlichkeit erfaßt.

c) Die Verbrechen gegen die Menschlichkeit (Art. 6 c)

Verbrechen gegen die Menschlichkeit waren laut Statut: "Mord, Ausrottung, Versklavung, Deportation oder andere unmenschliche Handlungen, begangen an irgendeiner Zivilbevölkerung vor oder während des Krieges, Verfolgung aus politischen, rassischen oder religiösen Gründen, begangen in Ausführung eines Verbrechens oder in Verbindung mit einem Verbrechen, für das der Gerichtshof zuständig ist, und zwar unabhängig davon, ob die Handlung gegen das Recht des Landes verstieß, in dem sie begangen wurde, oder nicht."

Verbrechen gegen die Menschlichkeit konnten also im Unterschied zu den Kriegsverbrechen auch außerhalb der von Deutschland kriegsmäßig besetzten Gebiete begangen werden und gegen eine Bevölkerung gerichtet sein, die nicht den Schutzbestimmungen des Kriegsrechts unterstellt war. Für die Strafbarkeit der Verbrechen gegen die Menschlichkeit berief sich das Gericht wie bei den beiden anderen Tatbeständen auch auf die bindende Grundlage des Londoner Statuts.[138] Darüber hinaus behauptete es, die unter diesem Tatbestand zusammengefaßten Verbrechen stellten sämtlich Verletzungen der allgemeinen Grundsätze des Strafrechts dar, wie sie sich aus den Strafgesetzen der zivilisierten Staaten herleiten.[139]

Das Statut sprach von Gewalttaten gegen „irgendeine Zivilbevölkerung". Daraus ergab sich, daß unter die Verbrechen gegen die Menschlichkeit nicht nur einzelne, isolierte Akte, sondern vor allem Handlungen gegen eine größere Gruppe von Opfern fielen. Durch diesen Tatbestand konnten also auch die im Frieden begangenen Gewalttaten der Deutschen gegen die eigenen Staatsangehörigen, gegen die der verbündeten Staaten und, vor allen Dingen, die Juden-

---

[137] Der Prozeß gegen die Hauptkriegsverbrecher Bd I S. 284

[138] ebenda

[139] Der Prozeß gegen die Hauptkriegsverbrecher Bd I S. 71, Bd. III S. 108, Bd V S. 419

verfolgungen erfaßt werden.[140] Die Formulierung „oder andere unmenschliche Handlungen“ erlaubte zudem eine Ausdehnung des Tatbestands per Analogie.

Der Gerichtshof beschränkte sich jedoch in seinen Urteilen auf die nach dem Kriegsbeginn verwirklichten Verbrechen, denn „so empörend und entsetzlich die vor dem Kriegsbeginn begangenen Verbrechen auch waren, so konnte doch nicht hinreichend nachgewiesen werden, daß sie in Ausführung eines Angriffskrieges oder in Verbindung mit einem derartigen Verbrechen verübt worden sind. Nach dem Beginn des Krieges sind in großem Umfang Kriegsverbrechen begangen worden, die zugleich Verbrechen gegen die Menschlichkeit waren. Die unmenschlichen Handlungen, die keine Kriegsverbrechen darstellen, sind alle in Ausführung eines Angriffskrieges begangen worden und stellen daher Verbrechen gegen die Menschlichkeit dar.“[141] Diese Festlegung führte dazu, daß der IMT in der Mehrzahl der Fälle bei der Schuldigsprechung der einzelnen Angeklagten zwischen Kriegsverbrechen und Verbrechen gegen die Menschlichkeit nicht unterschied.

4. Die Angeklagten

a) Die Hauptkriegsverbrecher

In dem ersten Prozeß vor dem IMT sollten nur die sogenannten „Hauptkriegsverbrecher“ abgeurteilt werden. Dies waren die Führungsspitzen der NSDAP, Reichsminister und hohe Regierungsbeamte, ein Industrieller, ein Bankier sowie der Generalstab. Insgesamt wurden 24 Personen angeklagt.[142] Anders als nach dem ersten Weltkrieg bestand das Problem der Auslieferung nicht. Alle Angeklagten waren in die Gewalt der Alliierten gefallen.[143]

---

[140] Wright, AJIL 1947 S. 60; Finch, AJIL 1947 S. 23; Grewe in Nürnberg als Rechtsfrage S. 26 f; Doehring, Beiträge zur Konfliktforschung Heft 4 1986 S. 76; Brownlie, Principles of Public International Law S. 562

[141] Der Prozeß gegen die Hauptkriegsverbrecher Bd I S. 286

[142] Martin Bormann, Karl Dönitz, Hans Frank, Wilhelm Frick, Hans Fritsche, Walther Funk, Hermann Wilhelm Göring, Rudolf Heß, Alfred Jodl, Ernst Kaltenbrunner, Wilhelm Keitel, Robert Ley, Constantin Freiherr von Neurath, Franz von Papen, Erich Raeder, Joachim von Ribbentropp, Alfred Rosenberg, Fritz Sauckel, Hjalmar Schacht, Baldur von Schirach, Arthur Seyss-Inquart, Albert Speer, Julius Streicher, Gustav Krupp von Bohlen und Halbach

[143] mit Ausnahme von Martin Bormann, gegen den in Abwesenheit verhandelt wurde.

b) Die Organisationen

Art. 9 des Statuts bestimmte, daß mit der Verurteilung einer angeklagten Einzelperson die Erklärung verbunden werden konnte, die Organisation, deren Mitglied der Verurteilte war, sei verbrecherisch gewesen. Dieser Ausspruch sollte nach Art. 10 des Statuts die Grundlage für die Verfolgung aller früheren Mitglieder in nationalen Verfahren und vor Militär- oder Okkupationsgerichten bilden. Es handelte sich also nicht um die Bestrafung der Organisation selbst, die in der Zwischenzeit auch bereits aufgelöst worden war, sondern um die Schaffung einer Rechtsgrundlage zur Aburteilung von möglichst vielen Einzelpersonen.[144] Dadurch sollten auch diejenigen erfaßt werden, die nur mittelbar an Kriegsverbrechen und Verbrechen gegen die Menschlichkeit beteiligt waren. Über sieben Gruppen und Organisationen war eine solche Entscheidung zu fällen: das Reichskabinett, das Führungskorps der NSDAP, die Schutzstaffel der NSDAP (SS), der Sicherheitsdienst des Reichsführers SS (SD), die Sturmabteilung der NSDAP (SA), die Geheime Staatspolizei (Gestapo) sowie der Generalstab und das Oberkommando der Wehrmacht.[145]

5. Das Prozeßrecht

Die Art. 12-25 des Statuts enthielten einzelne Regeln über das anzuwendende Verfahrensrecht. Vorherrschend in den Bestimmungen war das anglo-amerikanische Prozeßrecht.[146] Neu für die deutschen Verteidiger der Angeklagten waren daher die Anklagebehörde, die sich als Prozeßpartei fühlte und nur den Anklagestandpunkt vertrat, Kreuzverhöre und die Aussage der Angeklagten im Zeugenstand. Das Prozeßrecht enthielt aber ebenso Elemente des kontinentaleuropäischen Rechts. Dazu gehörten der Grundsatz der Zulassung aller Beweismittel und das Prinzip der freien Beweiswürdigung. Obwohl sich die Prozeßordnung also an den anglo-amerikanischen Prozeß anlehnte, war sie dennoch eigenständig und wurde während des Verlaufs des Verfahrens durch Gerichtsbeschlüsse selbständig weiterentwickelt.

---

[144] Rauschenberg, Der Nürnberger Prozeß gegen die Organisationen S. 14

[145] Der Prozeß gegen die Hauptkriegsverbrecher Bd I S. 6

[146] vgl. Ehard, AJIL 1949 S. 226; Descheemaeker, RGDIP 1946 S. 245; Eccard, RDI 1946 S. 82

6. Urteile und Strafvollzug

Fast ein Jahr nach Beginn des Prozesses wurden die Urteile verkündet. Von den verbliebenen 22 Angeklagten[147] wurden 12 zum Tode[148], 7 zu Freiheitsstrafen zwischen zehn Jahren und lebenslänglich verurteilt[149] und 3 freigesprochen.[150] Außerdem wurden das Führungskorps der NSDAP, die Gestapo, der SD und die SS zu verbrecherischen Organisationen erklärt. Diese Vereinigungen waren besonders an der Begehung von Kriegsverbrechen und Verbrechen gegen die Menschlichkeit beteiligt gewesen.[151] Der Sowjetrichter, General Nikitschenko, gab ein abweichendes Urteil ab.[152] Darin beanstandete er die drei Freisprüche, das „zu niedrige" Strafmaß für Rudolf Heß und die Entscheidung über das Reichskabinett, den Generalstab und das Oberkommando der Wehrmacht. Dieses abweichende Urteil wurde aber weder verlesen, noch hatte es eine andere praktische Bedeutung.[153]

Alle zum Tode Verurteilten wurden zumindest der Verbrechen gegen die Menschlichkeit für schuldig befunden. Obwohl sie diese Verbrechen begangen hatten, wurden allerdings wegen mildernder Umstände vier der Angeklagten nur zu Gefängnisstrafen verurteilt.[154] Die Angeklagten, die des Verbrechens gegen den Frieden für schuldig gesprochen wurden, erhielten lebenslängliche Freiheitsstrafen[155], es sei denn, bei ihnen lagen mildernde Umstände vor.[156] Die Todesstrafe war in der Generalklausel des Art. 27 ausdrücklich als mögliche Strafe vorgesehen. Dies entsprach der gewöhnlichen Praxis von Militärge-

[147] Das Verfahren gegen Gustav Krupp von Bohlen und Halbach wurde wegen dessen schwerer Erkrankung ausgesetzt. vgl. Der Prozeß gegen die Hauptkriegsverbrecher Bd I S. 156; Robert Ley beging am 25. Oktober 1945 in der Haft Selbstmord vgl. Heydecker/ Leeb, Der Nürnberger Prozeß Bd I S. 105

[148] Hermann Wilhelm Göring, Joachim von Ribbentropp, Wilhelm Keitel, Ernst Kaltenbrunner, Alfred Rosenberg, Hans Frank, Wilhelm Frick, Julius Streicher, Fritz Sauckel, Alfred Jodl, Arthur Seyss-Inquart, Martin Bormann

[149] Rudolf Heß: lebenslänglich; Walther Funk: lebenslänglich; Erich Raeder: lebenslänglich; Baldur von Schirach: 20 Jahre; Albert Speer: 20 Jahre; Constantin von Neurath: 15 Jahre; Karl Dönitz: 10 Jahre

[150] Hjalmar Schacht, Franz von Papen, Hans Fritsche

[151] Wright, AJIL 1947 S. 70; Woetzel, The Nuremberg Trials in International Law S. 196 ff

[152] abgedruckt in Der Prozeß gegen die Hauptkriegsverbrecher Bd I S. 387 ff

[153] Für eine Verurteilung war gemäß Art. 4 c) des Statuts nur eine Mehrheit von drei Stimmen erforderlich.

[154] Walther Funk, Constantin von Neurath, Baldur von Schirach, Albert Speer

[155] Rudolf Heß, Erich Raeder, Walther Funk

[156] Constantin von Neurath, Karl Dönitz

richtshöfen.[157] Der Tod durch den Strang war gewählt worden, weil er als besonders entehrende Hinrichtungsart angesehen wurde.[158] Das Statut enthielt weder konkrete Strafdrohungen noch spezielle Bestimmungen bezüglich der Höhe der Freiheitsstrafen, außer daß sie „gerecht" sein sollten (Art. 27). Auch in den Urteilen fanden sich keine Ausführungen zu den Strafzumessungsgründen. Aus den Urteilen läßt sich nur entnehmen, daß die Angeklagten, denen ein extremes Maß an Brutalität vorgeworfen wurde, was sich in ihrer Verurteilung wegen Verbrechen gegen die Menschlichkeit manifestierte, zum Tode verurteilt wurden. In den übrigen Fällen wurde auf Freiheitsstrafen erkannt.

Nach der Verkündung der Urteile wurden einige Gnadengesuche beim Alliierten Kontrollrat in Berlin eingereicht, die aber alle erfolglos blieben. In der Nacht vom 15. zum 16. Oktober 1946 wurden die Todesurteile in Nürnberg vollstreckt.[159] Die zu Haftstrafen Verurteilten verbüßten ihre Strafen im Gefängnis von Berlin-Spandau, das unter der Aufsicht aller vier Besatzungsmächte stand. Drei der Häftlinge wurden später wegen ihres schlechten Gesundheitszustandes begnadigt.[160]

7. Nachfolgende Prozesse auf Grund des Kontrollratsgesetzes Nr. 10

Vor dem IMT ist es nur zu dem einen Prozeß gegen die Hauptkriegsverbrecher gekommen. Anschließend fanden aber noch weitere Prozesse vor amerikanischen Militärgerichten in Nürnberg statt. Diese hatten keinen internationalen Charakter, sondern waren reine amerikanische Besatzungsgerichte.[161] Sie waren jeweils mit drei Richtern besetzt. Daneben wurde eine Anklagebehörde gebildet, die von Brigadegeneral Telford Taylor geleitet wurde. Rechtsgrundlage für diese Prozesse war das Kontrollratsgesetz Nr. 10 vom 20. Dezember 1945 (im folgenden KRG Nr. 10).[162] Es war dem Statut des IMT nachgebildet. Neu war, daß in den Tatbestand des Verbrechens gegen den Frieden „Einfälle" einbezogen wurden. Damit konnten die Einmärsche in Österreich und in die Tschechoslowakei bestraft werden. Bei den Verbrechen gegen die Menschlichkeit fehlte im KRG Nr. 10 das Junktimserfordernis mit einem anderen im Statut aufgeführ-

---

[157] Wright, AJIL 1947 S. 43

[158] Heydecker/Leeb, Der Nürnberger Prozeß S. 480; Brackman, The other Nuremberg S. 401

[159] Hermann Wilhelm Göring entging der Hinrichtung durch Selbstmord.

[160] Constantin von Neurath, Erich Raeder, Walther Funk

[161] Jescheck in EPIL Bd IV S. 54

[162] abgedruckt in Amtsblatt des Kontrollrats in Deutschland Nr. 3 vom 31. Januar 1946 S. 50 ff

ten Verbrechen. Sie erstreckten sich daher auch auf die Zeit vor dem September 1939. Insgesamt fanden auf der Grundlage des KRG Nr. 10 in Nürnberg von 1947 bis 1949 zwölf Prozesse vor verschiedenen amerikanischen Militärgerichten statt.[163]

8. Zusammenfassung

Der Prozeß gegen die Hauptkriegsverbrecher vor dem IMT in Nürnberg ist der wichtigste Präzedenzfall in der Geschichte des Völkerstrafrechts. Zum ersten Mal wurde eine Regierung, ein Generalstab, eine politische Partei vor einem internationalen Gericht angeklagt und verurteilt. Zwei der Verbrechensarten waren völkerstrafrechtliche Neuprägungen. Erstmalig wurden nicht nur der Krieg zum internationalen Verbrechen erklärt, sondern auch seine Urheber strafrechtlich zur Verantwortung gezogen. Neu war ebenfalls das Verbrechen gegen die Menschlichkeit. Das bislang in dieser Perfektion unbekannte Ausmaß an Inhumanität, das dem Nationalsozialismus zur Last gelegt wurde, führte dazu, es mit zur Grundlage des Strafverfahrens zu machen. Eine weitere Neukonstruktion war die Kennzeichnung einer Organisation als verbrecherisch, die für die Nachfolgeprozesse gegen die Mitglieder der für verbrecherisch erklärten Organisationen bedeutsam war.

III. DER INTERNATIONALE MILITÄRGERICHTSHOF FÜR DEN FERNEN OSTEN IN TOKIO (IMTFE)

Der Großteil der für das Verfahren vor dem IMT aufgestellten Grundsätze wurde auch bei dem Parallel-Prozeß vor dem IMTFE angewendet. Der Prozeß in Nürnberg dauerte bereits ein halbes Jahr, als am 3. Mai 1946 das Verfahren gegen die Hauptkriegsverbrecher vor dem IMTFE in Tokio begann. Die treibende Kraft hinter diesem Prozeß waren die USA. Sie war die alleinige Besatzungsmacht in Japan, und strebte vor allem die Aburteilung der für den Überfall auf Pearl Harbour am 7. Dezember 1941 Verantwortlichen an. Das Verfahren gegen die Hauptkriegsverbrecher in Tokio fand mit dem Einverständnis der japanischen Staatsregierung statt, im Unterschied zu Deutschland, wo der Prozeß vor der Neueinsetzung einer Regierung ablief.

---

[163] Ärzteprozeß, Prozeß gegen den Feldmarschall Milch, Juristenprozeß, Pohl-Prozeß (Wirtschafts- und Verwaltungshauptamt), Flick-Prozeß, I.G.Farben Prozeß, Prozeß gegen die Süd-Ost Generäle, Prozeß gegen das Rasse- und Siedlungshauptamt, Ohlendorf Prozeß (Einsatzgruppen), Krupp Prozeß, Wilhelmsstraßenprozeß, OKW-Prozeß

Insgesamt dauerte das Verfahren vor dem IMTFE 2½ Jahre. Der offizielle Bericht umfaßte 49858 Seiten, 4336 Dokumente wurden als Beweisstücke vorgelegt und 419 Zeugen gehört. Der Prozeß in Tokio ist damit „the biggest trial in recorded history".[164]

1. Einsetzung des IMTFE

In den Kapitulationsbedingungen der Alliierten gegenüber Japan vom 26. Juli 1945[165], der sogenannten Potsdamer Proklamation, war unter Abs. 10 aufgeführt: "We do not intend that the Japanese shall be enslaved as a race or destroyed as a nation, but stern justice shall be meted out to all war criminals." Die Potsdamer Proklamation und damit auch ihr Abs. 10 wurden am 14. August 1945 von Japan angenommen.[166] Am 2. September folgte die japanische Kapitulationsurkunde, in der sich Japan bereiterklärte: "to carry out the provisions of the Potsdam Declaration in good faith and to issue whatever orders and to take whatever action may be required by the Supreme Commander for the Allied Powers or by any other designated representative of the Allied Powers for the purpose of giving effect to that Declaration."[167] Der Oberbefehlshaber der alliierten Streitkräfte, General Douglas MacArthur, eröffnete daraufhin in seiner Proklamation vom 19. Januar 1946, daß auch für den Fernen Osten ein internationaler Militärgerichtshof eingesetzt würde.[168] Dessen Charta wurde am selben Tag von ihm veröffentlicht.[169] Sie regelte die Anklagepunkte, das Verfahren und die Zusammensetzung des IMTFE und ähnelte inhaltlich sehr dem Statut des IMT.

164 Röling/Rüter, The Tokio Judgment Bd I S. XI; Ferencz, An International Criminal Court Bd I S. 78; Pritchard/Zaide, The Tokyo War Crimes Trial Bd XX Dok. 48.426; Horwitz, International Conciliation 1950 S. 542; Appleman, Military Tribunals and International Crimes S. 239

165 abgedruckt im Jahrbuch für internationales und ausländisches öffentliches Recht 1948 S. 424 f

166 abgedruckt im Jahrbuch für internationales und ausländisches öffentliches Recht 1948 S. 427

167 abgedruckt im Jahrbuch für internationales und ausländisches öffentliches Recht 1948 S. 428 f; AJIL 1945 Suppl. S. 264

168 abgedruckt im Jahrbuch für internationales und ausländisches öffentliches Recht 1948 S. 394 f

169 abgedruckt im Jahrbuch für internationales und ausländisches öffentliches Recht 1948 S. 395 ff

Anders als der Nürnberger Prozeß, dessen Rechtsgrundlage ein völkerrechtlicher Vertrag zwischen den Siegermächten war, beruhte der Prozeß von Tokio also auf dem einseitigen Beschluß des Oberbefehlshabers der alliierten Streitkräfte.

2. Struktur und Besetzung des IMTFE

Der Gerichtshof sollte gemäß Art. 2 der Charta aus nicht weniger als sechs und nicht mehr als elf Richtern bestehen. Diese sollten vom Oberbefehlshaber auf Grund einer Namensliste, die von den Unterzeichnern der Kapitulationsurkunde sowie Indien und den Philippinen zusammenzustellen war, ernannt werden. Anders als beim Nürnberger Prozeß, dessen Richter von den jeweiligen Regierungen bestimmt wurden und die ihren Präsidenten selbst wählten, berief sie also in Tokio der Oberbefehlshaber, und er ernannte auch den Präsidenten.

MacArthur bestellte elf Richter, die aus den elf Staaten kamen, gegen die Japan Krieg geführt hatte.[170] Daß auch Indien und die Philippinen je einen Richter stellen durften, ging auf ein Änderung der Charta kurz vor Beginn des Verfahrens zurück.[171] Mit ihrer Einbeziehung wich man von dem Prinzip ab, daß die Staaten, die an dem IMTFE beteiligt waren, während des Krieges souverän gewesen sein mußten. Sowohl Indien als auch die Philippinen waren bis zum Ende des Krieges Kolonien gewesen.

Ungewöhnlich war auch, daß drei der Richter den Prozeß nicht von Anfang an mitverfolgten. Der amerikanische Richter trat am 24. Juni 1946 zurück und wurde erst am 22. Juli 1946 ersetzt.[172] Der indische Richter erschien am 17. Mai 1946, und der philippinische Richter kam erst am 3. Juni 1946.[173] Auf Stellvertreter für die Richter wurde im Gegensatz zum Nürnberger Prozeß verzichtet. Mit 22 Richtern wäre eine einheitliche Prozeßführung und Urteilsfindung sehr erschwert gewesen.

---

[170] für Australien: Sir William Webb (Präsident); für Kanada: E.S. McDougall; für China: Ju Ao Mei; für Großbritannien: Lord Patrick; für Frankreich: H. Bernard; für Indien: R.B. Pal; für die Niederlande: B.V.A. Röling; für Neuseeland: E.H. Northcroft; für die Philippinen: D. Jamarilla; für die USA: J.P. Higgins; für die Sowjetunion: J.M. Zaryanov

[171] Am 26. April 1946 hatte Mac Arthur kleinere Änderungen an der Charta vorgenommen, die auf die Vorschläge der alliierten Delegationen zurückgingen.

[172] Der neue amerikanische Richter war M.H. Cramer. vgl. History of the UNWCC S. 461; Horwitz, International Conciliation 1950 S. 489

[173] Röling/Rüter, The Tokio Trial Bd I S. XVI

Während in Nürnberg jede der vier Siegermächte einen Hauptankläger stellte und diese auch unabhängig voneinander handeln konnten, lag in Tokio die Verantwortung für die Ermittlung und Beweisführung bei einem „Chief of Counsel". Dieser war vom Oberbefehlshaber zu ernennen, und MacArthur bestellte den Amerikaner J.B. Keenan zum Hauptankläger. Jeder Staat, der gegen Japan Krieg geführt hatte, konnte gemäß Art. 8 b) der Charta einen beigeordneten Ankläger stellen, wovon die übrigen zehn Länder auch Gebrauch machten.[174] An der Einsetzung und Besetzung des IMTFE waren die Siegermächte also weniger gleichberechtigt beteiligt als bei der des IMT.

3. Die Straftatbestände

Die Straftatbestände der Charta waren mit denen des Statuts von Nürnberg fast identisch.

a) Das Verbrechen gegen den Frieden (Art. 5 a)

Gemäß Art. 5 der Charta war der IMTFE zuständig für „...war criminals who ... are charged with offenses which include Crimes against Peace." Eine solche Prämisse gab es in dem Statut von Nürnberg nicht. Tatsächlich waren aber alle Hauptkriegsverbrecher in Nürnberg wegen des Verbrechens gegen den Frieden angeklagt worden. Aus der Praxis in Nürnberg wurde also eine Regel für Tokio.[175] Ebenso wie in Nürnberg wurden daher in Tokio alle Hauptkriegsverbrecher wegen Verbrechen gegen den Frieden angeklagt. Bis auf eine Ausnahme wurden sie auch alle deswegen für schuldig befunden.[176]

Das Verbrechen gegen den Frieden war in Art. 5 a) der Charta ein wenig anders definiert als im Statut von Nürnberg: "...planning, preparation, initiation or waging of a declared or undeclared war of aggression, or a war in violation of international law, treaties, agreements or assurances, or participation in a common plan or conspiracy for the accomplishment of any of the foregoing." Die Worte „...declared or undeclared..." fehlten im Statut von Nürnberg. Die Einfügung ist

---

[174] Australien: A.J. Mansfield, Kanada: H.G. Nolan, China: Che-chun Hsiang, Frankreich: R. Cueto, Großbritannien: A.S. Comyns-Carr, Indien: G. Menon, Niederlande: W.G.F. Borgerhoff-Mulder, Neuseeland: R.H. Quilliam, Philippinen: P. Lopez, UDSSR: S.A. Golunsky Philippinen: D. Jamarilla; für die USA: J.P. Higgins; für die Sowjetunion: J.M. Zaryanov

[175] Pompe, Aggressive War S. 221; Woetzel, The Nuremberg Trials S. 228 f

[176] Die Ausnahme war Matsui.

damit zu erklären, daß die Feindseligkeiten im Fernen Osten oft begannen und andauerten, ohne daß von einer der Seiten eine Kriegserklärung erfolgte.[177]

Die Verschwörung gegen den Frieden und das Planen und Führen eines Angriffskrieges wurden beim Nürnberger Prozeß getrennt und unabhängig voneinander untersucht. Diese Unterscheidung gab man in Tokio auf. War ein Angeklagter bereits der Verschwörung gegen den Frieden überführt, so wurde nicht mehr geprüft, ob er sich auch des Planens und Führens eines Angriffskrieges schuldig gemacht hatte.[178]

Auch in Tokio bestritt die Verteidigung die individuelle Strafbarkeit des Verbrechens gegen den Frieden. Der IMTFE schloß sich aber der Meinung des Nürnberger Tribunals an und vertrat die Auffassung, daß die Charta bindendes Recht darstelle. Daneben verwies er auf den Briand-Kellog-Pakt vom 27. August 1928.[179]

Die Kriege gegen China, die USA, das British Commonwealth, die Niederlande, Frankreich und gegen die Sowjetunion stuften die Richter in den Urteilen als Angriffskriege ein.[180]

b) Die Kriegsverbrechen (Art. 5 b)

Die Definition der Kriegsverbrechen war in der Charta von Tokio erheblich kürzer als im Statut von Nürnberg. Art. 5 b) lautete: "Conventional War Crimes: Namely, violations of the laws and customs of war."

In dem Statut von Nürnberg folgte der allgemeinen Definition eine umfangreiche Aufzählung von Beispielen für Kriegsverbrechen. Sie fehlte im Statut von Tokio. Da diese Beispiele aber alle Verletzungen der Kriegsgesetze und -gebräuche darstellten, war eine einzelne Aufzählung auch nicht notwendig. Neu

[177] Das Kriegsrecht findet Anwendung , wenn es sich bei den Auseinandersetzungen um einen Krieg im Rechtssinne handelt. Gerade im zweiten Weltkrieg verzichteten die Kriegsparteien oft auf offizielle Kriegserklärungen, um sich darauf berufen zu können, daß ein solcher Kriegszustand, in dem das Kriegsrecht anzuwenden wäre, gar nicht bestand. vgl. UN Doc A/CN/4/5 S. 81; Pompe, Aggressive War S. 25 f

[178] Pritchard/Zaide, The Tokyo War Crimes Trial Bd XX Dok. 48.448

[179] Pritchard/Zaide, The Tokyo War Crimes Trial Bd XX Dok. 48.437 f

[180] Der Krieg gegen die Philippinen wurde als Teil des Krieges gegen die USA angesehen, da sie zu dem Zeitpunkt noch nicht unabhängig waren. vgl. Pritchard/Zaide, The Tokyo War Crimes Trial Bd XX Dok. 49.581 ff

war ebenso die Einfügung des Wortes „conventional". Aber auch dadurch änderten sich Inhalt und Umfang des Art. 5 b) im Vergleich zu Art. 6 b) des Nürnberger Statuts nicht.[181] Die beiden Artikel deckten denselben Bereich ab.

Anders als beim Nürnberger Prozeß mußte in Tokio untersucht werden, inwieweit die Angeklagten dafür verantwortlich gemacht werden konnten, daß sie unterlassen hatten, das Begehen von Kriegsverbrechen zu verhindern.[182] Vor dem Tribunal in Nürnberg hatten nur Angeklagte gestanden, die entweder selbst aktiv Kriegsverbrechen begangen oder den ausdrücklichen Befehl dazu gegeben hatten. Dies konnte durch schriftliche Dokumente nachgewiesen werden. Im Fernen Osten ging das Begehen von Kriegsverbrechen weniger auf ausdrückliche Anweisungen der japanischen Offiziere als vielmehr auf eine ständige Praxis der Soldaten zurück.[183] Die Kriterien für eine völkerstrafrechtliche Verantwortlichkeit für Unterlassen, die von den Richtern in Tokio aufgestellt wurden, waren folgende: "knowledge of the wrongful acts and the power to prevent them."[184]

c) Die Verbrechen gegen die Menschlichkeit (Art. 5 c)

In Art. 5 c) ist bis auf zwei Ausnahmen derselbe Katalog an Beispielen für Verbrechen gegen die Menschlichkeit aufgeführt wie in Art. 6 c) des Nürnberger Statuts. In Art. 5 c) fehlte die „...Verfolgung aus religiösen Gründen". Zum einen läßt sich dies damit begründen, daß eine solche Verfolgung meistens gleichzeitig auch aus politischen und/oder rassischen Gründen erfolgte. Zum anderen gab es während des Krieges in Asien kein Gegenstück zu der Judenverfolgung der Nationalsozialisten. Gerade wegen der Judenverfolgung war der Terminus aber in das Nürnberger Statut aufgenommen worden.[185]

Eine weitere Änderung, die noch kurz vor Beginn des Verfahrens an der Charta vorgenommen wurde, war die Streichung der Worte „...against any civilian population". In das Statut von Nürnberg waren sie eingefügt worden, um auch die Verbrechen einzubeziehen, die von Deutschen gegen die eigenen Staatsangehörigen begangen wurden.[186] Durch die Streichung sollte erreicht werden, daß

[181] History of the UNWCC S. 205

[182] Pritchard/Zaide, The Tokyo War Crimes Trial Bd XX Dok. 48.444 ff

[183] Röling/Rüter, The Tokyo Judgment Bd I S. XV

[184] Pritchard/Zaide, The Tokyo War Crimes Trial Bd XX Dok. 48. 444 f

[185] Bassiouni, Crimes against Humanity S. 34

[186] History of the UNWCC S. 205

jede kriegsbedingte Tötung in einem völkerrechtswidrigen Angriffskrieg als Verbrechen gegen die Menschlichkeit einzuordnen sei.[187] Die Richter stimmten dieser Ausdehnung des Tatbestands jedoch nicht zu. Sie entschieden, daß „even an unlawful war is one to which the law of warfare applies: only the combatant who kills in violation of the law of warfare is answerable under criminal law; in an unlawful war the soldier still is a privileged combatant".[188]

Insgesamt spielte das Verbrechen gegen die Menschlichkeit beim Prozeß in Tokio eine noch geringere Rolle als beim Prozeß in Nürnberg. In der Anklageschrift beschränkten sich die Beschuldigungen gegen die Angeklagten auf Gewalttaten, die gegen fremde Staaten und deren Staatsangehörige begangen wurden. Die Verbrechen gegen die Menschlichkeit wurden daher meistens mit den Kriegsverbrechen zusammen verhandelt.[189]

4. Die Angeklagten

a) Die Hauptkriegsverbrecher

Vor dem Gericht in Tokio mußten sich 28 Angeklagte[190] verantworten. Davon waren die meisten Minister (darunter drei Premierminister) und die übrigen Generäle, Admirale und Diplomaten gewesen. Auffällig war, daß der japanische Kaiser, als oberstes Staatsorgan, nicht zu den Angeklagten gehörte. Dies lag daran, daß seine Kompetenzen als vorrangig repräsentativer Natur angesehen wurden.[191] Auf der Anklagebank fehlten im Gegensatz zu Nürnberg Vertreter der Industrie und der Banken. Der Grund dafür war, daß man nicht genügend Beweise für eine auf einen Angriffskrieg gerichtete Zusammenarbeit mit der politischen und militärischen Führung des Landes fand.[192]

---

[187] Röling/Rüter, The Tokyo Judgment Bd. I S. XII; Röling in: EPIL Bd. IV S. 243

[188] zitiert in Röling/Rüter, The Tokyo Judgment Bd. I S. XII

[189] vgl. Hosoya/Ando/Onuma/Minear, The Tokyo War Crimes Trial S. 53

[190] S. Araki, K. Dohihara, K. Hashimoto, S. Hata, K. Hiranuma, K. Hirota, N. Hoshino, S. Itagaki, O. Kaya, K. Kido, H. Kiruma, K. Koiso, I. Matsui, J. Minami, A. Muto, T. Oka, H. Oshima, K. Sato, M. Shigemitsu, S. Shimada, T. Shiratori, T. Suzuki, S. Togo, H. Tojo, Y. Umezu, Y. Matsuoka, O. Nagano, S. Okawa

[191] Woetzel, The Nuremberg Trials S. 229; Horwitz, International Conciliation 1950 S. 497; Brackmann, The other Nuremberg S. 86

[192] Horwitz, International Conciliation 1950 S. 497 f; Woetzel, The Nuremberg Trials S. 229

b) Die Organisationen

Vorschriften, die den Art. 9 und 10 des Nürnberger Statuts entsprochen hätten, fehlten in der Charta. Es war also in Tokio nicht vorgesehen, daß bestimmte Organisationen für verbrecherisch erklärt werden konnten. Gegen die Angeklagten wurde gemäß Art. 5 als Einzelpersonen verhandelt. Der Grund dafür war, daß die sogenannten „patriotic societies“[193], wie die Black Dragon Society, die Greater Japan Society und die Imperial Rule Assistance Association, lediglich als Propagandagruppen eingestuft wurden und nicht den verbrecherischen Charakter der SS oder der Gestapo hatten.[194]

5. Das Prozeßrecht

Das Verfahrensrecht war wie beim Nürnberger Prozeß vorwiegend durch das anglo-amerikanische Prozeßrecht geprägt. Unterstützt wurde dies noch dadurch, daß der Vorsitzende sowie sechs weitere Richter an das anglo-amerikanische Recht gewöhnt waren. Die japanischen Verteidiger waren allerdings mit dem Verfahren weniger vertraut, so daß es notwendig wurde, den Angeklagten neben ihren japanischen auch amerikanische Verteidiger zur Verfügung zu stellen.[195] Dadurch verkomplizierte sich jedoch der Prozeßablauf. Das Vorgehen der japanischen Verteidiger sowie der Angeklagten war vor allem darauf gerichtet, die Ehre Japans und des Kaisers unbefleckt aus dem Prozeß hervorgehen zu lassen, während die amerikanischen Verteidiger mehr das Wohl ihrer Mandanten im Auge hatten.[196]

6. Urteile und Strafvollzug

Die Verkündung der Urteile durch den Vorsitzenden dauerte vom 4.-12. November 1948. Von den verbliebenen 25 Angeklagten[197] wurden 7 zum Tode[198],

---

[193] Horwitz, International Conciliation 1950 S. 487; Woetzel, The Nuremberg Trials S. 229

[194] Woetzel, The Nuremberg Trials S. 229; Horwitz, International Conciliation 1950 S. 487

[195] Nur Hoshino lehnte einen amerikanischen Verteidiger ab. vgl. Brackmann, The other Nuremberg S. 74 f

[196] Röling/Rüter, The Tokyo Judgment Bd I S. XII; Röling in EPIL Bd IV S. 243

[197] Matsuoka und Nagano waren während des Prozesses verstorben; Okawa wurde für unzurechnungsfähig erklärt.

[198] Dohihara, Hirota, Itagaki, Kimura, Matsui, Muto, Tojo

16 zu lebenslangen Freiheitsstrafen[199] und 2 zu zwanzig[200] und zu sieben Jahren[201] Gefängnisstrafe verurteilt. Keiner der Angeklagten wurde freigesprochen. Die Todesstrafe war in der Generalklausel des Art. 16 der Charta ausdrücklich als mögliche Strafe vorgesehen.

Fünf der Richter gaben abweichende Meinungen zum Urteil bekannt. Der Vorsitzende, Webb, sprach sich allgemein gegen die Todesstrafe aus.[202] Der philippinische Richter, Jaranilla, bedauerte dagegen, daß nicht mehr Angeklagte zum Tode verurteilt worden waren.[203]

In seiner abweichenden Meinung wies der französische Richter, Bernard, darauf hin, daß die Charta nur dann bindenden Charakter haben könne, wenn ihre Bestimmungen eine Grundlage im Völkerrecht hätten. Er bejahte dies für das Verbrechen gegen den Frieden mit der Begründung, daß „war is and always has been a crime in the eyes of reason and universal conscience“.[204] Eine völkerstrafrechtliche Verantwortlichkeit für das Unterlassen, Kriegsverbrechen zu verhindern, lehnte er dagegen ab. Bernard wandte sich auch gegen angebliche Verfahrensfehler, so z.B. daß die Angeklagten sich nur eingeschränkt hätten verteidigen können, oder daß kein unabhängiger Ermittlungsrichter die Anklagen vor dem Verfahren untersucht hätte.[205]

Richter Röling aus den Niederlanden hatte bezüglich des materiellen Rechts ähnliche Vorbehalte. Seiner Meinung nach konnte das Verbrechen gegen den Frieden noch nicht als Verbrechen gegen das Völkerrecht eingestuft, sondern nur als politisches Vergehen qualifiziert und geahndet werden.[206] Um die völkerstrafrechtliche Verantwortlichkeit für Unterlassen bejahen zu können, reichte ihm die Definition „knowledge of the acts and the power to prevent them“ nicht aus. Er wollte noch ein drittes Kriterium „and the duty to prevent them“ hinzu-

---

[199] Araki, Hashimoto, Hata, Hiranuma, Hoshino, Kaya, Kido, Koiso, Minami, Oka, Oshima, Sato, Shimada, Shiratori, Suzuki, Umezu

[200] Togo

[201] Shigemitsu

[202] Röling/Rüter, The Tokyo Judgment Bd I S. XVI; Röling in EPIL Bd IV S. 243

[203] Röling in EPIL Bd IV S. 244; Röling/Rüter, The Tokyo Judgment Bd I S. XVI; Brackman, The other Nuremberg S. 389

[204] zitiert in Ferencz, An International Criminal Court Bd I S. 79; Pompe, Aggressive War S. 225

[205] Ferencz, An International Criminal Court Bd I S. 80; Röling/Rüter, The Tokyo Judgment Bd I S. XVI

[206] Ferencz, An International Criminal Court Bd I S. 81; Pompe, Aggressive War S. 225; Woetzel, The Nuremberg Trials S. 232

gefügt sehen.[207] Bei Zugrundelegung dieser Gesichtspunkte hätten nach Rölings Auffassung fünf der Angeklagten freigesprochen werden müssen.[208]

Der indische Richter, Pal, lehnte das Urteil der Mehrheit der Richter ganz ab. Er stimmte dafür, alle Angeklagten freizusprechen. Seiner Ansicht nach stellte das Führen eines Angriffskrieges noch kein Verbrechen gegen das Völkerrecht dar, und deswegen könnten Einzelpersonen auch nicht dafür bestraft werden.[209] Bezüglich der Kriegsverbrechen wären die Angeklagten nicht nahe genug am jeweiligen Tatort gewesen, um effektive Maßnahmen zu ihrer Vermeidung vorzunehmen.[210]

An den Urteilen änderten die abweichenden Meinungen allerdings nichts, da gemäß Art. 4 b) alle Entscheidungen des Tribunals mit einer einfachen Mehrheit der Richter getroffen werden konnten. Nach ihrer Verkündung wandten sich die Angeklagten in Übereinstimmung mit Art. 17, nach dem die „sentence will be carried out in accordance with the order of the Supreme Commander for the Allied Powers, who may at time reduce or otherwise alter the sentence except to increase its severity“, an MacArthur. Der Oberbefehlshaber machte von seinem Recht, das Strafmaß noch abzuändern, keinen Gebrauch und bestätigte die Urteile am 24. November 1948.

Die Todesurteile wurden daraufhin am 23. Dezember 1948 vollstreckt. Die zu Freiheitsstrafen verurteilten Angeklagten wurden zum Großteil vor Ablauf ihrer Strafe begnadigt. Bereits 1958 wurden die letzten entlassen.[211] Shigemitsu, der zu sieben Jahren Gefängnis verurteilt worden war, wurde schon 1954 wieder japanischer Außenminister.[212] Im Jahre 1978 wurden die Gehängten und die im Gefängnis Verstorbenen am Yasukumi Schrein in Tokio als Märtyrer geehrt. Man sagte, auch sie hätten ihr Leben für Japan und für den Kaiser geopfert.[213]

---

[207] zitiert bei Ferencz, An International Criminal Court Bd I S. 80; Appleman, Military Tribunals and International Crimes S. 262

[208] Freigesprochen werden sollte seiner Meinung nach: Hata, Hirota, Kido, Shigemitsu, Togo, vgl. Röling in EPIL Bd IV S. 243; Appleman, Military Tribunals and International Crimes S. 262 f; Brackman, The other Nuremberg S. 390

[209] Ferencz, An International Criminal Court Bd I S. 81; Röling in EPIL Bd IV S. 243;

[210] Ferencz, An International Criminal Court Bd I S. 82

[211] Röling/Rüter, The Tokyo Judgment Bd I S. XVII; Klein, ZRP 1992 S. 209; Grewe in FS für Doehring S. 234

[212] Röling in EPIL Bd IV S. 244; Grewe in FS für Doehring S. 233

[213] Röling in EPIL Bd IV S. 244; Klein, ZRP 1992 S. 209

7. Zusammenfassung

Insgesamt läßt sich feststellen, daß der IMTFE dem Beispiel, das durch den Nürnberger Prozeß gegeben war, gefolgt ist. Die Unterschiede bezüglich des materiellen Rechts waren nur marginal. In Tokio lag der Schwerpunkt der Untersuchungen auf dem Verbrechen gegen den Frieden, und die Verbrechen gegen die Menschlichkeit traten völlig hinter den Kriegsverbrechen zurück. Die völkerstrafrechtliche Verantwortlichkeit für das Unterlassen, Kriegsverbrechen zu verhindern, wurde diskutiert, und Kriterien für ihre Bejahung aufgestellt. Auch in seinen Entscheidungen und der Behandlung der wesentlichen Rechtsfragen glich der Prozeß in Tokio dem in Nürnberg.

IV. DAS INTERNATIONALE GERICHT FÜR DAS EHEMALIGE JUGOSLAWIEN

Nach dem Verfahren vor dem IMTFE ging der moralische Aufbruch, der mit den beiden Militärtribunalen verbunden war, langsam in den Auseinandersetzungen des kalten Krieges unter. Erst fünfzig Jahre später konnte sich die internationale Gemeinschaft mit dem „Internationalen Gerichtshof für die Verfolgung von Personen, die für schwere Verletzungen des humanitären Kriegsrechts auf dem Boden des ehemaligen Jugoslawien seit 1991 verantwortlich sind“ wieder auf die Einsetzung eines internationalen Strafgerichtshofs einigen. Von seinen Vorgängern unterscheidet sich das Tribunal für das ehemalige Jugoslawien schon dadurch, daß es bereits während der Kriegshandlungen und nicht erst nach Beendigung des Kriegszustands errichtet wurde. Sein Hauptzweck liegt somit darin, durch angemessene strafrechtliche Verurteilung im ehemaligen Jugoslawien begangener Völkerrechtsverletzungen zur Befriedung der kriegszerrissenen Balkanregion beizutragen. Außerdem ersetzt es den nationalen Richter, da eine angemessene Verfolgung der zahlreichen Kriegs- und Menschlichkeitsverbrechen mangels funktionsfähiger und unabhängiger Strafrechtspflege kaum möglich sein dürfte. Der Zugriff auf die Angeklagten, die nur in Anwesenheit verurteilt werden können[214], sowie die Beweissicherung gestalten sich schwieriger als bei den Prozessen in Nürnberg und Tokio, die sich in von den Alliierten vollständig besetzten Gebieten abspielten. Die Ankläger müssen sich auf eine Vielzahl von Interviews, die Untersuchungsgruppen in den

[214] Wenn ein Haftbefehl nicht vollstreckt werden konnte, dürfen die Richter gemäß Regel 61 ihrer Geschäftsordnung in einem öffentlichen Verfahren alle Beweise prüfen, die der Anklage zugrunde liegen. Dadurch wird zum einen den Opfern die Anerkennung einer Anhörung verschafft, und zum anderen können die Richter, wenn sie einen begründeten Verdacht finden, einen internationalen Haftbefehl erlassen.

souveränen Nachfolgestaaten des ehemaligen Jugoslawiens zusammentragen, und auf Zeugen, die in ganz Europa zu suchen sind, stützen.

1. Einsetzung des Gerichts

a) Die Vorarbeiten

Nach den ersten freien Wahlen in Slowenien und Kroatien erklärten ihre Parlamente am 26. Juni 1991 mit großer Mehrheit die Unabhängigkeit der beiden Gebiete. Daraufhin griff die serbisch dominierte jugoslawische Volksarmee zuerst Slowenien, danach Kroatien und später Bosnien-Herzegowina an.[215] Schon kurz nach dem Beginn der Feindseligkeiten wurden Berichte über Grausamkeiten und Verbrechen, die gegenüber der Zivilbevölkerung und Kriegsgefangenen begangen wurden, bekannt. Dies veranlaßte den Sicherheitsrat, die Grausamkeiten als Verletzungen des humanitären Völkerrechts zu verurteilen. In seiner Resolution 764 vom 13. Juli 1992 betonte er, daß „Personen, die schwere Verstöße gegen die (Genfer) Abkommen (vom 12. August 1949) begehen, beziehungsweise anordnen, für diese persönlich verantwortlich sind".[216] Im Unterschied zu den zahlreichen Resolutionen, die bereits vorher in bezug auf Jugoslawien ergangen waren, wurde in dieser zum ersten Mal auf einen völkerrechtlichen Vertrag, in dem Straftatbestände normiert sind, verwiesen. Nachdem die Berichte über begangene Grausamkeiten in den nachfolgenden Wochen nicht abgenommen hatten, verlangte der Sicherheitsrat in der Resolution 771 vom 13. August 1992 von allen Konfliktparteien die sofortige Beendigung und Unterlassung jeglicher Verletzungen des humanitären Völkerrechts.[217] Darüber hinaus forderte er die Staaten und internationalen Organisationen auf, Informationen im Zusammenhang mit den im Hoheitsgebiet des ehemaligen Jugoslawien begangenen Verletzungen des humanitären Rechts zu sammeln und ihm zur Verfügung zu stellen.[218] Ohne diese Berichte abzuwarten, unternahm der Sicherheitsrat am 6. Oktober 1992 den nächsten Schritt. In Resolution 780 ersuchte er den Generalsekretär um die Errichtung einer unparteiischen Sachverständigenkommission mit dem Auftrag, Informationen und Beweise über schwere Verlet-

---

[215] Roggemann, Der Internationale Strafgerichtshof der Vereinten Nationen S. 17; Geiss, EA 1992 S. 428

[216] Resolution 764 vom 13. Juli 1992 abgedruckt in VN 1992 S. 214

[217] Resolution 771 vom 13. August 1992 abgedruckt in VN 1992 S. 216 f; EA 1992 D 583

[218] Über 20 Staaten und zahlreiche internationale Organisationen haben den Vereinten Nationen Berichte über Verstöße gegen das humanitäre Völkerrecht im ehemaligen Jugoslawien geliefert. Die USA übermittelten allein acht solcher Berichte bis zum 1. Juli 1993. vgl. AJIL 1993 S. 639 Fn 1

zungen des humanitären Völkerrechts zu sammeln und zu analysieren.[219] Daraufhin wurde eine fünfköpfige Sachverständigenkommission gebildet.[220] Sie war die erste offizielle Kriegsverbrechenskommission seit dem zweiten Weltkrieg. Aus ihrem Zwischenbericht zog der Sicherheitsrat den Schluß, daß die Situation im Konfliktgebiet eine Bedrohung des internationalen Friedens und der internationalen Sicherheit darstelle und effektive Maßnahmen zur Verurteilung der dafür Verantwortlichen zu ergreifen seien.

b) Die Resolutionen 808 und 827

Unter dem Hinweis auf die bereits erlassenen Resolutionen und die verschiedenen Berichte beschloß der Sicherheitsrat in der Resolution 808 vom 22. Februar 1993 die Bildung eines internationalen Gerichtshofs mit dem Auftrag, diejenigen Personen zu verfolgen, die für die seit 1991 im Hoheitsgebiet des ehemaligen Jugoslawien begangenen schweren Verletzungen des humanitären Völkerrechts verantwortlich sind.[221] Der Generalsekretär wurde aufgefordert, einen Bericht über die mögliche Durchführung dieses Beschlusses abzufassen. Unter Berücksichtigung der Vorschläge von zahlreichen Staaten und internationalen Organisationen[222] legte er am 6. Mai 1993 seinen Report, der ein vorläufiges Statut für das Gericht enthielt, dem Sicherheitsrat vor.[223] Dieses vorläufige Statut wurde vom Sicherheitsrat einstimmig und ohne Änderungen angenom-

---

[219] Resolution 780 vom 6. Oktober 1992 abgedruckt in VN 1992 S. 219

[220] Die Sachverständigen waren: Professor Frits Karlshoven, Professor M. Cherif Bassiouni, Commander J. Fenrick, Richter Keba M'Baye, Professor Torkel Opsahl; der Bericht des Generalsekretärs über ihre Einsetzung in UN Doc S/24657 (1992)

[221] Resolution 808 vom 22. Februar 1993 abgedruckt in VN 1993 S. 71; EA 1993 D 162/163

[222] Report of the committee of jurists submitted by France (S/25266); Report of the commission of jurists submitted by Italy (S/25300); Report submitted by the Permanent Representative of Cooperation in Europe (S/25307); daneben kamen Vorschläge aus den folgenden Staaten: Australien, Österreich, Belgien, Brasilien, Kanada, Chile, China, Dänemark, Ägypten, Deutschland, Iran, Irland, Italien, Malaysia, Mexiko, Niederlande, Neuseeland, Pakistan, Portugal, Russische Föderation, Saudi-Arabien, Senegal, Slowenien, Spanien, Schweden, Türkei, Großbritannien, USA, Jugoslawien, Schweiz; Kommentare kamen außerdem von folgenden Organisationen: Internationales Komitee des Roten Kreuz, Amnesty International, Association Internationales des Jeunes Avocats, Ethnic Minorities Barristers' Association, Fédération internationale des femmes des carrières juridiques, International Criminal Police Organization, Jacob Blaustein Institution for the Advancement of Human Rights, Lawyers Committee for Human Rights, National Alliance of Women's Organisations, Parlamentarians for Global Action; vgl. dazu UN Doc S/25704 vom 3. Mai 1993 S. 5 Ziff. 13 f

[223] Report of the Secretary General S/25704 vom 3. Mai 1993

men und bildet die Rechtsgrundlage für das Internationale Gericht für das ehemalige Jugoslawien.[224]

Anders als die Gerichtshöfe von Nürnberg und Tokio wurde das Haager Tribunal also auf der Grundlage der Satzung der Vereinten Nationen (im folgenden SVN) durch einen Beschluß des Sicherheitsrates geschaffen. Die Kompetenz dazu leitete er aus Kapitel VII der SVN mit der Begründung ab, daß die Verletzungen des humanitären Völkerrechts in Jugoslawien eine Bedrohung des Weltfriedens und der internationalen Sicherheit darstelle. Die Errichtung des Gerichts trage zur Wiederherstellung und Aufrechterhaltung des Friedens bei. Diese Form der Errichtung wurde von Graefrath kritisiert, der anführte, daß der Sicherheitsrat damit seine Kompetenzen überschritten hätte.[225] Gemäß Kapitel VII SVN müsse er sich auf die Wahrung oder Wiederherstellung des Friedens beschränken und dürfe Art. 41 und 42 SVN nicht überdehnen.[226]

Zwar findet sich in Kapitel VII keine ausdrückliche Ermächtigung zur Schaffung eines Gerichtshofs, aber Art. 41 SVN ist nach seinem Wortlaut eindeutig nicht abschließend. Insofern kommt es nur darauf an, ob ein Friedensbruch i.S.d. Art. 39 SVN vorliegt, was für die Kampfhandlungen im ehemaligen Jugoslawien bejaht werden kann. Auch in bezug auf andere Hauptorgane der VN liegt keine Kompetenzüberschreitung vor. Der Sicherheitsrat ist gemäß Art. 24 Abs. 1 SVN für die Wahrung des Weltfriedens zuständig und genießt in dem Bereich gemäß Art. 12 Abs. 1 SVN Vorrang vor der Generalversammlung. Der IGH besitzt weder Strafbefugnis noch die Jurisdiktion über Einzelpersonen, so daß die Einsetzung eines internationalen Strafgerichtshofs auch nicht in seinen Bereich eingreift. Der Sicherheitsrat hat also mit der Einrichtung des Haager Tribunals seine Kompetenzen nicht überschritten.[227]

Indem er sich auf Kapitel VII stützte, ließ er keine Zweifel über die Verbindlichkeit der Maßnahme aufkommen, denn die Zwangsmaßnahmen nach Kapitel VII sind für die Konfliktparteien und für Drittstaaten bindend.[228] Organisato-

---

[224] Resolution 827 vom 25. Mai 1993; das Statut ist auf deutsch abgedruckt in EA 1994 D 89-98; auf englisch in ZaöRVR 1994 S. 434 ff

[225] Graefrath, NJ 1993 S. 434 ff

[226] Graefrath, NJ 1993 S. 435

[227] vgl. dazu die Entscheidung der Berufungskammer des Tribunals vom 2. Oktober 1995 (Prosecutor v. Tadic, Case IT-94-1-AR 72 Appeal on Jurisdiction); Aldrich, AJIL 1996, S. 64f

[228] vgl. Hollweg, JZ 1993 S. 981; Frowein in Simma, Charta der Vereinten Nationen Art. 39 Rn 27; Cot/Pellet, La Charte des Nations Unies S. 646,663; Shraga/Zacklin, EJIL 1994 S. 372 f; Report of the Secretary General S/25704 vom 3. Mai 1993 S. 7 Ziff. 23; vgl. auch

risch ist das Tribunal somit ein Hilfsorgan des Sicherheitsrates i.S.v. Art. 29 SVN. [229] In administrativen und finanziellen Fragen besteht daher eine Abhängigkeit von den VN, ansonsten ist es als juristisches Organ von ihnen und den Mitgliedstaaten unabhängig. Dadurch ist die oft gewünschte aber bis dahin undurchführbar gebliebene Verbindung zwischen einem internationalen Strafgerichtshof und den VN hergestellt.[230]

2. Struktur und Besetzung des Gerichts

Die Struktur des Gerichtshofs für das ehemalige Jugoslawien unterscheidet sich erheblich von der seiner Vorgänger in Nürnberg und Tokio. Das Haager Tribunal ist ein Strafgericht mit zwei Instanzen, wobei die erste aus zwei Strafkammern besteht. Die beiden Strafkammern sind jeweils mit drei Richtern und die Berufungsinstanz ist mit fünf Richtern besetzt. Gemäß Art. 13 Nr. 2 d) dürfen nicht zwei Richter aus demselben Land stammen. Die Auswahl der elf Richter erfolgte nach dem in Art. 13 beschriebenen Verfahren. Die Mitgliedstaaten der VN nominierten zunächst 41 Juristen aus 38 Ländern. Von dieser Kandidatenliste wählte der Sicherheitsrat in geheimer Wahl einen engeren Kreis von 23 Juristen.[231] Diese Vorschlagsliste übermittelte er der Generalversammlung, die aus den 23 Kandidaten die elf Richter für das internationale Gericht wählte.[232] Zu ihrem Präsidenten bestimmten die Richter den Italiener Cassese. Ihre Amtszeit beträgt gemäß Art. 13 Nr. 4 vier Jahre. Leider enthält das Statut keine Vorschriften über den Ausfall eines Richters, zumal auf Ersatzrichter verzichtet wurde.

Die Anklagebehörde setzt sich aus einem Leiter und den erforderlichen Mitarbeitern zusammen. Zunächst wurde auf Vorschlag des Generalsekretärs vom

---

das Gesetz über die Zusammenarbeit mit dem internationalen Strafgerichtshof für das ehemalige Jugoslawien vom 10. April 1995, abgedruckt in BGBL 1995 I S. 485 ff

[229] Thürer, Schweizerische Zeitschrift für internationales und europäisches Recht 1993 S. 495; S/25704 vom 3. Mai 1993 S. 8 Ziff 28; Hollweg, JZ 1993 S. 982; Roggemann, ZRP 1994 S. 298

[230] Grebing, GA 1976 S. 105; Report of the Committee on International Criminal Jurisdiction in 9 GAOR Suppl. 12, UN Doc A/2645 S. 4

[231] Roggemann, ZRP 1994 S. 298; derselbe in Der Internationale Strafgerichtshof der Vereinten Nationen S. 48

[232] Georges Michel Abi-Saab (Ägypten), Antonio Cassese (Italien), Jules Deschênes (Kanada), Adolphus Godwin Karibi-Whyte (Nigeria), Germain Le Foyer de Costil (Frankreich), Li Haopei (China), Gabrielle Kirk McDonald (USA), Elizabeth Odio Benito (Costa Rica), Rustam S. Sidhwa (Pakistan), Sir Ninian Stephen (Australien), Lal Chan Vonrah (Malaysia)

Sicherheitsrat der Venezolaner Ramón Escovar-Salom zum Leiter der Anklagebehörde ernannt. Dieser trat aber bereits nach fünf Monaten im Februar 1994 zurück.[233] Daraufhin bestimmte der Sicherheitsrat den Südafrikaner Richard Goldstone zum Leiter der Anklagebehörde. Ab dem 1. Oktober 1996 übernahm die Kanadierin Louise Arbour seinen Posten. Auf Grund dieser ausgewogenen Auswahlmethoden von Richtern und Anklägern ist der Gerichtshof nicht dem seinen Vorgängern gemachten Vorwurf des Diktats der Sieger ausgesetzt.

Der Sitz des Internationalen Gerichts ist in Den Haag. Damit knüpft der Sicherheitsrat an frühere Vorschläge an, einen internationalen Strafgerichtshof durch Eingliederung in den bestehenden IGH und Ergänzung dessen Statuts einzurichten.[234]

3. Die Straftatbestände

Auffällig ist, daß im Gegensatz zu den Statuten des IMT und des IMTFE das Verbrechen gegen den Frieden nicht in das Statut des Gerichtshofs aufgenommen wurde. Es erscheint zumindest widersprüchlich, einem Tribunal, dessen Errichtung als friedenssichernde Maßnahme gedacht ist, die Strafverfolgung von Angriffshandlungen nicht zu übertragen. Ein Grund dafür mag die rechtliche Unsicherheit dieses Straftatbestands sein.[235] Die Einbeziehung des Verbrechens gegen den Frieden würde zudem erfordern, daß das Tribunal zur Abgrenzung des verbotenen Angriffskriegs vom erlaubten Selbstverteidigungskrieg die Ursachen des Konflikts sowie die Rechtfertigungen der Kriegsteilnehmer untersuchen müßte. Dadurch könnte der Gerichtshof zu tief in politische Streitigkeiten hineingezogen werden.

a) Schwere Verletzungen der Genfer Abkommen von 1949 (Art. 2)

Das Gericht ist gemäß Art. 2 des Statuts für schwere Verletzungen der vier Genfer Rotkreuzabkommen vom 12. August 1949 zuständig. In den vier Konventionen sind die Behandlung der Verwundeten und Kranken der Streitkräfte im Felde; die Behandlung der Verwundeten, Kranken und Schiffbrüchigen der Streitkräfte zur See; die Behandlung der Kriegsgefangenen und der Schutz von

---

[233] Roggemann, ZRP 1994 S. 299; derselbe in Der Internationale Strafgerichtshof der Vereinten Nationen S. 49

[234] Grebing, GA 1976 S. 105; Roggemann, Der Internationale Strafgerichtshof der Vereinten Nationen S. 49; vgl. dazu später Kapitel B VI 3

[235] vgl. später Kapitel C I

Zivilpersonen in Kriegszeiten geregelt.[236] Als schwere Verletzungen der Abkommen sind in Art. 2 folgende gegen durch die Konventionen geschützte Personen und Güter begangenen Handlungen aufgezählt:

a) vorsätzliche Tötung;
b) Folterung oder unmenschliche Behandlung einschließlich biologischer Versuche;
c) vorsätzliche Verursachung großer Leiden oder schwere Beeinträchtigung der körperlichen Unversehrtheit oder der Gesundheit;
d) Zerstörung und Aneignung von Eigentum, die durch militärische Erfordernisse nicht gerechtfertigt sind und in großem Ausmaß rechtswidrig und willkürlich vorgenommen werden;
e) Nötigung eines Kriegsgefangenen oder einer Zivilperson zum Dienst in den Streitkräften einer feindlichen Macht;
f) vorsätzlicher Entzug des Rechts eines Kriegsgefangenen oder einer Zivilperson auf ein faires und ordnungsgemäßes Gerichtsverfahren;
g) rechtswidrige Verschleppung oder Verschickung oder rechtswidrige Gefangenhaltung einer Zivilperson;
h) Geiselnahme von Zivilpersonen.

Diese Liste ist eine Kombination aus dem Wortlaut der folgenden Artikel: Art. 50 der ersten, Art. 51 der zweiten, Art. 130 der dritten und Art. 147 der vierten Konvention.[237] Die Genfer Abkommen gelten aber mit Ausnahme des gemeinsamen Art. 3, in dem ein Mindestschutz für interne Auseinandersetzungen festgeschrieben ist, nur für internationale Konflikte. In Art. 1 des Statuts ist die Strafbarkeit für alle im Statut aufgeführten Verbrechen bereits auf die Zeit ab dem 1. Januar 1991 festgelegt.[238] Das Tribunal wird sich also damit auseinandersetzen müssen, zu welchem Zeitpunkt und in welchen Regionen des ehemaligen Jugoslawiens der interne Konflikt in einen internationalen Krieg umgeschlagen ist.[239]

Völkerrechtliche Verträge wie die vier Rotkreuz-Abkommen gelten grundsätzlich nur zwischen den Vertragsparteien.[240] Am 25. Juni 1991 erklärten Slowenien, am 8. Oktober 1991 Kroatien und am 6. März 1992 Bosnien-Herzegowina die Genfer Abkommen für sich als verbindlich, jeweils mit Wirkung ab Datum

[236] abgedruckt in BGBL 1954 II S. 783 ff

[237] Im folgenden zitiert: Art. 50/51/130/147 der vier Konventionen.

[238] vgl. dazu Shraga/Zacklin, EJIL 1994 S. 362 f

[239] vgl. Roggemann, Krieg und Frieden auf dem Balkan S. 40, 150 f; Meron, AJIL 1994 S. 81 f; Hollweg, JZ 1993 S. 986 Fn 50; O'Brian, AJIL 1993 S. 647; Aldrich, AJIL 1996 S. 65 ff

[240] vgl. Art. 34 des Wiener Übereinkommens über das Recht der Verträge; Kimminich, Einführung in das Völkerrecht S. 231

der Unabhängigkeit.[241] Auf Grund der Staatennachfolge bleiben die Abkommen für Serbien-Montenegro automatisch verbindlich.[242] Daneben vertrat der Generalsekretär in seinem Kommentar des Statuts die Ansicht, daß die Genfer Konventionen sämtlich Gewohnheitsrecht darstellen und schon daher für die Kriegsteilnehmer bindend seien.[243]

b) Verstöße gegen die Gesetze und Gebräuche des Krieges (Art. 3)

Art. 3 ist ähnlich aufgebaut wie Art. 5 b) des Nürnberger Statuts: Zuerst werden der Jurisdiktion des Gerichts alle Verstöße gegen die Gesetze und Gebräuche des Krieges unterstellt, und danach folgt, ohne Anspruch auf Vollständigkeit, eine Aufzählung einzelner Verstöße:

a) der Einsatz von Giftwaffen oder anderen Waffen, die so ausgelegt sind, daß sie unnötige Leiden verursachen;
b) die mutwillige Zerstörung von Städten und Dörfern oder durch militärische Erfordernisse nicht gerechtfertigte Verwüstung;
c) der Angriff auf unverteidigte Städte, Dörfer, Wohnstätten oder Gebäude oder deren Beschießung/Bombardierung, mit welchen Mitteln auch immer;
d) die Inbesitznahme, Zerstörung oder vorsätzliche Beschädigung von Einrichtungen, die der Religion, der Wohltätigkeit und der Erziehung, den Künsten und den Wissenschaften gewidmet sind, von geschichtlichen Denkmälern und von Werken der Kunst und der Wissenschaft;
e) die Plünderung öffentlichen oder privaten Eigentums;

Der Beispielkatalog entstammt fast wörtlich aus den Art. 23 Abs. 1 a), e), g); 25; 27 und 28 der HLKO vom 18. Oktober 1907, wodurch sich die veralteten

---

[241] Nachweis im BGBL 1992 II S. 1105 und im BGBL 1993 II S. 1190

[242] Die vier Genfer Konventionen wurden am 21. Oktober 1950 von Jugoslawien ratifiziert. Zudem haben die Konfliktparteien auf Veranlassung des IKRK Sonderabkommen abgeschlossen, in denen sie sich verpflichteten, die Genfer Konventionen und ihre Zusatzprotokolle einzuhalten. (Abkommen zwischen Serbien und Kroatien vom 28. und 29. Juli 1991; Abkommen zwischen Kroatien, Bosnien-Herzegowina und Serbien vom 22. Mai 1992) vgl. Roggemann, NJW 1994 S. 1437; Gasser, Humanitäres Völkerrecht 1993 S. 61; Oellers-Frahm, ZaöRVR 1994 S. 421

[243] Bericht des Generalsekretärs S/25704 vom 3. Mai 1993 S. 10; so auch Hollweg, JZ 1993 S. 986; Triffterer in FS für Jescheck S. 1487; Tomuschat, EA 1994 S. 65; Meron, AJIL 1987 S. 370; Greenwood in Fleck, Handbuch des humanitären Völkerrechts in bewaffneten Konflikten S. 126; de La Pradelle in Hankel/Stuby, Strafgerichte gegen Menschheitsverbrechen S. 133; Oellers-Frahm, ZaöRVR 1994 S. 421; Shraga/Zacklin, EJIL 1994 S. 364

Ausdrücke erklären. Die HLKO wurde vom Generalsekretär in seinem Erläuterungsbericht ausdrücklich als Völkergewohnheitsrecht eingestuft.[244]

Durch die Formulierung „ohne Anspruch auf Vollständigkeit" ist klargestellt, daß über Art. 3 das Tribunal für die Bestrafung aller völkerrechtlich anerkannten Kriegsverbrechen zuständig ist. Über Art. 3 könnten also auch noch weitere Vorschriften aus den vier Genfer Konventionen und vor allem ihrem Zusatzprotokoll I vom 8. Juni 1977[245] (im folgenden ZP I) zur Anwendung kommen.

c) Völkermord (Art. 4)

Gemäß Art. 4 ist das Gericht befugt, Personen strafrechtlich zu verfolgen, die einen Völkermord begehen, sich dazu verschwören oder öffentlich dazu anreizen; versuchen, einen Völkermord zu begehen oder an ihm teilnehmen. In Art. 4 Abs. 2 und 3 wurden ohne jede Änderung die Strafbestimmungen der Völkermord-Konvention von 1948 übernommen.[246] Da eine Bestrafung wegen Völkermords die Absicht, eine ethisch-religiöse Gruppe als solche ganz oder teilweise zu zerstören, voraussetzt, ist es schwierig, die Begehung dieses Verbrechens zu beweisen. Jedem Angeklagten muß diese Absicht im Einzelfall nachgewiesen werden.

---

[244] Bericht des Generalsekretärs S/25704 vom 3. Mai 1993 S. 11; so auch Tomuschat, EA 1994 S. 65; Shraga/Zacklin, EJIL 1994 S. 365 f; Oellers-Frahm, ZaöRVR 1994 S. 422

[245] abgedruckt in BGBL 1990 II S. 1551 ff; Shraga/Zacklin, EJIL 1994 S. 365 f; Oellers-Frahm, ZaöRVR 1994 S. 422; Aldrich, AJIL 1996, S. 67 f

[246] abgedruckt in BGBL 1954 II S. 730 ff; Art. 2:
Völkermord ist jede der folgenden Handlungen, die in der Absicht begangen wird, eine nationale, ethische, rassische oder religiöse Gruppe als solche ganz oder teilweise zu zerstören:

a) Tötung von Mitgliedern der Gruppe;
b) Verursachung von schwerem körperlichem oder seelischem Schaden an Mitgliedern der Gruppe;
c) vorsätzliche Auferlegung von Lebensbedingungen für die Gruppe, die geeignet sind, ihre körperliche Zerstörung ganz oder teilweise herbeizuführen;
d) Verhängung von Maßnahmen, die auf die Geburtenverhinderung innerhalb der Gruppe gerichtet sind;
e) gewaltsame Überführung von Kindern der Gruppe in eine andere Gruppe;

Art. 3: Die folgenden Handlungen sind zu bestrafen:

a) Völkermord;
b) Verschwörung zur Begehung von Völkermord;
c) unmittelbare und öffentliche Anreizung zur Begehung von Völkermord;
d) Versuch, Völkermord zu begehen;
e) Teilnahme am Völkermord;

Erklärungen über die Weiteranwendung des Völkermord-Abkommens wurden von Slowenien am 25. Juni 1991, von Kroatien am 8. Oktober 1991 und von Bosnien-Herzegowina am 6. März 1992 abgegeben.[247] Für Serbien-Montenegro gilt sie im Wege der Staatennachfolge weiter.[248] Auch die Vorschriften der Völkermord-Konvention schätzte der Generalsekretär als Völkergewohnheitsrecht und damit für den Einzelnen bindend ein.[249]

d) Die Verbrechen gegen die Menschlichkeit (Art. 5)

Der Tatbestand der Verbrechen gegen die Menschlichkeit ist der einzige im Statut, der nicht bereits in einem speziellen völkerrechtlichen Vertrag geregelt worden ist. Mit seiner Aufnahme in das Statut wurde direkt an die internationalen Militärtribunale von Nürnberg und Tokio angeknüpft. In Art. 5 werden unabhängig vom internen oder internationalen Charakter des Krieges Verbrechen wie Mord; Ausrottung; Versklavung; Deportierung; Freiheitsentziehung; Folter; Vergewaltigung; Verfolgung aus politischen, rassischen und religiösen Gründen und andere unmenschliche Handlungen, die gegen die Zivilbevölkerung gerichtet sind, als Verbrechen gegen die Menschlichkeit definiert.

Bei der Aufzählung der inhumanen Handlungen wurden im Unterschied zu den Statuten von Nürnberg und Tokio „Freiheitsentziehung, Folter und Vergewaltigung“ hinzugefügt.

Der Tatbestand der Verbrechen gegen die Menschlichkeit überschneidet sich damit zum einen mit dem des Völkermords, doch ist er im Gegensatz zu diesem in seiner Anwendbarkeit auf bewaffnete Konflikte beschränkt, und zum anderen mit den Bestimmungen des Genfer Abkommens bezüglich der Zivilbevölkerung, die jedoch nur für internationale Konflikte gelten.

---

[247] Nachweise im BGBL 1993 II S. 862;1002

[248] Für Jugoslawien ist die Völkermord-Konvention am 12. Januar 1951 in Kraft getreten. vgl. BGBL 1955 II S. 211; von einer Weitergeltung auf der Grundlage des Kontinuitätsprinzips (vgl. Art. 34 der Wiener Konvention über die Staatennachfolge in Verträge) geht auch der IGH in dem seit 1993 anhängigen Fall betreffend die Anwendung der Konvention über die Verhütung und Bestrafung des Völkermords (Bosnien-Herzegowina gegen Jugoslawien (Serbien und Montenegro)), indem er am 11. Juli 1996 über die von der Belgrader Regierung eingereichten prozeßhindernden Einreden entschieden hat, aus. vgl. dazu Oellers-Frahm, VN 1996 S. 181 ff

[249] Bericht des Generalsekretärs S/25704 vom 3. Mai 1993 S. 12; so auch Thürer, Schweizerische Zeitschrift für internationales und europäisches Recht 1993 S. 506; Tomuschat, EA 1994 S. 65; Triffterer, ÖJZ 1994 S. 826

In seinem Kommentar zu Art. 5 klassifizierte der Generalsekretär im Unterschied zu den anderen Straftatbeständen den Tatbestand der Verbrechen gegen die Menschlichkeit nicht ausdrücklich als Völkergewohnheitsrecht. Eine solche Einschätzung läßt sich aber aus seinem Kommentar zu Art. 1 ableiten, in dem er das Statut des IMT, in dem die Verbrechen gegen die Menschlichkeit zum ersten Mal definiert wurden, als Völkergewohnheitsrecht einstufte.[250]

4. Das Prozeßrecht

Das Gericht hat sich in Übereinstimmung mit Art. 15 eine eigene Geschäftsordnung gegeben, deren Grundlinien bereits im Statut verhältnismäßig konkret vorgezeichnet sind.[251] So befaßt sich das Statut in Art. 9 mit dem Verhältnis zwischen den Verfahren vor dem Tribunal und den Verfahren vor nationalen Gerichten der einzelnen Staaten. Vorgesehen ist eine konkurrierende Zuständigkeit zwischen dem internationalen Gericht und den einzelstaatlichen Gerichten, wobei nach Abs. 2 dem Tribunal Vorrang vor den einzelstaatlichen Gerichten zukommt. Um eine mehrmalige Verurteilung zu vermeiden, wurde Art. 10 („ne bis in idem") in das Statut aufgenommen. Danach darf niemand wegen Handlungen vor ein einzelstaatliches Gericht gestellt werden, wenn gegen ihn wegen derselben Handlungen bereits vor dem UN-Tribunal verhandelt wurde. Ebenso darf eine Person, die vor einem nationalen Gericht gestanden hat, wegen derselben Tat nicht mehr vor dem Haager Tribunal belangt werden. Ausnahmen sind allerdings zulässig, wenn die Handlung als ein gewöhnliches Verbrechen gewertet wurde, das einzelstaatliche Gerichtsverfahren nicht unparteilich und unabhängig war, es darauf ausgerichtet war, den Angeklagten vor der völkerstrafrechtlichen Verantwortlichkeit zu schützen oder der Fall nicht mit der gebotenen Sorgfalt verfolgt wurde. Mit dieser Vorschrift soll eine Wiederholung der Vorgänge vor dem Reichsgericht in Leipzig nach dem ersten Weltkrieg vermieden werden.

In Art. 20 und 21 sind die Rechte der Angeklagten geregelt. Im Unterschied zum Statut des IMT sind Verfahren in Abwesenheit eines Angeklagten unzulässig.[252] Die in Art. 21 aufgeführten Rechte entsprechen den in Art. 14 des IPBPR[253] vorgesehenen Mindestgarantien. Neu ist auch, daß im Unterschied zu

---

[250] Bericht des Generalsekretärs S/25704 vom 3. Mai 1993 S. 9. Als Wiedergabe von Völkergewohnheitsrecht wurde Art. 5 aber von Oellers-Frahm, ZaöRVR 1994 S. 425 angesehen.

[251] Die „Rules of procedure and evidence" sind abgedruckt in ILM 1994 S. 493 ff und am 14. März 1994 in Kraft getreten.

[252] In Nürnberg wurde M. Bormann in Abwesenheit verurteilt.

[253] abgedruckt in BGBL 1973 II S. 1534 ff

dem Prozeß in Nürnberg, bei dem eine Berufung ganz ausgeschlossen war, und dem Prozeß in Tokio, bei dem die Angeklagten nur beim Oberbefehlshaber oder nationalen Gerichten die Urteile überprüfen lassen konnten, die Angeklagten in Den Haag vor einer eigenen Appelationskammer in Berufung gehen können. Mit der Berufung können gemäß Art. 25 Mängel bei der Tatsachenfeststellung oder der rechtlichen Bewertung gerügt werden. Erstmalig ist auch ein Wiederaufnahmeverfahren geregelt. Gemäß Art. 26 kann es eingeleitet werden, wenn sich im Nachhinein neue Tatsachen ergeben haben, die zum Zeitpunkt des Verfahrens noch nicht bekannt waren. Das weitere Prozeßrecht ist wie bei den beiden internationalen Militärtribunalen an die Grundsätze des anglo-amerikanischen Prozeßrechts angelehnt. So ist in der Verfahrensordnung in Regel 85 das Kreuzverhör ausführlich geregelt, und der Angeklagte kann auf sein Verlangen hin im Zeugenstand aussagen.

5. Urteile und Strafvollzug

Anders als im Statut von Nürnberg und der Charta von Tokio ist im Statut für den Gerichtshof in Den Haag die Todesstrafe nicht mehr als mögliche Strafe vorgesehen.[254] Damit folgt das Statut der neueren Entwicklung im Völkerrecht.[255] So wurde im Protokoll Nr. 6 zur Europäischen Menschenrechtskonvention vom 28. April 1983[256] und im Fakultativprotokoll II zum IPBPR vom 15. Dezember 1989[257] die Todesstrafe als mögliche Strafart ausgeschlossen. Das Gericht kann also nur Freiheitsstrafen verhängen und daneben anordnen, rechtswidrig erworbene Vermögenswerte und Erträge an die rechtmäßigen Eigentümer zurückzugeben. Bei der Bestimmung des Strafrahmens sollen die Strafkammern gemäß Art. 24 Abs. 1 die allgemeine Praxis der Gerichte des ehemaligen Jugoslawiens in bezug auf Freiheitsstrafen und gemäß Art. 24 Abs. 2 die Schwere der Tat sowie die persönlichen Verhältnisse des Verurteilten berücksichtigen.

---

[254] Im Strafgesetz der Sozialistischen Föderativen Republik Jugoslawien vom 28. September 1976 war die Todesstrafe eine der möglichen Strafarten. vgl. Art. 34 in der Übersetzung des Strafgesetzes von Schweißgurth in Jahrbuch für Ostrecht 1977 S. 302 ff

[255] vgl. Tomuschat, EA 1994 S. 69

[256] abgedruckt in BGBL 1988 II S. 662 ff; ILM 1993 S. 539 ff; vgl. auch Art. 4 der American Convention on Human Rights vom 22. November 1969 abgedruckt in ILM 1990 S. 673 ff; Art. 4 der African Charter on Human and Peoples' Rights vom 27. Juni 1981 abgedruckt in ILM 1982 S. 59 ff

[257] abgedruckt in BGBL 1992 II S. 391

Für die Verbüßung der Freiheitsstrafen ist keine internationale Strafanstalt wie das Spandauer Gefängnis vorgesehen. Statt dessen sollen sie in Staaten verbüßt werden, die von dem Tribunal anhand einer Liste von Ländern bestimmt werden, die sich dem Sicherheitsrat gegenüber bereiterklärt haben, Verurteilte zu übernehmen. Nach einer rechtskräftigen Verurteilung durch das internationale Gericht besteht für die Verurteilten noch die Möglichkeit der Begnadigung durch den Präsidenten des Gerichts.

6. Zusammenfassung

Mit der Einsetzung des Internationalen Gerichts für das ehemalige Jugoslawien hat der Sicherheitsrat den in Art. 41 und 42 SVN umschriebenen politischen, wirtschaftlichen, kommunikativen und militärischen Maßnahmen eine juristische zur Seite gestellt. Zugleich liegt darin der erste Versuch seit den Prozessen von Nürnberg und Tokio, Einzelpersonen völkerstrafrechtlich zur Verantwortung zu ziehen. Das Haager Tribunal knüpft dabei an die Erfahrungen und Prinzipien der Kriegsverbrechertribunale nach dem zweiten Weltkrieg an.

Der Rahmen der zu beurteilenden Verbrechen ist insofern enger als der im Statut von Nürnberg und der Charta von Tokio, als auf den Tatbestand des Verbrechens gegen den Frieden verzichtet wurde. Statt dessen präzisiert und erweitert das Statut die zu beurteilenden Verbrechen, indem es den „klassischen" Tatbeständen, Kriegsverbrechen und Verbrechen gegen die Menschlichkeit, die neueren einschlägigen Kodifikationen des humanitären Völkerrechts zur Seite stellt. Dadurch entstehen bei den einzelnen Straftatbeständen allerdings erhebliche Überschneidungen.

Neu ist im Unterschied zu den Vorgängern auch der Aufbau des Gerichtshofs. Er hat zwei Instanzen, und die elf unabhängigen Richter wurden von der Generalversammlung gewählt. Zum ersten Mal seit dem zweiten Weltkrieg scheint nun also ein juristisches Instrumentarium zur Durchsetzung des Völkerstrafrechts vorzuliegen. Das Verfahren ist so flexibel, daß der Sicherheitsrat für analoge Fälle nach dem Modell des Haager Tribunals konzipierte internationale Strafgerichte schaffen oder durch Erlaß entsprechender Resolutionen das Mandat des Tribunals ausdehnen kann.

V. DAS INTERNATIONALE GERICHT FÜR RUANDA

In Ruanda wurden in den letzten 45 Jahren eine Reihe von Massakern verübt. Besonders die Jahre 1959, 1963, 1966, 1973, 1990, 1991 und 1993 waren durch Gewalttaten gekennzeichnet.[258] Opfer der Morde waren meistens Tutsis, die eine knappe Million der sieben Millionen zählenden Bevölkerung ausmachen. Die nach dem jüngsten Massaker siegreichen Rebellen der Ruandisch-Patriotischen Front[259] , die die derzeitige Regierung stellt, sind daher der Ansicht, daß es zu einer Versöhnung zwischen Hutus und Tutsis nur kommen kann, wenn es zuvor Gerechtigkeit gibt. In einem Brief an den Generalsekretär vom 6. August 1994 hat die ruandische Regierung deshalb um die Einrichtung eines internationalen Strafgerichtshofs, ähnlich dem Tribunal für das ehemalige Jugoslawien, gebeten.[260]

1. Einsetzung des Gerichts

Am 6. August 1994 kamen die Präsidenten von Burundi und Ruanda bei einem Flugzeugabsturz ums Leben. Einen Tag später begannen Massaker an Tutsis und gemäßigten Hutus, die größtenteils von radikalen Hutu-Milizen durchgeführt wurden. Innerhalb der folgenden drei Monate starben schätzungsweise 500.000 Menschen.[261]

Nachdem dem Sicherheitsrat die ersten Berichte der eigens eingesetzten Expertenkommission und des Generalsekretärs vorlagen, entschloß er sich in Resolution 955 vom 8. November 1994, ein Internationales Tribunal für Ruanda einzurichten.[262] Das Statut für den Gerichtshof war der Resolution angeschlossen. Wie bei dem Haager Tribunal stützte er sich dabei auf Kapitel VII SVN und

---

[258] Muyombano, Ruanda S. 43 ff

[259] Die von Tutsis dominierte RPF ist aus einer Selbsthilfeorganisation von ruandischen Flüchtlingen in Uganda hervorgegangen, die von der ruandischen Regierung nicht mehr in das Land zurückgelassen wurden, und befindet sich seit Oktober 1990 im bewaffneten Kampf gegen die Regierung. Zwei Tage nach dem Absturz der Präsidentenmaschine und dem Beginn der Massaker startete sie eine Offensive gegen die neue Interims-Regierung. Nachdem sie am 4. Juli 1994 die Hauptstadt Kigali erobert hatte, fanden die Morde ein Ende.

[260] Bericht der Expertenkommission S/1994/1405 vom 9. Dezember 1994 S. 6; Bericht des Generalsekretärs S/1995/134 vom 13. Februar 1995 S. 2 Fn 3; abgedruckt in S/1994/ 1115 Annex

[261] Muyombano, Ruanda S. 74; Bericht des Generalsekretärs S/1994/640 S. 2

[262] S/1994/640; S/1994/1125; Mitglieder der Expertenkommission waren Atsu-Koffi Amega (Togo), Haby Dieng (Guinea), Salifou Fomba (Mali)

setzte den Gerichtshof als Hilfsorgan des Sicherheitsrates i.S.v. Art. 29 SVN ein.[263]

Im Unterschied zum Krieg im ehemaligen Jugoslawien handelte es sich in Ruanda aber nicht um einen internationalen Konflikt, da die Kämpfe nur innerhalb der ruandischen Grenzen stattgefunden haben, und kein anderer Staat sich aktiv an ihnen beteiligt hat. Die Expertenkommission stellte jedoch fest, daß die Massaker erhebliche Auswirkungen auf das soziale Wohl und die politische Stabilität der Nachbarstaaten hatten.[264] Zum einen mußten sie mit dem massiven Zustrom von Flüchtlingen fertig werden[265], und zum anderen bestand die Gefahr, daß sich die Kämpfe wegen ähnlicher Bevölkerungszusammensetzungen in diesen Ländern ausweiten könnten.[266] Auf Grund dieser Verbindung der groben und systematischen Menschenrechtsverletzungen mit der Bedrohung des Friedens und der Sicherheit in der Region konnte der Sicherheitsrat auf der Grundlage der Art. 39 ff SVN handeln.[267]

2. Struktur und Besetzung des Gerichts

Das Statut für das Ruanda Tribunal ist eine auf die dortigen Besonderheiten zugeschnittene Umformung des Statuts für den Haager Gerichtshof. In Art. 10 ist für das Ruanda-Tribunal ebenfalls ein zweigliedriger Instanzenzug vorgesehen. Auf erstinstanzlicher Ebene werden zwei Strafkammern mit jeweils drei Richtern tätig. Berufungen sind an die Berufungskammer des Gerichtshofs für das ehemalige Jugoslawien in Den Haag zu richten. Für das Ruanda-Tribunal mußten daher nur die sechs Richter für die beiden erstinstanzlichen Kammern gewählt werden.[268] Der Leiter der Anklagebehörde des Gerichts für das ehemali-

---

[263] vgl. Kapitel B IV. 1. b)

[264] S/1994/1405 S. 22

[265] 1,5 Millionen Menschen wurden innerhalb von Ruanda zwangsvertrieben, und 400.000 flohen in die Nachbarländer. vgl. Bericht des Generalsekretärs S/1994/640 vom 31. Mai 1994 S. 5

[266] In dem Nachbarland Burundi stellen die Tutsis mit einem Bevölkerungsanteil von 14 % ebenfalls die Minderheit dar. Seit dem vorletzten Putsch im Jahre 1993 fielen dort vermutlich 100.000 Menschen Massakern zwischen den Tutsis und Hutus zum Opfer. vgl. „Die Zeit" vom 2. August 1996 S. 16

[267] Zur Anerkennung von Menschenrechtsverletzungen innerhalb eines Staates als Friedensbedrohung vgl. Frowein in Simma, Charta der VN Art. 39 Rn 8; Wolfrum, Handbuch der VN (103) 7; Cot/Pellet, La Charte des Nations Unies S. 655 ff

[268] Am 24. und 25. Mai 1995 entschied sich die Generalversammlung für folgende Richter: Lennart Aspegren (Schweden), Laity Kama (Senegal), T.H. Khan (Bangladesch), Yakov A. Ostrovsky (Rußland), Navanethem Pillay (Südafrika), William H. Sekule (Tansania)

ge Jugoslawien dient auch als Hauptankläger für das Ruanda Tribunal. Ihm steht dort aber eine neue Anklagebehörde zur Verfügung.

Der Sitz des Gerichts ist in Arusha, der Hauptstadt des Nachbarlandes Tansania.[269] Man hatte sich für einen Sitz in Afrika entschieden, um in der Nähe der Tatorte zu sein und vor allem, um den Zugang zu Zeugen zu erleichtern.[270] Den Gerichtshof in Kigali zu errichten, war abgelehnt worden. Zum einen befürchtete man Sicherheitsprobleme, wenn die ehemaligen Führer des Landes, denen die Planung der Massaker vorgeworfen wird, wieder nach Ruanda gebracht würden.[271] Zum anderen konnte dort wegen der Zerstörungen durch die bewaffneten Auseinandersetzungen kein geeignetes Gebäude gefunden werden.

3. Die Straftatbestände

Der Gerichtshof ist gemäß Art. 1 nicht nur für Verbrechen zuständig, die in Ruanda begangen, sondern auch für Verbrechen, die von Ruandern in Nachbarländern verübt wurden. Mit dieser Ausdehnung können auch die Massaker in den Flüchtlingslagern erfaßt werden. Eingeschränkt ist die Zuständigkeit des Gerichtshofs aber insofern, als er gemäß Art. 1 nur Straftaten, die in dem Zeitraum vom 1. Januar 1994 bis zum 31. Dezember 1994 begangen wurden, aburteilen darf. Diese Vorverlagerung erklärt sich dadurch, daß auch die Planungsstadien des Völkermords von der Zuständigkeit des Gerichts umfaßt sein sollten.[272]

a) Völkermord (Art. 2)

Das Tribunal ist gemäß Art. 2 befugt, Personen abzuurteilen, die sich des Völkermords schuldig gemacht haben. Die im Tatbestand aufgezählten Handlungsmodalitäten stimmen wörtlich mit Art. 2 und 3 der Völkermord-Konvention und daher auch mit Art. 4 des Statuts für das Haager Tribunal überein.[273]

Ruanda ist der Völkermord-Konvention am 16. April 1975 beigetreten. Da diese nicht nur in Kriegs-, sondern auch in Friedenszeiten gilt, ist eine Aburteilung der Planung des Völkermords vor Beginn der Massaker möglich.

---

[269] beschlossen in S/Resolution/ 977 vom 22. Februar 1995

[270] S/Resolution/955 vom 8. November 1994 Nr. 6; S/1995/134 vom 13. Februar 1995 S. 8

[271] S/1995/134 S. 10

[272] S/1995/134 S. 4

[273] vgl. Fn 246

Die Expertenkommission konnte zahlreiche Beweise zusammentragen, die belegen, daß die Massentötungen der Tutsis eine seit längerer Zeit vorbereitete Aktion war.[274] Der Nachweis der speziellen Absicht, die bei dem Verbrechen des Völkermords erforderlich ist, könnte daher erbracht werden.

b) Die Verbrechen gegen die Menschlichkeit (Art. 3)

Die Verbrechen gegen die Menschlichkeit definiert das Statut als

> „following crimes when committed as part of a widespread or systematic attack against any civilian population on national, political, ethnic, racial or religious grounds:
> a) Murder;
> b) Extermination;
> c) Enslavement;
> d) Deportation;
> e) Imprisonment;
> f) Torture;
> g) Rape;
> h) Persecutions on political, racial and religious grounds;
> i) Other inhumane acts."

Die beispielhafte Aufzählung der Handlungen ist identisch mit der in Art. 5 des Statuts für das Haager Tribunal. Ansonsten unterscheiden sich die beiden Definitionen: Ist im Statut für das ehemalige Jugoslawien noch ein Zusammenhang mit einem internationalen oder internen bewaffneten Konflikt gefordert, so fällt diese Begrenzung beim Ruanda Statut weg. Neu ist auch der Passus des ausgedehnten und systematischen Angriffs („widespread or systematic attack"), der in dem Statut für das ehemalige Jugoslawien fehlt.

c) Verletzungen des gemeinsamen Art. 3 der Genfer Konventionen und des Zusatzprotokolls II (Art. 4)

Schließlich ist das Tribunal noch zuständig für Verletzungen des gemeinsamen Art. 3 der Genfer Konventionen von 1949 und des ZP II von 1977. In Art. 4 sind beispielhaft folgende zu ahnende Verstöße aufgezählt:

---

[274] S/1994/1405 S. 14 ff; S/1994/640 S. 10

„a) Violence to life, health and physical or mental well-being of persons, in particular murder as well as cruel treatment such as torture, mutilation or any form of corporal punishment;
b) Collective punishments;
c) Taking of hostages;
d) Acts of terrorism;
e) Outrage upon personal dignity, in particular humiliating and degrading treatment, rape, enforced prostitution and any form of indecent assault;
f) Pillage;
g) The passing of sentences and the carrying out of executions without previous judgment pronounced by a regularly constituted court, affording all the judicial guarantees which are recognized as indispensable by civilized people;
h) Threats to commit any of the forgoing acts.“

Diese Auflistung entspricht fast wörtlich den in Art. 4 Abs. 2 des ZP II aufgezählten Handlungen.[275] Nur die Sklaverei und der Sklavenhandel in all seinen Formen (Abs. 2 f) wurden nicht übernommen. Statt dessen wurde aus dem gemeinsamen Art. 3 der Genfer Konventionen noch d) hinzugefügt.[276]

Ruanda ist den Genfer Konventionen am 5. Mai 1964 und den Zusatzprotokollen am 19. November 1984 beigetreten. Da die Massaker in Ruanda keinen internationalen bewaffneten Konflikt darstellten, mußten die Genfer Konventio-

[275] Art. 4 Abs. 2 des ZP II: Unbeschadet der allgemeinen Gültigkeit der vorstehenden Bestimmungen sind und bleiben in bezug auf die in Absatz 1 genannten Personen jederzeit und überall verboten:

a) Angriffe auf das Leben, die Gesundheit und das körperliche oder geistige Wohlbefinden von Personen, insbesondere vorsätzliche Tötung und grausame Behandlung wie Folter, Verstümmelung oder jede Art von körperlicher Züchtigung;
b) Kollektivstrafen;
c) Geiselnahme;
d) terroristische Handlungen;
e) Beeinträchtigung der persönlichen Würde, insbesondere entwürdigende und erniedrigende Behandlung, Vergewaltigung, Nötigung zur Prostitution und unzüchtige Handlungen aller Art;
f) Sklaverei und Sklavenhandel in allen ihren Formen;
g) Plünderung;
h) die Androhung einer dieser Handlungen. (BGBL 1990 II S. 1640 f)

[276] vgl. Art. 3 Abs. 1 der vier Genfer Abkommen:

d) Verurteilungen und Hinrichtungen ohne vorhergehendes Urteil eines ordentlich bestellten Gerichts, das die von den zivilisierten Völkern als unerläßlich anerkannten Rechtsgarantien bietet. (BGBL 1954 II S. 784)

nen (mit Ausnahme des gemeinsamen Art. 3) und das ZP I jedoch als Rechtsgrundlage ausscheiden.

Auffällig ist, daß im Statut des Tribunals für das ehemalige Jugoslawien der Verweis auf das ZP I vermieden wurde, während in das Statut des Ruanda Tribunals das weniger anerkannte ZP II aufgenommen wurde. Zudem enthalten weder der gemeinsame Art. 3 noch das ZP II Tatbestände, die die unmittelbare Strafbarkeit natürlicher Personen festlegen, sondern nur allgemeine Verbotsnormen. Bei den Verhandlungen im Sicherheitsrat, dem zu dem Zeitpunkt auch Ruanda angehörte, wurden gegen ihre Aufnahme in das Statut jedoch keine Einwände erhoben.[277]

4. Das Prozeßrecht

Die Vorschriften über das Verfahren vor dem Tribunal stimmen wörtlich mit denen des Haager Statuts überein. Außerdem ist in Art. 14 festgelegt, daß die vom Tribunal für das ehemalige Jugoslawien ausgearbeitete Geschäftsordnung mit den nötigen Anpassungen von dem Gerichtshof für Ruanda übernommen werden sollen. Es besteht damit auch hinsichtlich der Verfahrensregeln eine Kontinuität zwischen den beiden Tribunalen.

5. Urteile und Strafvollzug

Bezüglich der Vorschriften über die Verkündung der Urteile, Gnadengesuche und den Strafrahmen kann ebenso auf die entsprechenden Regelungen für das Haager Tribunal verwiesen werden. Der einzige Unterschied besteht darin, daß Ruanda nicht wie die Nachfolgestaaten auf dem Gebiet des ehemaligen Jugoslawien von der Liste der Staaten ausgeschlossen ist, in denen die Strafen verbüßt werden können.[278]

6. Zusammenfassung

Für den internationalen Gerichtshof für Ruanda stand also das Tribunal für das ehemalige Jugoslawien Modell. Für beide ist dieselbe Berufungskammer zuständig, und der Hauptankläger ist ebenfalls identisch. Zudem wendet das Ru-

---

[277] vgl. Meron, AJIL 1995 S. 561

[278] vgl. Art. 26 des Ruanda Statuts

anda Tribunal dieselbe Geschäftsordnung wie der Strafgerichtshof in Den Haag an. Diese Kontinuität stellt den ersten Schritt zur Vereinheitlichung des Ablaufes von internationalen Strafprozessen dar und verbürgt eine gleiche Anwendung und Auslegung des Völkerstrafrechts.

VI. ENTWÜRFE FÜR EINEN STÄNDIGEN INTERNATIONALEN STRAFGERICHTSHOF

Nach der Untersuchung der internationalen Strafgerichtshöfe, die tatsächlich existiert haben oder noch existieren, ist auf die Versuche, einen ständigen internationalen Strafgerichtshof zu schaffen, einzugehen. Die internationalen Strafgerichtshöfe in Nürnberg, Tokio, Den Haag und Arusha waren und sind ad-hoc Tribunale, eingesetzt nach schrecklichen internationalen oder nationalen kriegerischen Auseinandersetzungen zur Beurteilung eines einzigen wenn auch komplexen Falles. Gegenüber diesen ad-hoc Tribunalen hätte ein ständiger internationaler Strafgerichtshof den Vorteil, nicht dem Vorwurf eines Ausnahmegerichts aus politischen Zweckmäßigkeitsgründen ausgesetzt zu sein. Seine Existenz würde die Entwicklung des Völkerstrafrechts beschleunigen und eine gleichmäßige Rechtsanwendung gewährleisten. Schließlich käme ihm größere Abschreckungswirkung zu und er könnte mit größerer Autorität die Meinung der internationalen Gemeinschaft über die kriminelle Natur von bestimmten Handlungen ausdrücken.

1. Die Entwicklung bis zum Jahre 1934

Die Idee einer internationalen Strafgerichtsbarkeit läßt sich bis in das 19. Jahrhundert zurückverfolgen. Bereits im Jahre 1872 schlug der Genfer Gustave Moynier die Schaffung eines Kriegsgerichts vor, das für die Verfolgung der Verstöße gegen die Genfer Konvention vom 22. August 1864 zuständig sein sollte.[279]

Der nächste Versuch, einen ständigen internationalen Strafgerichtshof einzusetzen, wurde im Jahre 1920 von der mit der Erarbeitung der Satzung für den StIGH betrauten Juristenkommission unternommen. Ihr Präsident, der Belgier Baron Descamp, formulierte eine Resolution, in der er die Gründung einer in

---

[279] vgl. Thürer, Schweizerische Zeitschrift für internationales und europäisches Recht 1993 S. 493; Glaser, Schweizerische Zeitschrift für Strafrecht 1952 S. 281; Grebing, GA 1976 S. 97 Fn 3; Die Genfer Konvention von 1864 ist abgedruckt in von Rohland, Völkerrechtsquellen S. 204 ff

den StIGH eingegliederten „Haute Cour de Justice Internationale“ vorschlug.[280] Die Tatbestände, die Strafen und die Verfahrensordnung sollten von dem Gericht selbst bestimmt werden. Bereits in der Kommission erhoben sich aber Bedenken gegen die Resolution, und in der Versammlung des Völkerbunds wurde sie mit der Begründung abgelehnt, daß es ein allgemein anerkanntes internationales Strafrecht, das dieser Gerichtshof anwenden müßte, noch nicht gebe, und außerdem höchstens die Schaffung einer Strafkammer am StIGH in Frage käme.[281]

2. Die Konvention über die Schaffung eines internationalen Strafgerichtshofs vom 16. November 1937

Der Anlaß für einen nächsten Versuch war die Ermordung des Königs Alexander I von Jugoslawien und des französischen Außenministers Barthou durch einen kroatischen Attentäter in Marseille am 9. Oktober 1934. Frankreich schlug daraufhin vor, ein internationales Strafgesetzbuch, das den Terrorismus als ein internationales Verbrechen verurteilt, zu verfassen und einen internationalen Strafgerichtshof, der zur Aburteilung von Terroristen zuständig ist, einzurichten.[282] Am 10. Dezember 1934 ernannte daher der Rat des Völkerbunds ein Komitee, das die Probleme, die bei solchen Kodifikationen auftreten würden, diskutieren und Vorschläge erarbeiten sollte.[283] Auf der Grundlage von zahlreichen Vorschlägen verschiedener Regierungen erstellte es zwei Entwürfe und legte sie auf einer eigens dafür einberufenen internationalen Konferenz im November 1937 vor.[284] Auf dieser Tagung wurde ein neues Komitee gewählt, das die Endfassung der beiden Konventionen erarbeitete.[285]

---

[280] Carjeu, Projet d´une Juridiction Pénale Internationale S. 39 f; von Weber, Internationale Strafgerichtsbarkeit S. 8; Glaser, Schweizerische Zeitschrift für Strafrecht 1952 S. 283

[281] Carjeu, Projet d´une Juridiction Pénale Internationale S. 42; Grebing, GA 1976 S. 98; von Weber, Internationale Strafgerichtsbarkeit S. 9; Glaser, Schweizerische Zeitschrift für Strafrecht 1952 S. 284

[282] Ferencz, An International Criminal Court Bd I S. 48 f; von Gretschaninov, ZaöRVR 1935 S. 181 f

[283] Mitglieder des Komitees waren: Carton de Wiart (Belgien), John Fischer Williams (Großbritannien), Cano y Trueba (Spanien), E.J.Gajardo (Chile), Jules Basdevant (Frankreich), Bela de Szint Istvany (Ungarn), Ugo Aloisi (Italien), Titus Komarnicki (Polen), Vespasian Pella (Rumänien), E. Delaquis (Schweiz), Eugene Hirschfeld (UdSSR), der Beschluß ist auf französisch abgedruckt in ZaöRVR 1935 S. 135 ff

[284] vgl. Ferencz, An International Criminal Court Bd I S. 51; Carjeu, Projet d´une Juridiction Pénale Internationale S. 74; Mosler, ZaöRVR 1938 S. 100

[285] Convention for the creation of an international criminal court, League of Nations Doc. C. 547 (1) M. 384 (1) 1937 V

Der internationale Strafgerichtshof sollte nur für die in der Terrorismus-Konvention aufgeführten Straftaten zuständig sein und sich aus fünf ordentlichen Richtern und fünf Stellvertretern, die verschiedener Nationalität sein mußten und vom StIGH auf Grund von Vorschlägen der unterzeichnenden Staaten zu wählen waren, zusammensetzen. Seinen Sitz sollte er ebenfalls in Den Haag haben.

Mittlerweile war aber die Empörung über das Attentat abgekühlt, und die meisten Länder waren nicht mehr bereit, eine effektive Kontrolle über ihre Handlungen zu akzeptieren, so daß die Konventionen zwar unterzeichnet, aber lediglich die Terrorismus-Konvention von einem Staat, Indien, ratifiziert wurde.[286] Nach dem Scheitern der beiden Abkommen wurden die Bemühungen um einen ständigen internationalen Strafgerichtshof wegen des beginnenden zweiten Weltkriegs zurückgestellt.

3. Der Entwurf des „Committee on International Criminal Jurisdiction" vom 31. August 1951

Im Rahmen der am 24. Oktober 1945 gegründeten VN wurden die Arbeiten an einer Konvention für einen ständigen internationalen Strafgerichtshof wieder aufgenommen. In ihrer Resolution vom 9. Dezember 1948 stellte die Generalversammlung fest: „In the course of development of the international community, there will be an increasing need of an international judicial organ for trial of certain crimes under international law."[287] Zugleich forderte sie die International Law Commission (im folgenden ILC) auf, „to study the desirability and possibility of establishing an international criminal organ for the trial of persons charged with genocide or other crimes over which jurisdiction will be conferred upon that organ by international conventions".[288]

Die ILC beauftragte daher zwei Berichterstatter mit der Formulierung eines „Draft Statute for the Establishment of an International Criminal Court". Sie kamen zu verschiedenen Ergebnissen: Ricardo Alfaro bejahte die Notwendig-

[286] Bassiouni, Draft Statute International Criminal Tribunal S. 32 f; Mosler, ZaöRVR 1938 S. 107

[287] Resolution 260 B (III) vom 9. Dezember 1948, GA, Official Records, 3rd Session Part I, Resolutions S. 177

[288] ebenda

keit eines ständigen internationalen Strafgerichtshofs, aber für Emil Sandström war die Zeit für einen solchen Gerichtshof noch nicht reif.[289]

Um das Projekt trotzdem weiterzubringen, setzte die Generalversammlung mit ihrer Resolution vom 12. Dezember 1950 ein besonderes Komitee ein, das aus den Vertretern von 17 Mitgliedstaaten gebildet wurde, und dessen Aufgabe es war, Entwürfe für einen ständigen internationalen Strafgerichtshof zu erarbeiten.[290] Das Komitee kam in Genf am 1. August 1951 zusammen und legte am Ende der Sitzungsperiode einen Entwurf für einen internationalen Strafgerichtshof vor, der dem Statut des IGH nachgebildet war.[291]

Verschiedene Gründungsmöglichkeiten für den Gerichtshof wurden vorgeschlagen: der Gerichtshof könnte als ein weiteres Organ der VN geschaffen werden, oder er könnte durch einen Beschluß der Vollversammlung ins Leben gerufen werden. Vorgeschlagen wurde als Gründungsakt auch die Kombination von einem Beschluß der Vollversammlung und einer internationalen Konvention.[292] Eine Mehrheit fand sich aber nur für die Gründung eines internationalen Strafgerichtshofs außerhalb der VN durch eine internationale Konvention.[293] Dabei würde das Gericht zu existieren beginnen, sobald die erforderliche Mindestzahl der Staaten die das Statut des Gerichts enthaltende Konvention ratifiziert hat. Der Nachteil dieser Entstehungsform besteht darin, daß der Gerichtshof die Mitarbeit eines Nicht-Vertragsstaates bei der Überstellung von Zeugen oder der Ingewahrsamnahme von Angeklagten nicht beanspruchen und sich daher auch nicht mit allen Personen befassen könnte, denen Verstöße gegen das Völkerstrafrecht vorgeworfen werden.

Der Gerichtshof sollte aus neun Richtern unterschiedlicher Nationalität bestehen, die von den Mitgliedstaaten der Konvention in einer besonderen Versamm-

[289] ILC Report, UN Doc A/CN.4/15 vom 3. März 1950; ILC Report; UN Doc A/CN.4/20 vom 30. März 1950; vgl. auch Graefrath, EJIL 1990 S. 69 f; Bassiouni, A Draft International Criminal Code S. 4

[290] Resolution 489 (V) vom 12. Dezember 1950 in GA, 5th Session, Official Records, Resolutions S. 77 f; Die siebzehn Staaten waren: Australien, Brasilien, China, Kuba, Dänemark, Ägypten, Frankreich, Indien, Iran, Israel, Niederlande, Pakistan, Peru, Syrien, Großbritannien, USA, Uruguay

[291] Report of the Committee, Annex I, UN Doc A/AC.48/4 vom 5. September 1951; ebenfalls abgedruckt im AJIL 1952 Suppl. S. 1 ff

[292] Grebing, GA 1976 S. 105; Ferencz, An International Criminal Court Bd I S. 35; Liang, AJIL 1952 S. 74 f

[293] Die Einordnung des Gerichts in die VN würde eine Satzungsänderung und damit die Zustimmung derjenigen Staaten voraussetzen, die der ganzen Idee aus Gründen der Souveränitätswahrung prinzipiell ablehnend gegenüberstehen.

lung gewählt würden. In Art. 33 war die Bildung einer eigenen Anklagebehörde vorgesehen, da man befürchtete, daß die Staaten geneigt sein könnten, den Gerichtshof nur aus Gründen der politischen Propaganda anzurufen.[294] Die Gerichtsbarkeit sollte dem Gerichtshof nicht durch das Statut selbst übertragen, sondern gemäß Art. 25 durch einzelne Konventionen überschrieben werden. Ein Verfahren wäre laut Art. 27 außerdem nur dann möglich gewesen, wenn sowohl der Heimatstaat als auch der Tatortstaat die Gerichtsbarkeit für den betreffenden Fall auf den Gerichtshof übertragen hätten. Ferner wäre jeder Staat gemäß Art. 28 befugt gewesen, die Übertragung der Zuständigkeit wieder rückgängig zu machen. In diesem Verzicht auf eine obligatorische Gerichtsbarkeit lag die größte Schwäche des Entwurfs; schließlich bliebe den Vertragsstaaten damit die Möglichkeit erhalten, einschlägige Fälle gar nicht zu verfolgen oder nur vor nationale Gerichte zu bringen.

Zuständig sein sollte der Gerichtshof gemäß Art. 1 für „crimes under international law, as may be provided in conventions or special agreements among States parties to the present Statute". Daneben sollte er internationales Recht, im besonderen Völkerstrafrecht, sowie, wenn angebracht, nationales Recht anwenden.

Bei den Vorschriften über das Verfahrensrecht wurden die Regelungen der Tribunale in Nürnberg und Tokio herangezogen: es waren ebenfalls keine Geschworenen vorgesehen; für die Urteile und die Strafzumessung waren Mehrheitsentscheidungen erforderlich; abweichende Meinungen der Richter waren zulässig; Berufungen wären grundsätzlich ausgeschlossen, unter bestimmten Umständen hätte aber eine Überprüfung des Urteils durch den internationalen Strafgerichtshof stattfinden können.

Dieser Entwurf wurde den Mitgliedstaaten der VN mit der Bitte um Kommentare zugeleitet. Die Antworten der Staaten zeigten, daß viele noch nicht gewillt waren, in diesem Bereich auf einen Teil ihrer nationalen Souveränität zu verzichten.[295] Eine Aufgabe des Projekts war aber ebenfalls nicht möglich, da eine solche Kehrtwendung so kurz nach den Verfahren in Nürnberg und Tokio zu einem Glaubwürdigkeitsverlust geführt und die Kritiker der Prozesse bestätigt hätte.

[294] Liang, AJIL 1952 S. 81

[295] vgl. Yearbook of the United Nations 1952 Bd II S. 803 ff

4. Der überarbeitete Entwurf vom 20. August 1953

Die Generalversammlung setzte daher durch Resolution 687 vom 5. Dezember 1952 ein neues siebzehnköpfiges Komitee ein, das den Entwurf überarbeiten sollte.[296] Es trat am 27. Juli 1953 in New York zusammen und beendete seine Arbeit am 20. August 1953. Auch das zweite Komitee war der Meinung, daß ein internationaler Strafgerichtshof durch eine internationale Konvention gegründet werden sollte.[297] Die Zahl der zu wählenden Richter wurde auf 15 erhöht, was damit zusammenhing, daß statt der Anklagebehörde eine Ermittlungskammer („Committing Chamber") eingerichtet und mit fünf der Richter besetzt werden sollte. Man kam den Staaten entgegen, indem diese unter anderem die Mitglieder der Anklagebehörde selbst bestimmen und die Übertragung der Gerichtsbarkeit einfacher widerrufen könnten. Auch wurden die Bestimmungen in Art. 1 geändert und durch noch vagere Formulierungen ersetzt. Der Gerichtshof wäre jetzt für „crimes generally recognized under international law" zuständig. Durch die Abmilderung der Vorschriften erhoffte man sich, daß dieser Entwurf von einer größeren Zahl von Staaten akzeptiert würde.

Das Komitee legte ihn der Generalversammlung in ihrer ersten Sitzung im Jahre 1954 vor, und diese entschied, daß, bevor man sich weiter mit dem Entwurf beschäftigte, das Ende der Arbeiten an dem „Draft Code of Offences Against the Peace and Security of Mankind" abgewartet werden sollte. Der Entwurf für ein internationales Strafgesetzbuch wurde der Generalversammlung noch im selben Jahr unterbreitet.[298] Er bestand aus fünf Artikeln und zählte 13 verschiedene internationale Verbrechen auf. In Art. 2, der den Angriffskrieg behandelte, wurde jedoch nicht definiert, was unter einem "Angriff" zu verstehen sei. Die Begutachtung dieses Entwurfs wurde daher zurückgestellt, bis das eigens dafür eingesetzte Komitee eine Definition des Begriffs „Angriff" entwickelt hätte.[299] Wegen dieses Domino-Effektes waren auch die Arbeiten an dem Entwurf für einen internationalen Strafgerichtshof für längere Zeit suspendiert. Der wahre Grund ist aber eher auf politischer Ebene zu finden.[300] Mitten in der Epoche des kalten Krieges waren die meisten Staaten nicht bereit, auch nur einen Teil ihrer Souveränität an einen internationalen Strafgerichtshof abzutreten.

---

[296] GA Resolution 687 (VII) vom 5. Dezember 1952

[297] Report of the Committee on International Criminal Jurisdiction, 9 GAOR Suppl. 12, UN Doc A/2645 S. 8

[298] 9 GAOR, Suppl. 9; 11 UN Doc A/2693 (1954); abgedruckt in AJIL 1954 Suppl.

[299] GA Resolution 898 (IX) vom 14. Dezember 1954

[300] Grebing, GA 1976 S. 107; Bassiouni/Nanda, A Treaties on International Criminal Law Bd I S. 652

5. Die „Draft Convention of the Establishment of an international Penal Tribunal for the Suppression and Punishment of the Crime of Apartheid and other international Crimes“ vom 19. Januar 1981

Die Frage nach der Schaffung eines ständigen internationalen Strafgerichtshofs stellte sich erst dreißig Jahre später wieder, allerdings in einem neuen Zusammenhang. In den siebziger Jahren hatte sich in Südafrika der bewaffnete Kampf der schwarzen Afrikaner gegen die Apartheid verstärkt, und dementsprechend hatten auch die Repressionen durch die regierenden weißen Afrikaner zugenommen. Die Generalversammlung reagierte auf diese Situation mit der Verabschiedung des Übereinkommens über die Bekämpfung und Bestrafung des Verbrechens der Apartheid.[301] Darin wurde festgelegt, daß Apartheid ein Verbrechen gegen die Menschlichkeit ist und die in Art. 2 aufgezählten Handlungen gegen das Völkerrecht verstoßen und zu bestrafen sind. Die Konvention sah dafür in Art. 5 auch die Aburteilung durch einen internationalen Strafgerichtshof vor. Wie bei der Terrorismus-Konvention sollte also auch dieser Strafgerichtshof nur zur Aburteilung eines einzelnen internationalen Verbrechens zuständig sein.

Nachdem die Apartheid-Konvention im Jahre 1976 in Kraft getreten war, dauerte es weitere drei Jahre, bis die Ad-hoc Working Group on Southern Africa der United Nations Commission on Human Rights M. Cherif Bassiouni mit der Ausarbeitung eines Entwurfs für den internationalen Strafgerichtshof betraute. Bassiouni legte im September 1980 seinen Vorschlag der Working Group vor, die ihn nach kleinen Abänderungen an die Commission on Human Rights weiterleitete.[302]

Der vorgesehene Strafgerichtshof sollte sich aus zwölf Richtern zusammensetzen, von denen maximal zwei dieselbe Nationalität haben durften. Es sollten vier Kammern gebildet werden und Berufungen an das Gericht möglich sein. Der Entwurf war sehr detailliert. Er enthielt zahlreiche Definitionen, ausführliche Vorschriften bezüglich der Verfahrensordnung und Regelungen betreffend die Schuldfähigkeit, Zurechenbarkeit, Rechtfertigungs- und Entschuldigungsgründe, die im nationalen Recht gewöhnlich im allgemeinen Teil des Strafgesetzbuches stehen. Die Todesstrafe war nicht mehr vorgesehen. Seinen Sitz sollte der Gerichtshof ebenfalls in Den Haag haben.

---

[301] GA Resolution 3068, 28 UN GAOR, Suppl. (No 30) S. 75 ff; abgedruckt in ILM 1974 S. 50 ff; VN 1975 S. 57 f; vgl. dazu später Kapitel C III 2. e)

[302] UN Doc E/CN 4/1426 (1980) S. 21 ff

Die Commission on Human Rights nahm den Entwurf einstimmig an und leitete ihn an die Mitgliedstaaten mit der Bitte um Kommentare weiter. Einige Stellungnahmen wurden abgegeben, aber darüber hinaus keine weiteren Schritte unternommen, und die Bemühungen um einen ständigen internationalen Strafgerichtshof wiederum aufgegeben. Einer der Gründe dafür war sicherlich, daß sich die westlichen Staaten aus politischen Gründen geweigert hatten, das Übereinkommen über die Bekämpfung und Bestrafung des Verbrechens der Apartheid zu ratifizieren.[303]

6. Der Entwurf der ILC vom 23. Juli 1993

Nachdem die ILC im Jahre 1991 ihre Arbeit am internationalen Strafgesetzbuch in erster Lesung abgeschlossen hatte, forderte die Generalversammlung sie auf, das Projekt eines Entwurfs für einen ständigen internationalen Strafgerichtshof wiederaufzunehmen.[304] Man hatte inzwischen festgestellt, daß ein internationaler Strafgerichtshof bei der Bekämpfung internationaler Drogenbanden oder unerlaubten Waffenhandels helfen könnte.[305] Außerdem hatte der Golfkrieg gezeigt, daß, selbst wenn Sadam Hussein gefangengenommen worden wäre, eine internationale Instanz zu seiner Aburteilung gefehlt hätte. Auch bei der Frage nach der Ahndung des Luftverkehrsattentats von Lockerbie war der Ruf nach einer internationalen Strafinstanz laut geworden.[306] Auf ihrer Sitzung am 17. Mai 1993 bildete die ILC eine „Working Group on a draft statute for an international criminal court“.[307] Im Juli legte die Arbeitsgruppe ihren ersten Entwurf vor.[308]

Wie bei den vorangegangenen Modellen war als Rechtsgrundlage für den internationalen Strafgerichtshof ein völkerrechtlicher Vertrag vorgesehen, womit seine Zuständigkeit wieder auf die Vertragsstaaten und deren Jurisdiktionsbereich beschränkt bliebe. Der Gerichtshof sollte sich aus 18 Richtern zusammensetzen, die auf Kammern aufzuteilen wären. Die Auswahl der Richter und der Ankläger obläge nur den Vertragsstaaten Wie bei den Entwürfen aus den Jahren

---

[303] darunter auch die BRD vgl. Partsch in Simma, Charta der VN S. 728 Fn 45

[304] GA Resolution 47/33 vom 25. November 1992

[305] Tomuschat, EA 1994 S. 62; Graefrath, NJ 1990 S. 54

[306] Tomuschat, EA 1994 S. 62

[307] Mitglieder der Arbeitsgruppe waren: Crawford, Thiam, Kabatsi, Al-Baharna, Al-Khasawueh, Arangio-Ruiz, Benuouna, Bowett, de Saram, Eiriksson, Elaraby, Fomba, Guney, He, Idris, Rao, Razafindralambo, Robinson, Rosenstock, Tomuschat, Verestichetiu, Villagran-Kamer, Yankov

[308] Report of the ILC, GAOR 48th session Suppl. No 10 (A/48/10) s. 255 ff

1951 und 1953 sowie dem Statut des IGH wäre der internationale Strafgerichtshof nicht automatisch für in den Vertragsstaaten begangene Verbrechen zuständig. Für jeden Einzelfall wäre eine spezielle Unterwerfungserklärung erforderlich. Dies hat den Nachteil, daß die Staaten der internationalen Strafjustiz leichter entgehen können, da sie durch entsprechende Vorbehalte bei den Unterwerfungserklärungen ihre eigenen Staatsangehörigen der Zuständigkeit des Gerichtshofs entziehen können.

Der Gerichtshof wäre gemäß Art. 22 ratione materiae zuständig für die in folgenden internationalen Verträgen festgelegten internationalen Verbrechen: dem Völkermord-Abkommen[309] , den vier Genfer Konventionen[310] sowie dem ZP I[311], der Apartheid-Konvention[312], dem Übereinkommen zur Bekämpfung widerrechtlicher Handlungen gegen die Sicherheit der Zivilluftfahrt[313], dem Übereinkommen über die Verhütung, Verfolgung und Bestrafung von Straftaten gegen völkerrechtlich geschützte Personen einschließlich Diplomaten[314], dem Internationalen Übereinkommen über Geiselnahme[315], dem Übereinkommen zur Bekämpfung widerrechtlicher Handlungen gegen die Sicherheit der Seeschiffahrt und dem Protokoll zur Bekämpfung widerrechtlicher Handlungen gegen die Sicherheit fester Plattformen, die sich auf dem Festlandsockel befinden[316]. In den letzten fünf der aufgezählten Verträge sind nur Weltverbrechen geregelt. Diese Bestimmungen begründen im Unterschied zum Völkerstrafrecht nicht die unmittelbare Verantwortlichkeit des Einzelnen.[317] Würde dem Gerichtshof auch die Zuständigkeit für solche Delikte gewährt, würde die individuelle Strafbarkeit unmittelbar nach Völkerrecht nicht mehr als entscheidendes Merkmal für die Aufnahme einer Straftat in den Entwurf gelten.

Daneben unterstünden dem Gerichtshof alle Fälle, die ihm vom Sicherheitsrat oder einem Staat übergeben würden. Schließlich wäre er gemäß Art. 27 auch für „a crime of or directly related to an act of aggression“ zuständig, wenn der Sicherheitsrat vorher festgestellt hätte, daß der entsprechende Staat eine Angriffshandlung vorgenommen hat.

---

[309] abgedruckt in BGBL 1954 II S. 730 ff; vgl. später Kapitel C III 2. a)

[310] abgedruckt in BGBL 1954 II S. 783 ff; vgl. später Kapitel C II 4. a)

[311] abgedruckt in BGBL 1990 II S. 1551 ff; vgl. später Kapitel C II 4. f) aa)

[312] abgedruckt in VN 1975 S. 57 f; vgl. später Kapitel C III 2. e)

[313] abgedruckt in BGBL 1977 II S. 1229 ff

[314] abgedruckt in BGBL 1976 II S. 1745 ff

[315] abgedruckt in BGBL 1980 II S. 1361ff

[316] abgedruckt in BGBL 1990 II S. 494 ff

[317] vgl. dazu A I 2.b)

Die Vorschriften über das Verfahrensrecht wurden dem IPBPR (Art. 41-45, 55), dem Statut des Tribunals für das ehemalige Jugoslawien (Art. 45, 55, 56, 58) und dem Statut des IMT (Art. 48, 49) entnommen. Die Todesstrafe wäre wie bei dem Entwurf für den Apartheid Gerichtshof und den Statuten des Haager und des Ruanda Tribunals ausgeschlossen. Nach dem Vorbild des Art. 14 Abs. 4 des IPBPR und Art. 25 des Haager Statuts ist im Entwurf der ILC in Art. 55 das Recht auf Berufung an eine Berufungskammer, die sich aus sieben Richtern zusammensetzt, festgelegt. Daneben wäre gemäß Art. 57 auch eine Revision an die Kammer, die das Urteil ausgesprochen hat, möglich.

Dieser Entwurf stellte also eine Kombination aus den Modellen der ILC aus den fünfziger Jahren, den Mindestgarantien des IPBPR, dem Statut des IMT sowie dem des Tribunals für das ehemalige Jugoslawien dar. Die Neufassung wurde der ILC und der Generalversammlung vorgelegt, die in ihrer Resolution vom Dezember 1993 die Mitgliedstaaten zu Kommentaren aufrief.[318]

7. Der überarbeitete Entwurf der ILC vom 14. Juli 1994

Mit den Anregungen der Mitgliedstaaten überarbeitete die Arbeitsgruppe der ILC den Entwurf in ihrer Sitzung vom 10. Mai bis 14. Juli 1994.[319] Dabei wurden Artikel gekürzt und gestrichen, den Definitionen im Entwurf für das internationale Strafgesetzbuch vom 19. Juli 1991 angeglichen, und die Erfahrungen mit den Regelungen bezüglich des Haager Tribunals verarbeitet. Die herausragendste Neuerung aber war die Änderung der Artikel, die die Zuständigkeit ratione materiae regelten. Anstelle der Aufzählung von internationalen Verträgen im alten Art. 22 hätte der Gerichtshof jetzt „jurisdiction in accordance with this Statute with respect to the following crimes: a) the crime of genocide, b) the crime of aggression, c) serious violations of the laws and customs applicable in armed conflict, d) crimes against humanity." Damit wäre der Gerichtshof zu den drei klassischen Straftatbeständen aus dem Statut des IMT und der Charta des IMTFE zurückgekehrt und hätte aus dem Statut des Tribunals für das ehemalige Jugoslawien noch den Tatbestand des Völkermords übernommen. Definiert wurden die völkerrechtlichen Verbrechen jedoch nicht. Den internationalen Verträgen wurde in Art. 20 e) Rechnung getragen. Danach wäre der Gerichtshof außerdem zuständig für „crimes, established under or pursuant to the treaty provisions listed in the Annex, which, having regard to the conduct alleged, constitute exceptionally serious crimes of international concern". Die im Annex

---

[318] GA Resolution 48/31 Dezember 1993

[319] UN Doc GA A/CN 4/ L 491/Rev 2 vom 14. Juli 1994; vgl. dazu Ambos, ZRP 1996 S. 264 ff; Crawford, AJIL 1995 S. 408 f

aufgeführten internationalen Abkommen entsprechen denen im alten Art. 22 mit der Ausnahme, daß noch zwei weitere Konventionen hinzugefügt wurden: das Übereinkommen gegen den unerlaubten Verkehr mit Suchtstoffen und psychotropen Stoffen vom 20. Dezember 1988[320] und das Übereinkommen gegen Folter und andere grausame, unmenschliche oder erniedrigende Behandlung oder Strafe[321]. Beide Konventionen sind aber erst von einer geringen Anzahl von Staaten ratifiziert worden, so daß durch ihre Aufnahme die Akzeptierung des Annexes durch die Mitgliedstaaten erschwert wird.

Mit der Resolution 49/53 vom 9. Dezember 1994 hat die Generalversammlung nun ein ad-hoc-Komitee für die Errichtung eines ständigen internationalen Strafgerichtshofs eingesetzt, das im April und August 1995 zusammentrat. Seine Aufgabe war die nochmalige Überprüfung des ILC-Entwurfs. Das Komitee nahm zu jedem Artikel des Entwurfs Stellung und sprach sich mehrheitlich dafür aus, nun eine neue Verhandlungsphase einzuleiten und eine Konferenz von Generalbevollmächtigten mit der Abfassung einer Konvention zu beauftragen.[322]

8. Zusammenfassung

Die seit über hundert Jahren andauernden Bemühungen um einen ständigen internationalen Strafgerichtshof, die eine ganze Reihe von Entwürfen hervorgebracht haben, waren bis heute mehr oder weniger erfolglos: einen ständigen internationalen Strafgerichtshof gibt es noch nicht. Einen Konsens für ihn zu erreichen ist schwer, weil jeder Staat damit rechnen muß, daß seine Bürger einerseits Ankläger, andererseits aber auch Angeklagte vor dem internationalen Tribunal sein könnten. Hinzu kommt, daß die Militärs in den einzelnen Staaten eine Demoralisierung ihrer Truppen und die Auflösung der militärischen Disziplin befürchten müssen. Obwohl die ILC ihre Bemühungen in den letzten Jahren intensiviert hat, ist daher fraglich, ob ihr jüngster Entwurf für einen ständigen internationalen Strafgerichtshof mehr Erfolg haben wird als seine Vorgänger. Zudem ist das Verfahren des Sicherheitsrats bei der Einsetzung der Gerichtshöfe für das ehemalige Jugoslawien und für Ruanda so flexibel, daß ein auf vertraglicher Basis errichteter Strafgerichtshof als ein Rückschritt erscheint. Durch die fortlaufende Einrichtung von auf Kapitel VII der SVN gestützten ad-

[320] BGBL 1993 II S. 1136 ff

[321] BGBL 1990 II S. 246 ff; vgl. später Kapitel C III 2. f)

[322] Report of the Ad hoc Committee on the Establishment of an International Criminal Court A/50/22 S. 47

hoc-Tribunalen könnte sich ebenso ein ständiger internationaler Strafgerichtshof entwickeln.

C. DIE ANWENDBAREN NORMEN DES VÖLKERSTRAFRECHTS

Aus der Zusammenstellung der ad-hoc-Tribunale hat sich ergeben, daß sie für die Aburteilung folgender Straftaten zuständig waren und sind: das Verbrechen gegen den Frieden, die Kriegsverbrechen, die Verbrechen gegen die Menschlichkeit und den Völkermord. Der jüngste Entwurf für einen ständigen internationalen Strafgerichtshof ist in seiner Zuständigkeitsregelung ebenfalls auf diese Deliktsgruppen zurückgekommen.

Nachfolgend wird daher überprüft, ob diese Tatbestände tatsächlich Bestandteile des Völkerstrafrechts sind. Der Untersuchung wird noch das Verbrechen der Apartheid hinzugefügt, da für dessen Aburteilung in der Apartheid-Konvention ausdrücklich auch ein internationales Gericht als zuständig angesehen wurde.

Der Völkermord und das Verbrechen der Apartheid werden dabei im Zusammenhang mit ihrem Ursprung, den Verbrechen gegen die Menschlichkeit, behandelt. Daran schließt sich die Überprüfung der wenigen allgemeinen völkerstrafrechtlichen Lehren an. Für die Untersuchungen wurde die chronologische Vorgehensweise gewählt, da sie für die Darstellung und Bewertung der Entwicklung der Tatbestände am geeignetsten ist.

I. DAS VERBRECHEN GEGEN DEN FRIEDEN

Eine der wichtigsten Fragen, die die Menschheit zu allen Zeiten bewegt hat, ist die der Abschaffung des Krieges. Aber erst auf Grund der schrecklichen Erfahrungen, die mit modernen Waffen, speziell im Bereich der biologischen, chemischen und atomaren Kriegführung während der beiden Weltkriege in diesem Jahrhundert gemacht wurden, entstanden Bestrebungen, den Einzelnen für das Führen eines Angriffskrieges zu bestrafen. Infolgedessen wurde der Tatbestand des Verbrechens gegen den Frieden entwickelt. Im folgenden soll anhand der in Kapitel I aufgestellten Kriterien untersucht werden, ob er einen anerkannten und rechtssicheren völkerrechtlichen Straftatbestand darstellt.

1. Die Entwicklung bis zum Ende des 19. Jahrhunderts

Einschränkungen für die Zulässigkeit von Kriegen lassen sich schon im Altertum nachweisen. Die Römer kannten bereits Vorschriften, wonach ein Krieg nur als rechtmäßig anzusehen war, wenn ihm eine gültige, religiös zelebrierte Kriegserklärung vorausgegangen war und er eine „iusta causa“[323] hatte. Dieser gerechte Grund war gegeben, wenn der Krieg entweder zur Vergeltung eines vom Feind erlittenen Unrechts (z.B. Bruch einer vertraglichen Verpflichtung, Beleidigung eines Gesandten, Verletzung der Neutralität, Ablehnung einen Straftäter auszuliefern) oder als Verteidigungskrieg gegen einen militärischen Angriff geführt wurde.[324] Er war eine legale Maßnahme und die letzte Möglichkeit, einen Anspruch durchzusetzen.

Mit der zunehmenden Christianisierung im Mittelalter kam jedoch die Frage auf, ob es auch einem Christen erlaubt sei, Krieg zu führen.[325] Die Theologen Augustinus (354-430) und Isidor von Sevilla (560-636) übernahmen die Auffassungen der Römer und begründeten den christlichen Naturrechtsgedanke des „bellum iustum“, des gerechten Krieges.[326] Diese Lehre sollte von den spanischen Völkerrechtslehrern Franciscus de Vitoria (ca. 1485-1546) und Franciscus Suarez (1548-1617) sowie Hugo Grotius (1583-1645) ausgebaut und teilweise bis in die Schriften des 18. Jahrhunderts beibehalten werden. Die formaljuristischen Vorschriften der Römer verwandelten sie in eine rechtlich substantiierte Lehre, die für alle christlichen Nationen des Abendlandes galt. Der „gerechte“ Krieg wurde als Strafe gegen den Staat aufgefaßt, der eine Verletzung der Rechtsordnung begangen hatte. Ein Krieg war daher nur zulässig, wenn er sich gegen ein Unrecht des Gegners richtete und der Wiederherstellung der Gerechtigkeit diente.[327] Nicht nur als Selbstverteidigungskrieg gegen einen

[323] Cicero, De re publica Lib. III, 35: Nullum bellum iustum habetur nisi denuntiatum, nisi dictum, nisi de repetitis rebus. Illa iniusta bella sunt quae sunt sine causa suscepta; vgl. auch Neuhold, Internationale Konflikte S. 56 Fn 6; Strisower, Der Krieg und die Völkerrechtsordnung S. 42; Bauer, Die Kriegsverbrecher vor Gericht S. 17; Bassiouni, International Criminal Law Bd I S. 167

[324] Cicero, De re publica Lib. III, 23: Nullum bellum suscipi a civitate optima nisi aut pro fide aut pro salute; Lib. III, 35: Nam extra ulciscendi aut propulsandorum hostium causam bellum geri iustum bellum potest; vgl. auch Pompe, Aggressive War S. 120; Strisower, Der Krieg und die Völkerrechtsordnung S. 43; Ballis, The legal Position of War S. 25

[325] Regout, La doctrine de la guerre juste de Saint Augustin à nos jours S. 15; Ballis, The legal position of War S. 42

[326] vgl. Strisower, Der Krieg und die Völkerrechtsordnung S. 44 f; Bassiouni, International Criminal Law Bd I S. 167

[327] Augustinus zitiert in Grotius, De Iure Belli ac Pacis Lib. II caput I,II: Iusta bella definiri solent quae ulciscuntur iniurias; Vitoria, De Iure Belli Nr. 13: Unica est et sola causa iusta

ungerechtfertigten Angriff, sondern auch zur Unterstützung eines anderen Staates und sogar, was im 19. Jahrhundert als humanitäre Intervention bezeichnet werden sollte[328], zur Beseitigung tyrannischer Herrschaftsformen war er erlaubt.[329] Als ungerechte Kriegsgründe wurden dagegen die Ausdehnung des Reiches oder ein privater Vorteil des Fürsten angesehen.[330] Nach Grotius waren die Urheber eines ungerechten Krieges persönlich dafür verantwortlich und zur Erstattung des Schadens verpflichtet.[331] Während der Akzent heute auf dem Angriffskrieg als einer verbotenen Anwendung von Gewalt und den Mitteln, ihn zu verhindern, liegt, war die Aufmerksamkeit im Mittelalter also auf die Rechtfertigung des Krieges, als ein Instrument des Rechts, und die korrekte Art durch ihn Gerechtigkeit widerfahren zu lassen, gerichtet. Der Krieg galt somit weiterhin als äußerstes Mittel der Rechtsdurchsetzung.

Gegen Ende des Mittelalters begann sich die Selbständigkeit der europäischen Einzelstaaten zu verfestigen, und die Herrscher erlangten eine von Kaiser und Papst immer unabhängigere Souveränität. Niccolo Machiavelli (1469-1527) propagierte das Bild eines Herrschers, der seine politischen Entscheidungen nicht mehr von einer höchsten, ihn selbst bindenden Weltrechtsordnung abhängig machte, sondern den Geboten der eigenen Klugheit, der politischen Notwendigkeit und der Macht folgte. Thomas Hobbes (1588-1679) entwickelte daraus das freie Kriegsführungsrecht der Fürsten. Im Katalog der zwölf „Rechte der Besitzer der höchsten Gewalt in einem errichteten Staate“ führte er auf: „Muß die höchste Gewalt Krieg gegen andere Staaten nach Gutdünken beschließen oder Frieden mit ihnen machen, das heißt beurteilen können, ob ein Krieg ihrem Staate vorteilhaft oder nachteilig sein werde oder nicht.“[332] Diese

---

inferendi bellum, iniuria accepta; Suarez in Die Klassiker des Völkerrechts Bd IV S. 142: Rursus, causa haec iusta et sufficiens est gravis iniuria illata, quae alia ratione vindicari aut reparari nequit.

[328] vgl. später Kapitel C III 1. a)

[329] Vitoria, De Indis, Sect III Nr. 17: Alius titulus posset esse causa sociorum et amicorum; Nr. 15: Alius titulus posset esse propter tyrannidem... propter leges tyrannicas in iniuriam innocentium

[330] Vitoria, De Iure Belli Nr. 11: Non est iusta causa belli amplificato imperii; Nr. 12: Nec est iusta causa belli aut gloria propria aut aliud commodum principis; Suarez in Die Klassiker des Völkerrechts S. 140: Fuit error Gentilium, qui putarunt regnorum iura esse posita in armis, licereque bella iudicere solum ad nomen ac divitas comparandas; quod etiam in ratione naturali est absurdissimum.

[331] Grotius, De Iure Belli ac Pacis Lib. III caput X Sect. IV: Ad restitutionem autem tenentur, fecundum ea quae generaliter a nobis alibi explicata sunt, belli auctores, sive potestatis iure, sive consilio, de his scilicet omnibus quae bellum consequi solent; etiam de insolitis, si quid tale iusserunt, aut suaserunt, aut cum impedire possent non impedierunt.

[332] Hobbes, Leviathan S. 213

im 16. und 17. Jahrhundert noch als revolutionär angesehenen Feststellungen sollten für die Völkerrechtler im positivistischen 19. Jahrhundert eine Selbstverständlichkeit werden.

Die überlieferte Lehre vom gerechten Krieg erhielt sich aber noch in den Werken des 17. und 18. Jahrhunderts. Samuel Pufendorf (1632-1694) unterschied wie seine Vorgänger zwischen dem bellum iustum und iniustum.[333] Auch Emeric de Vattel (1714-1767) übernahm diese Einteilung der Kriege und hielt den Fürsten für strafbar, der einen ungerechten Krieg führt:

> “Celui, qui fait injure est tenu à la réparation du dommage ou à une juste satisfaction, si le mal est réparable, et même à la peine, si la peine est nécessaire, par l´example, pour la sûreté de l´offensé, et pour celle de la societé humaine. C´est le cas du Prince auteur d´une guerre injuste.“[334]

Auf diese Passage stützten sich die französischen Professoren Larnaude und de La Pradelle bei ihrem Gutachten über die strafrechtliche Verantwortlichkeit Wilhelms II für den Ausbruch des ersten Weltkrieges.

Auf Grund des sich durchsetzenden Grundsatzes der Gleichstellung der souveränen Staaten, der eine Rechtsprechungsbefugnis eines Staates gegenüber einem anderen ausschloß, konnte die Frage, ob ein gerechter oder ungerechter Krieg vorliegt, von den Staaten nicht mehr untereinander entschieden werden.[335] Sie wurde daher nur noch im Zusammenhang mit einer moralischen Verurteilung des Kriegsgegners untersucht.[336] Damit zollte man einer Lehre Tribut, die in Wahrheit nicht mehr zeitgemäß war.

Im 19. Jahrhundert wurde die Unterscheidung zwischen rechtmäßig und rechtswidrig begangenen Kriegen weithin aufgegeben. Die sich ausbreitenden positivistischen Meinungen sahen im positiven Völkerrecht keine Vorschrift, die dem Recht, einen Krieg zu beginnen, rechtliche Schranken setzte.[337] Abgeleitet aus der unbegrenzten Souveränität der Staaten wurde der Krieg, insbeson-

---

[333] Pufendorf, De Iure naturae et Gentium Lib. VIII Caput VI § 3: Iustorum bellorum causae ad haecce capita revocari possunt; § 5: Iniustas bellorum causas recenset Grotius quarum aliquae improbabiles plane sunt.

[334] Vattel, Droit de Gens Liv. III Chap. III § 26 ff und Chap. XI § 185

[335] Oehler, Internationales Strafrecht S. 613; Jescheck, Die Verantwortlichkeit der Staatsorgane S. 27; Neuhold, Internationale Konflikte S. 57

[336] Jescheck, Die Verantwortlichkeit der Staatsorgane S. 28; Neuhold, Internationale Konflikte S. 59

[337] Kipp in Strupp/Schlochauer, Wörterbuch des Völkerrechts Bd I S. 65; Strisower, Der Krieg und die Völkerrechtsordnung S. 13 mit weiteren Verweisen

dere der Angriffskrieg, als eine natürliche Funktion des Staates angesehen.[338] Die Entscheidung über Krieg und Frieden war auf einen politischen Beschluß reduziert. Das Führen eines Krieges konnte nicht bestraft werden, weil der Krieg selbst nicht mehr als unrechtmäßig angesehen wurde. Nach dem Sieg über Napoleon strengten die Siegermächte daher kein Strafverfahren an, sondern nahmen ihn in eine politische Sicherheitshaft auf St. Helena.[339] Nach dem Sieg im deutsch-französischen Krieg im Jahre 1871 wandte sich Bismarck gegen die Forderung, Napoleon III einem Strafverfahren zu unterwerfen:

> „Allerdings ist die öffentliche Ordnung nur zu geneigt, politische Verhältnisse und Ereignisse in der Weise von privatrechtlichen und privaten überhaupt aufzufassen und unter anderem zu verlangen, daß bei Konflikten zwischen Staaten der Sieger sich mit dem Moralkodex in der Hand über den Besiegten zu Gericht setzt und ihn für das, was er gegen andere begangen, zu Strafe zieht. Ein solches Verlangen ist aber völlig ungerechtfertigt. Es stellen, heißt die Natur politischer Dinge unter welche die Begriffe Strafe, Lohn, Rache nicht gehören, völlig mißverstehen, ihm entsprechen, hieße das Wesen der Politik fälschen. Die Politik hat die Bestrafung etwaiger Versündigungen von Fürsten und Völkern gegen das Moralgesetz der göttlichen Vorsehung, dem Lenker der Schlachten zu überlassen".[340]

Nach dieser Auffassung konnte den Einzelnen keine Schuld am Ausbruch eines Krieges treffen. Am Ende des 19. Jahrhunderts setzte aber in der Völkerrechtsordnung wiederum eine Entwicklung ein, die darauf abzielte, dem Angriffskrieg rechtliche Schranken zu setzen.

2. Die Entwicklung vom Ende des 19. Jahrhunderts bis zum Ersten Weltkrieg

a) Die erste Haager Friedenskonferenz

Der Anstoß zum Zusammentritt der ersten Haager Friedenskonferenz[341] ging von Zar Nikolaus II aus. Die Notwendigkeit der Industrialisierung des noch unterentwickelten russischen Reiches schaffte in Rußland eine entsprechende Aufgeschlossenheit für internationale Handels- und Wirtschaftszusammenhän-

---

[338] Kipp in Strupp/Schlochauer, Wörterbuch des Völkerrechts Bd I S. 65

[339] vgl. Davidson, The Nuremberg Fallacy S. 12; Dahm, Völkerrecht Bd II S. 289

[340] zitiert nach Bauer, Die Kriegsverbrecher vor Gericht S. 38; Oehler, Internationales Strafrecht S. 615; Gornig, NJ 1992 S. 6

[341] Die Konferenz, auf der 26 Staaten vertreten waren, trat vom 18. Mai bis 27. Juli 1899 in Den Haag zusammen.

ge.[342] Diese setzen einen länger andauernden Frieden voraus. Die Konferenz sollte daher Wege zur Sicherung eines dauerhaften Friedens und zur Beendigung der fortschreitenden Kriegsrüstung ausarbeiten.[343] Einer Einschränkung des Krieges näherte man sich auf indirektem Wege durch die Bereitstellung von friedlichen Methoden für die Beilegung von internationalen Konflikten. So erklärten sich die Staaten in dem Abkommen zur friedlichen Erledigung internationaler Streitfälle[344] einverstanden, alle Bemühungen aufzuwenden, um Auseinandersetzungen zwischen ihnen ohne Waffengewalt beizulegen. Sie kamen des weiteren überein, im Falle ernster Meinungsverschiedenheiten oder eines Streites die guten Dienste oder die Vermittlung einer oder mehrerer befreundeter Mächte anzurufen, bevor sie zu den Waffen griffen. Daneben wurde die Einrichtung von Untersuchungskommissionen festgelegt, die die Lösung internationaler Streitigkeiten durch unparteiische Prüfung der Tatfragen erleichtern sollten. Schließlich enthielt das Abkommen noch Vorschriften über das auszubauende internationale Schiedsgerichtswesen. Diese recht vagen Regelungen demonstrierten den im Ansatz vorhandenen Friedenswillen. Vorherrschend war aber die Vorstellung, daß die Souveränität der Staaten unverletzt und aus Prestigegründen unbeeinträchtigt zu erhalten sei.

b) Die zweite Haager Friedenskonferenz

Bereits in der Schlußakte der ersten Friedenskonferenz hatten die Staaten den Wunsch ausgedrückt, auf einer weiteren Konferenz die offen gebliebenen Fragen zu debattieren.[345] Das verabschiedete Regelwerk war erheblich umfangreicher als das der ersten Friedenskonferenz. Es umfaßte 14 Einzelabkommen. Das Verfahren der internationalen Untersuchungskommissionen wurde im ersten dieser Abkommen auf Grund der Erfahrungen, die man bei der Lösung des „Doggerbank-Zwischenfalls“[346] gemacht hatte, verfeinert.[347]

---

[342] Scott, Les Conférences de la Paix de La Haye Bd I S. 41ff; Meurer, Das Friedensrecht der Haager Konferenz Bd I S. 9 ff; Wehberg, FW 1913 S. 139

[343] ebenda

[344] abgedruckt in RGBL 1901 S. 393 ff

[345] Die Initiative ging diesmal von dem amerikanischen Präsidenten, Roosevelt, aus. Vom 15. Juni bis 18. Oktober 1907 tagte die zweite Friedenskonferenz in Den Haag, auf der schon 44 Staaten vertreten waren.

[346] Als Doggerbank-Zwischenfall wird folgender Vorgang bezeichnet: Am 21. Oktober 1904, zur Zeit des russisch-japanischen Krieges, feuerte die russische Ostseeflotte auf eine Flottille britischer Fischer, die in der Nähe der Doggerbank in der Nordsee fischten. Zwei Fischer starben, mehrere wurden verletzt. Großbritannien und Rußland einigten sich auf die Einsetzung einer Untersuchungskommission, die in Paris tagte. Auf Grund des Kommissi-

Im zweiten Abkommen, der Drago-Porter Konvention, einigten sich die Staaten darauf, dem Angriffskrieg wenigstens insoweit eine Schranke zu setzen, als bei der Eintreibung von Vertragsschulden bei der Regierung eines Landes von der Regierung eines anderen Landes für dessen Angehörige, nicht zu den Waffen geschritten würde. Dieses Abkommen ging zurück auf den ständigen Konflikt zwischen lateinamerikanischen und europäischen Staaten über die Frage, wie ein Land Forderungen seiner Bürger gegen ein anderes Land geltend machen könne.[348]

Von allgemeinerer Bedeutung für das Kriegsführungsrecht war das dritte Abkommen über den Beginn der Feindseligkeiten. Nach seinem Art. 1 erkannten die Parteien an, daß die Feindseligkeiten unter ihnen nicht beginnen dürften, ohne eine vorausgehende unzweideutige Benachrichtigung, die entweder die Form einer mit Gründen versehenen Kriegserklärung oder die eines Ultimatums mit bedingter Kriegserklärung haben müßte. Diese Regelung bot einen gewissen Schutz gegen militärische Überfälle.

c) Die Bryan Verträge

Eine zeitliche Schranke wurde dem Angriffskrieg durch die nach ihrem Initiator, dem amerikanischen Staatssekretär, benannten bilateralen Bryan Verträge gesetzt. In ihnen wurden alle Streitigkeiten zwischen den Parteien, die nicht auf diplomatischem Wege beigelegt werden konnten, dem obligatorischen Verfahren vor einer internationalen Untersuchungskommission unterworfen.[349] Erst nach dem, allerdings unverbindlichen, Bericht der Untersuchungskommission durften die Parteien darüber entscheiden, ob sie eine militärische Auseinandersetzung beginnen. Die Untersuchungskommission sollte sich aus Vertretern der Parteien zusammensetzen und die im Haager Abkommen zur friedlichen Erledigung internationaler Streitfälle aufgestellten Verfahrensvorschriften anwenden.[350] Die Vereinigten Staaten schlossen in den Jahren 1913 und 1914 diese

---

onsberichts zahlte Rußland 65.000 Pfund zur Entschädigung der Opfer. vgl. Scherer, Das Vergleichsverfahren S. 15 ff; Scott, Les Conférences de la Paix de la Haye Bd I S. 233 ff

[347] abgedruckt in RGBL 1910 S. 5 ff

[348] Militärische Interventionen fanden in den Jahren 1838 und 1861/62 gegen Mexiko statt. Im Jahre 1902 blockierten das Deutsche Reich, Großbritannien und Italien die Häfen Venezuelas. vgl. Scott, Les Conférences de la Paix de la Haye Bd I S. 330 ff

[349] Finch, AJIL 1916 S. 882; Scherer, Das Vergleichsverfahren S. 1; Wehberg, FW 1913 S. 248

[350] Finch, AJIL 1916 S. 886; Scherer, Das Vergleichsverfahren S. 19 ff

Verträge mit zahlreichen Ländern ab.[351] Wie die Drago-Porter Konvention waren auch die Bryan Verträge nur verfahrensrechtliche Regelungen bezüglich des Kriegsführungsrechts. Durch sie wurde noch nicht die Berechtigung, einen Krieg zu beginnen, berührt, sondern nur die Ausübung durch die Verpflichtung, zuerst eine Lösung durch eine friedliche Methode zu suchen, beschränkt.

3. Die Zeit zwischen dem Ersten und dem Zweiten Weltkrieg

a) Die Völkerbundsatzung

Nach den langen Debatten über die Strafbarkeit von Kriegsurhebern auf der Versailler Friedenskonferenz und dem erfolglosen Versuch, Wilhelm II wegen Verletzung des internationalen Sittengesetzes und der Heiligkeit der Verträge vor einem internationalen Gerichtshof anzuklagen[352], brachte die Völkerbundsatzung eine Weiterentwicklung der Schranken für den Angriffskrieg. Der Völkerbund stellte die erste umfassende politische Organisation der Staatengemeinschaft dar. Seine Gründung hatte man auf der Versailler Friedenskonferenz beschlossen, und seine Satzung war ein Teil des Versailler Friedensvertrages.[353]

In der Präambel war als Generalidee die Erwägung ausgesprochen, daß zur Gewährleistung des internationalen Friedens und der internationalen Sicherheit wesentlich sei, bestimmte Verpflichtungen zu übernehmen, nicht zum Krieg zu schreiten. Dementsprechend enthielt die Satzung neuartige Kriegsverbote. Sie untersagte in Art. 10 den Mitgliedern einen Krieg gegen ein anderes Mitglied, der mit dem Ziel der Verletzung der territorialen Unversehrtheit und der politischen Unabhängigkeit geführt wurde. Indem Art. 10 aber nur die Kriegsführung zu diesen Zwecken verbot, erstreckte er sich nicht auf die Fälle, in denen mit der Besitzstörung andere politische Absichten verfolgt wurden (z.B. die Erlangung günstiger Handelsbeziehungen).[354] In Art. 12 Abs. 1, Art. 13 Abs. 4,

---

[351] San Salvador, Frankreich, Großbritannien, Rußland, Bolivien, Chile, China, Costa Rica, Dänemark, Ecuador, Guatemala, Honduras, Italien, Norwegen, Paraguay, Peru, Portugal, Spanien, Schweden, Uruguay vgl. Finch, AJIL 1916 S. 882; Scherer, Das Vergleichsverfahren S. 9

[352] vgl. Kapitel B I.

[353] abgedruckt bei Berber, Das Diktat von Versailles Bd I S. 1 ff; RGBL 1919 S. 717 ff; Ursprüngliche Mitglieder des Völkerbunds waren die 32 alliierten Kriegsgegner der Mittelmächte sowie 13 neutrale Staaten. Nicht im Völkerbund vertreten waren u.a. die USA. Zwischen 1920 und 1937 erwarben weitere 21 Staaten die Mitgliedschaft, darunter das Deutsche Reich im Jahre 1926 (Austritt Oktober 1933) und die UdSSR im Jahre 1934. Bis zum Jahre 1942 schieden wiederum 20 Staaten aus dem Völkerbund aus.

[354] Schücking/Wehberg, Die Satzung des Völkerbunds S. 274

Art. 15 Abs. 6 verpflichteten sich die Mitglieder, Streitfälle zunächst der internationalen Schiedsgerichtsbarkeit oder der Prüfung durch den Völkerbundsrat zu unterbreiten, ehe sie zum Krieg schritten. Nur wenn sich ein Mitglied nicht dem Schiedsspruch unterwarf oder einem einstimmig angenommenen Bericht des Rates fügte, war die Eröffnung eines Krieges erlaubt. In diesen Artikeln findet sich damit das Prinzip der Bryan Verträge wieder: Der Krieg wird nicht eigentlich verboten, sondern nur sein Aufschub verlangt.

In Art. 16 waren gewisse Sanktionen gegen die Mitglieder vorgesehen, die entgegen diesen Bestimmungen zum Angriff schritten. Sie konnten aus dem Bund ausgeschlossen werden und waren kollektiven Sanktionen der übrigen Mitglieder ausgesetzt. Da jedoch jedes Völkerbundsmitglied das Recht hatte, die Frage, ob ein verbotener Krieg vorliegt, selbständig zu entscheiden, war kein Staat verpflichtet, sich den Sanktionen anzuschließen. Die Völkerbundsatzung enthielt damit eine Reihe relativer Kriegsverbote zwischen den Bundesmitgliedern, ohne aber den Angriffskrieg in vollem Umfang zu verbieten.[355] Die Bemühungen der Völkergemeinschaft waren in den folgenden Jahren darauf gerichtet, diese „Lücken" in der Völkerbundsatzung zu schließen.

b) Das Genfer Protokoll vom 2. Oktober 1924

Einen ersten Versuch, den Angriffskrieg in vollem Umfang zu verbieten, stellte das „Protocole pour le règlement pacifique des différends internationaux", das sogenannte Genfer Protokoll, vom 2. Oktober 1924 dar.[356] Es sollte gemäß Art. 1 eine revidierte Auflage der Völkerbundsatzung sein. Jeder Angriffskrieg eines Signatarstaates gegen einen anderen Signatarstaat oder einen Nichtsignatarstaat, der sich bereit erklärt hatte, den Verpflichtungen des Protokolls zu entsprechen, wurde nicht nur verboten sondern als internationales Verbrechen gebrandmarkt.[357] Die Ausnahmen von diesem Kriegsverbot waren der Verteidigungskrieg und der im Einvernehmen mit dem Völkerbundsrat geführte Krieg.

---

[355] Die Möglichkeiten, einen nach der Satzung legalen Krieg zu führen, waren: Art. 12 Abs. 1 (wenn nach drei Monaten ein gerichtliches Verfahren oder ein Verfahren vor dem Rat gescheitert war); Art. 13 Abs. 4 (gegen ein Mitglied, das sich nicht dem Schiedsspruch fügte); Art. 15 Abs. 6 (gegen ein Mitglied, das sich nicht dem einstimmigen Bericht des Rates fügte); Art. 15 Abs. VII (wenn der Rat keinen einstimmigen Beschluß fällen konnte) und Art. 15 VIII (wenn der Rat feststellte, daß sich der Streit auf eine Frage bezog, die zur ausschließlichen Zuständigkeit einer der Parteien gehörte);

[356] abgedruckt in Actes Ve Assemblée Séances plénieres S. 502 ff; Wehberg, Das Genfer Protokoll S. 159 ff

[357] vgl. Präambel des Genfer Protokolls

Das Genfer Protokoll interpretierte in seinem Art. 11 die Völkerbundsatzung im Sinne einer Verpflichtung der Mitgliedstaaten zu kollektiven militärischen Maßnahmen gegen den Friedensbrecher.

Zudem enthielt das Protokoll eine erste offizielle Definition des Begriffes „Angriff"[358]. Danach galt jeder Staat als Angreifer, der unter Verletzung der in der Völkerbundsatzung oder in dem Protokoll enthaltenen Verpflichtungen zum Kriege schritt. In bestimmten, in Art. 10 aufgezählten Fällen sollte das Vorliegen eines Angriffskrieges vermutet werden, so daß der Völkerbundsrat sofort Sanktionen anordnen konnte.

In Ergänzung zum absoluten Verbot des Angriffskrieges sah das Protokoll ein fast lückenloses System der friedlichen Streitbeilegung vor. Alle Rechtsstreitigkeiten sollten dem StIGH unterbreitet werden, dessen alleinige Zuständigkeit die Signatarstaaten anerkennen mußten. Politische Streitigkeiten sollten durch die Anrufung von Schiedsgerichten und Vermittlern beigelegt werden. Das Inkrafttreten des Genfer Protokolls wurde jedoch von Großbritannien verhindert.[359] Die automatische Beistandspflicht und das Prinzip der vorbehaltlosen Schiedssprechung erschienen ihm als zu weitgehend.[360] Damit scheiterte der erste Versuch, den Angriffskrieg in vollem Umfang zu verbieten.

c) Die Verträge von Locarno

Ein verbindiches und absolutes Angriffsverbot enthielten zum ersten Mal die partielles Völkerrecht darstellenden Locarno-Verträge vom 16. Oktober 1925.[361] Sie bestanden aus einem Vertrag zwischen Belgien, dem Deutschen Reich und Frankreich, den Großbritannien und Italien als Garantiemächte mitunterzeichneten, sowie je einem Schiedsabkommen des Deutschen Reiches mit Belgien, Frankreich, Polen und der Tschechoslowakei.

Der Vertrag zwischen den fünf Mächten enthielt in Art. 2 das Verbot jeder Art von Gewaltanwendung zwischen Deutschland, Frankreich und Belgien. Wie im

---

[358] vgl. Art. 10 des Genfer Protokolls

[359] Voraussetzung für das Inkrafttreten war die Ratifikation durch die Mehrheit der ständigen Ratsmitglieder (Großbritannien, Frankreich, Italien, Japan) und zehn anderer Mitglieder des Völkerbunds sowie die Annahme eines Abrüstungsplans, der auf einer eigens dafür vorgesehenen Konferenz verabschiedet werden sollte.

[360] Jescheck, Die Verantwortlichkeit der Staatsorgane S. 72; Wehberg, Das Genfer Protokoll S. 36

[361] RGBL 1925 II S. 975 ff

Genfer Protokoll waren nur noch der Verteidigungskrieg und der vom Völkerbundsrat genehmigte Krieg erlaubt. Da das Kriegsverbot auf jede Art von Angriffen oder Einfällen ausgedehnt war, gingen die Locarno-Verträge weiter als die Völkerbundsatzung und sogar noch über den drei Jahre später abgeschlossenen Briand-Kellog-Pakt[362] hinaus. In den Art. 4 und 5 waren die Sanktionen für Vertragsverletzungen geregelt. Sie verpflichteten die Signatarstaaten zu sofortiger gegenseitiger Hilfeleistung, wenn der Völkerbundsrat die Verletzung einer der Vertragspflichten festgestellt hatte.

Hinsichtlich dieser Grundprinzipien stimmten die Verträge von Locarno mit dem Genfer Protokoll überein. In zwei Punkten gingen sie aber bereits darüber hinaus. Zum einen durften kollektive militärische Maßnahmen gegen einen Friedensbrecher nicht von den einzelnen Staaten automatisch in Gang gesetzt werden, sondern grundsätzlich erst nach der Anordnung durch den Völkerbund. Zum anderen hatte bisher jeder Staat selbst bestimmen können, ob die Voraussetzungen für einen Verteidigungskrieg vorlagen. Diese Frage mußte nun ebenfalls, abgesehen von dem Fall der offensichtlichen Verletzung der Locarno-Verträge, dem Völkerbund unterbreitet werden. Somit war das bis dahin unbeschränkte Recht der Staaten zur Selbstverteidigung erstmals eingeengt worden.

d) Die Resolutionen der VI. und VIII. Völkerbundversammlung

Kurz vor der Unterzeichnung der Locarno-Verträge, als das Scheitern des Genfer Protokolls offensichtlich war, erklärte die VI. Völkerbundversammlung am 25. September in einer Resolution:

> "Prenant acte des déclarations produites devant le Conseil et l'Assemblée de la Société des Nations au sujet du Protocole pour le règlement pacifique des différends internationaux et du fait que le dit Protocole n'a pas recueilli jusqu'à présent les ratifications nécessaires pour recevoir une application immédiate; Convaincue que le besoin actuel le plus pressant est le rétablissement de la confiance mutuelle entre les nations; Proclamant à nouveau que la guerre d'aggression doit constituer un crime international;"[363]

Mit der Formulierung „doit constituer" sollte aber nur zum Ausdruck gebracht werden, daß wegen des Scheiterns des Genfer Protokolls der Angriffskrieg noch

[362] vgl. später Kapitel C I 3. e)

[363] Actes VIe Assemblée séances plénieres S. 130

nicht als allgemein, sondern lediglich in den besonderen in der Völkerbundsatzung enthaltenen Fällen als verboten anzusehen war.[364]

Am 24. September 1927 verabschiedete die VIII. Völkerbundversammlung dazu eine weitere Resolution:

> "Reconnaissant la solidarité qui unit la communauté internationale; Animée de la ferme volonté d´assurer le maintien de la paix générale; Constatant, que la guerre d´agression ne doit jamais servir comme moyen de règler des différends entre Etats et que, de fait, elle constitue un crime international; Considérant qu´une renonciation solennelle à toute guerre d´agression serait de nature à créer une atmosphère de conciliation favorable au progrès des travaux entrepris en vue du dèsarmement, declare:
> 1. Toute guerre d´agression est et demeure interdite;
> 2. Tous les moyens pacifiques doivent être employés pour le règlement de différends de quelque nature qu´ils soient, qui viendraient à s´élever entre Etats."[365]

Auch diese Resolution beschränkte sich jedoch auf die durch die Satzung bereits verbotenen Kriege („est et demeure interdite"). Es sollte nur der bereits bestehende Rechtszustand bekräftigt werden.[366] Als eine Satzungsänderung können die Resolutionen auch deshalb nicht angesehen werden, weil dazu eine einfache Entschließung der Völkerbundversammlung nicht ausreichend gewesen wäre. Bei den Resolutionen handelte es sich demnach nicht um völkerrechtlich verbindliche Vertragstexte. Sie lenkten aber die Aufmerksamkeit der Staaten erneut auf diesen Problemkreis. Die Gliederung der Erklärung in der zweiten Resolution in das Verbot des Angriffskrieges und das logische Korrelat, die Verpflichtung zur friedlichen Streitbeilegung, wurde in den ein Jahr später abgeschlossenen Briand-Kellog-Pakt übernommen.

e) Der Briand-Kellog-Pakt

Der am 27. August 1928 von 15 Staaten unterzeichnete Pariser Pakt, der sogenannte Briand-Kellog-Pakt, enthielt das erste verbindliche und umfassende

---

[364] Jescheck, Die Verantwortlichkeit der Staatsorgane S. 73; Wehberg, Die Ächtung des Krieges S. 54

[365] Actes VIII e Assembleé seánces plénieres S. 155

[366] Barandon, Das Kriegsverhütungsrecht des Völkerbundes S. 251; Blumenwitz in FS für Krause S. 81; Wehberg, Die Ächtung des Krieges S. 56

Verbot des Angriffskrieges.[367] Durch den Beitritt von weiteren 48 Staaten bis zum Jahre 1934 kam ihm fast weltweite Geltung zu. Er faßte die gesamte vorhergehende Entwicklung zusammen und schloß für die Mitglieder des Völkerbunds die „Lücken" der Satzung, denn schließlich ging das absolute Kriegsverbot des Paktes über die relativen Kriegsverbote der Satzung hinaus. Neben der Präambel bestand er nur aus drei Artikeln, von denen nur die beiden ersten materielle Bedeutung haben:

> „Art.1: Die Hohen Vertragschließenden Parteien erklären feierlich im Rahmen ihrer Völker, daß sie den Krieg als Mittel für die Lösung internationaler Streitfälle verurteilen und auf ihn als Werkzeug nationaler Politik in ihren gegenseitigen Beziehungen verzichten.
> Art.2: Die Hohen Vertragschließenden Parteien vereinbaren, daß die Regelung und Entscheidung aller Streitigkeiten oder Konflikte, die zwischen ihnen entstehen könnten, welcher Art oder welchen Ursprungs sie auch sein mögen, niemals anders als durch friedliche Mittel angestrebt werden soll."

Damit war jeder Krieg, sowohl gegenüber Vertragsstaaten als auch gegenüber Nichtvertragsstaaten, verboten. Militärische Gewaltanwendungen unterhalb der Schwelle des Krieges blieben jedoch erlaubt. Von dem allgemeinen Kriegsverbot bestanden zudem wieder zwei Ausnahmen: der Selbstverteidigungskrieg und der Krieg in Erfüllung von Bündnisverträgen. In einer Note hatte der amerikanischen Staatssekretärs Kellog diese beiden Fälle ausdrücklich von dem Verbot ausgenommen.[368] Der Pakt enthielt jedoch keine Definitionen von Angriff und Verteidigung. Für die Entscheidung, ob das vorbehaltene Recht der Verteidigung gegeben war, wurde auch keine Zentralinstanz geschaffen. Kellog schloß daraus, daß allein die Staaten für diese Entscheidung zuständig seien.[369] Aus den Vorbehalten zu dem Pakt ging aber bereits hervor, daß diese das Recht auf Selbstverteidigung unterschiedlich weit definierten.[370] Das Kriegsverbot war also auf Grund der Entscheidungsfreiheit der Staaten über den Selbstver-

---

[367] abgedruckt in RGBL 1929 II S. 97 ff; Die 15 Staaten waren: das Deutsche Reich, die USA, Belgien, Frankreich, Großbritannien, Kanada, Australien, Neuseeland, Südafrika, Irland, Indien, Italien, Japan, Polen, Tschechoslowakei.

[368] abgedruckt in AJIL 1928 Suppl. S. 111 f

[369] AJIL 1928 Suppl S. 109 f

[370] Die USA und Großbritannien erstreckten den Selbstverteidigungsvorbehalt auf ihr gesamtes Einfluß- und Interessengebiet (Monroe Doktrin). vgl.dazu Keydel, Das Recht zum Kriege im Völkerrecht S 68 f; Shotwell, War as an Instrument of National Policy S. 200 ff; Hertz, Das Problem des völkerrechtlichen Angriffs S. 135 ff; Pompe, Aggressive War S. 159

teidigungsfall und die entsprechenden Vorbehalte in seiner praktischen Bedeutung geschwächt.

Ein erster Versuch, die fehlenden Definitionen von Angriff und Verteidigung zu formulieren, ging von der UdSSR auf der Genfer Abrüstungskonferenz im Jahre 1933 aus. Sie schlug vor, als Angreifer solle der Staat gelten, der als erster eine der folgenden Handlungen unternähme: Kriegserklärung; bewaffnete Invasion; bewaffneter Angriff auf fremdes Gebiet, Schiffe oder Luftfahrzeuge; kriegerische Seeblockade; Unterstützung bewaffneter Banden auf fremdem Gebiet vom eigenen Staatsgebiet aus.[371] Dieser Vorschlag wurde aber im Völkerbund nicht zur Abstimmung vorgelegt und blieb insofern erfolglos.[372]

Fraglich war auch, welche Rechtsfolgen die Verletzung des Briand-Kellog-Paktes nach sich ziehen sollte. In der Präambel war nur festgelegt, daß jede Signatarmacht, die trotzdem zum Krieg schreitet, der Vorteile, die der Vertrag gewährt, verlustig erklärt werden würde. Die Folge eines Vertragsbruchs sollte also nur der Verlust des Schutzes sein, den der Vertrag selbst gewährte. Sanktionen wirtschaftlicher oder militärischer Art, wie sie die Völkerbundsatzung, das Genfer Protokoll und die Locarno-Verträge enthielten, waren nicht vorgesehen. In den folgenden Jahren wurde versucht, dieses Versäumnis nachzuholen. Die International Law Association (im folgenden ILA) befaßte sich auf ihrer Sitzung im September 1934 in Budapest mit dem Problem und verabschiedete einstimmig die „Budapest Articles of Interpretation:

> „... Art. 4) In the event of a violation of the Pact by a resort to armed force or war by one signatory State against another, the other States may, without thereby committing a breach of the Pact or of any other rule of international law, do all or any of the following things:
>
> a) Refuse to admit the exercise by the State violating the Pact of belligerent rights such as visit and search, blockade etc;
>
> b) Decline to observe towards the State violating the Pact the duties prescribed by international law, apart from the Pact, for a neutral in relation to a belligerent;

---

371 vgl. Heidelmeyer, VN 1975 S. 109; Bassiouni, International Criminal Law Bd I S. 172 f; Reichhelm, Der Angriff S. 13; Meier, Der bewaffnete Angriff S. 9; Hertz, Das Problem des völkerrechtlichen Angriffs S. 157; Aroneanu, La Définition de l'Agression S. 25 f

372 Die Definition wurde allerdings in einige russische Konventionen aufgenommen. Am 3. Juli 1933 schloß die UdSSR mit Afghanistan, Estland, Lettland, Persien, Polen, Rumänien und der Türkei eine „Convention de définition de l'agression". Am 5. Juli 1933 unterzeichnete sie einen gleichlautenden Vertrag mit Litauen. Während des Nürnberger Prozesses bezog sich der amerikanische Ankläger Jackson auf diese Definition (Der Prozeß gegen die Hauptkriegsverbrecher Bd II S. 175).

c) Supply the State attacked with financial or material assistance including munitions of war;

d) Assist with armed forces to the State attacked;

Art. 5) The signatory States are not entitled to recognize as acquired de jure any territorial or other advantages acquired de facto by means of a violation of the Pact.

Art. 6) A violating State is liable to pay compensation for all damage caused by a violation of the Pact to any signatory State or to its nationals."[373]

Identisch mit Art. 5 der Budapester Erklärung war die nach ihrem Initiator, dem amerikanischen Außenminister, benannte Stimson Doktrin. Nach dem Einfall der Japaner in die Mandschurei im September 1931 erklärte die amerikanische Regierung, daß sie keine durch einen völkerrechtswidrigen Krieg erzwungene Veränderung des status quo anerkennen würde.[374] Diese Doktrin wurde auch vom Völkerbund übernommen. Auf der dreizehnten Völkerbundversammlung im März 1932 beschloß man, daß kein Mitglied eine entgegen der Satzung oder des Kellog-Briand-Paktes geschaffene Situation anerkennen dürfe.[375] Bereits vier Jahre später, im Falle des Krieges von Italien gegen Abesinien, wurde dieses Prinzip aber wieder aufgegeben. Es erging keine entsprechende Erklärung des Völkerbunds. Er beschloß zwar wirtschaftliche Sanktionen gegen Italien, die auf Grund der vom Deutschen Reich gewährten Unterstützung wirkungslos blieben, hob sie aber nach der förmlichen Annektion Abesiniens wieder auf.[376] Des weiteren schlossen Großbritannien und Italien am 16. April 1938 einen Vertrag, in dem die italienische Annektion Abessiniens ausdrücklich anerkannt wurde.[377] Der Versuch, Sanktionsmöglichkeiten für einen Verstoß gegen den Kellog-Briand Pakt bereitzustellen, war damit gescheitert.[378] Das durch den Pakt aufgestellte Kriegsverbot wurde aber noch in zahlreichen nachfolgenden Konventionen bestätigt.[379]

---

[373] abgedruckt in Schmitt, Das internationalrechtliche Verbrechen des Angriffskrieges S. 48; Hudson, AJIL 1935 S. 92 ff; Pompe, Aggressive War S.162

[374] AJIL 1932 S. 342

[375] BYIL 1935 S. 159

[376] Jescheck, Die Verantwortlichkeit der Staatsorgane S. 83; Davidson, The Nuremberg Fallacy S. 13

[377] Jescheck, Die Verantwortlichkeit der Staatsorgane S. 83

[378] Bis zum zweiten Weltkrieg wurde der Pakt noch von weiteren Signatarstaaten verletzt, ohne daß sie dafür verurteilt wurden (durch die UdSSR in Finnland und durch die Interventionen von Deutschland, Italien und der UdSSR im spanischen Bürgerkrieg).

[379] in der Präambel des Viererpakts vom 7. Juni 1933, in dem von 25 Staaten unterzeichneten Anti-War-Treaty on Non-Aggression and Conciliation vom 10. Oktober 1933 und in einer

Bei den Prozessen vor dem IMT und dem IMTFE nach dem zweiten Weltkrieg wurde der Kellog-Briand Pakt zur rechtlichen Grundlage des dort verfolgten Verbrechens gegen den Frieden.[380] Aus dem Völkerbund waren das Deutsche Reich und Japan vor Beginn des zweiten Weltkriegs ausgetreten.[381] Auch die Locarno-Verträge mußten als aufgehoben gelten. Das Deutsche Reich hatte am 7. März 1936 den Locarno-Mächten erklärt, daß es sich nicht mehr an den Vertrag gebunden fühle, da Frankreich seine Vertragspflichten durch Abschluß des Defensivbündnisses mit der Sowjetunion vom 2. Mai 1935 gebrochen habe.[382] Daher blieb als völkervertragliche Verpflichtung des Deutschen Reiches und Japans nur der unkündbare Kellog-Briand Pakt. Gegen seine Bestimmungen hatte das Deutsche Reich bereits mit dem Angriff auf Polen verstoßen und damit ein völkerrechtliches Delikt begangen.

Festzustellen ist also, daß bei Ausbruch des zweiten Weltkriegs der Angriffskrieg von der Völkergemeinschaft bereits als völkerrechtswidrig angesehen wurde. Die entsprechende Verantwortlichkeit des individuellen Täters war dagegen noch nicht etabliert. Einige internationale Dokumente enthielten zwar die Formulierung, daß der Angriffskrieg ein Verbrechen sei. Damit sollte aber nur eine moralische und politische Verurteilung ausgesprochen und keine strafrechtliche Verantwortlichkeit angedeutet werden.[383] Alle diskutierten Sanktionen waren noch auf den Staat als ganzes und nicht gegen die verantwortlichen Personen gerichtet. Es gab keine völkerrechtliche Norm, die die unmittelbare Strafbarkeit des Einzelnen für das Planen und Führen eines Angriffskrieges festlegte. Der Tatbestand des Verbrechens gegen den Frieden wurde also durch die Statuten der internationalen Militärgerichtshöfe mit rückwirkender Kraft eingeführt. Er verstieß damit gegen den Grundsatz n.c.,n.p.s.l.[384]

Deklaration der Pan-amerikanischen Konferenz in Lima 1938, vgl. Pompe, Aggressive War S. 157; Neuhold, Internationale Konflikte S. 69 f

[380] vgl. Kapitel B II. 3. a). vgl. Gutachten des Verteidigers Jahrreiß vom 4. Juni vor dem IMT in Der Prozeß gegen die Hauptkriegsverbrecher Bd XVII S. 499 ff

[381] Japan erklärte seinen Austritt am 27. März 1934. Das Deutsche Reich war durch eine Note vom 19. Oktober 1933 mit Wirkung vom 21. Oktober 1935 ausgetreten.

[382] ZaöRVR 1937 S. 303

[383] Grewe in FS für Doehring S. 242

[384] so auch: Doehring, Beiträge zur Konfliktforschung 1986 Heft 4 S. 77; Grewe in FS für Doehring S. 243; Jescheck, Die Verantwortlichkeit der Staatsorgane S. 179 f; Pompe, Aggressive War S. 162 f, 175; Oehler, Internationales Strafrecht S. 616; Barandon, Die Vereinten Nationen und der Völkerbund S. 164 f; Wolfrum, Handbuch der VN S. 235; Onuma in Hosoya/Ando/Onuma/Minear, The Tokyo War Crimes Trial S. 47; Verdross/ Simma, Universelles Völkerrecht § 442; Kelsen, Principles of International Law S. 137 f; Ehard, AJIL 1949 S. 237 ff; Gornig, NJ 1992 S. 7; Blumenwitz in FS für Krause S. 84; Triffterer, Dogmatische Untersuchungen S. 15; Wehberg, Die Ächtung des Krieges S. 141; Schlepp-

4. Die Entwicklung nach dem Zweiten Weltkrieg im Rahmen der VN

Nachfolgend ist daher zu untersuchen, ob das Verbrechen gegen den Frieden nach den Prozessen vor dem IMT und dem IMTFE zu einem rechtssicheren Straftatbestand geworden ist, der ohne Bedenken von einem internationalem Strafgerichtshof angewendet werden könnte.

a) Die Satzung der VN

Während des zweiten Weltkriegs, nachdem der Kollaps des Völkerbundes offenkundig geworden war, wurde immer häufiger die Frage aufgeworfen, was nach seinem Ende kommen würde, und wie man künftige Kriege verhindern könne.[385] Auf der im Spätsommer 1944 stattfindenden Konferenz von Dumbarton Oaks einigten sich die USA, Großbritannien, die UdSSR und China auf ein

---

le, Das Verbrechen gegen den Frieden S. 56 f; de La Pradelle in Hankel/Stuby, Strafgerichte gegen Menschheitsverbrechen S. 129 ff; Schmitt, Das internationale Verbrechen des Angriffskrieges S. 46; Trapp, Die kriegsrechtliche Bedeutung der Nürnberger Urteile S. 39; Sunga, Individual Responsibility in International Law for serious Human Rights Violations S. 37;
anders Jahrreiß, für den bei Ausbruch des Krieges schon keine wirksame allgemeine völkerrechtliche Regelung über verbotene Kriege existierte, Der Prozeß gegen die Hauptkriegsverbrecher Bd XVII S. 499 ff;
anders Jackson, der das 18. und 19. Jahrhundert mit seiner „nichtswürdigen Doktrin, alle Kriege seien als rechtmäßig zu betrachten," lediglich als Intervall im Vergleich zur christlichen Lehre vom bellum iustum und nicht nur den Angriffskrieg als verboten ansah, sondern auch die völkerstrafrechtliche Verantwortlichkeit des Einzelnen bejahte: „Selbstverständlich ist der Gedanke, daß ein Staat, ebenso wie eine Körperschaft, ein Verbrechen begehen könne, eine bloße Annahme. Verbrechen werden immer nur von Einzelpersonen begangen. Während es nun aber durchaus zulässig ist, die Verantwortlichkeit eines Staates oder einer Körperschaft anzunehmen, um eine gemeinsame Haftung zu schaffen, ist es völlig unerträglich, aus einem solchen Denken nach dem Buchstaben des Gesetzes eine persönliche Straffreiheit abzuleiten."(Der Prozeß gegen die Hauptkriegsverbrecher Bd II S. 177); so auch Shawcross, Der Prozeß gegen die Hauptkriegsverbrecher Bd III S. 107; Oppenheim/Lauterpacht, International Law Bd II S. 191 ff; Descheemaeker, RGDIP 1946 S. 224 f; Balazs, FW 1946 S. 375; Balmer-Basilius, FW 1946 S. 291; Eccard, RDI 1946 S. 83; Teitgen, RDI 1946 S. 167 f; Sottile, RDI 1945 S. 234 ff; Pella, RDI 1945 S. 111 ff; Weber in Hankel/Stuby, Strafgerichte gegen Menschheitsverbrechen S. 371;
im Ergebnis ähnlich de Menthon, der aber eine andere Konstruktion vorschlägt. Für ihn ist die kollektive Verantwortlichkeit des Staates die Regel. Aufgabe des Staates ist es dann, die Urheber politisch oder juristisch zur Verantwortung zu ziehen. Da der Deutsche Staat aufgelöst ist, müssen die Staaten, welche die höchste Gewalt über Gebiet und Bevölkerung Deutschlands ausüben, diese Schuld vor Gericht bringen können.(Der Prozeß gegen die Hauptkriegsverbrecher Bd V S. 438).

[385] Grewe in Simma, Charta der VN XXIII Rn 3

Richtlinienpapier über die Schaffung einer allgemeinen internationalen Organisation.[386] Nach Überarbeitungen dieses Entwurfs auf der Jalta Konferenz im Februar 1945 und der Gründungskonferenz von San Francisco im Frühjahr 1945 konnte am 26. Juni 1945 die Satzung der VN von den 50 Konferenzteilnehmern unterzeichnet werden.[387]

In Art. 2 ist festgelegt, daß die Mitglieder ihre internationalen Streitigkeiten durch friedliche Mittel so beilegen, daß der Weltfriede, die internationale Sicherheit und die Gerechtigkeit nicht gefährdet werden und sie in ihren internationalen Beziehungen jede gegen die territoriale Unversehrtheit oder die politische Unabhängigkeit eines Staates gerichtete oder sonst mit den Zielen der VN unvereinbare Androhung oder Anwendung von Gewalt unterlassen.[388] Die Satzung enthält damit ein über das im Briand-Kellog Pakt hinausgehendes allgemeines Gewaltverbot, da sie nicht nur den kriegerischen Angriff sondern auch die mit militärischen Mitteln durchgeführte Repressalie verbietet.[389] Das Gewaltverbot geht auch insofern über das Kriegsverbot der Zwischenkriegszeit hinaus, als schon jede Androhung von Gewalt erfaßt wird, und sie keinen Unterschied zwischen Mitgliedstaaten und Nicht-Mitgliedstaaten macht.

Ausdrücklich ausgenommen vom Gewaltverbot ist in Art. 51 nur das Recht zur individuellen oder kollektiven Selbstverteidigung. Das Selbstverteidigungsrecht wurde damit offiziell auf die Nothilfe ausgeweitet, was den zahlreichen gegenseitigen Beistandspakten der Staaten Rechnung trug.

Weiterhin wurde mit dem Sicherheitsrat ein zentrales Organ geschaffen, das berechtigt ist, eine Bedrohung des Friedens, einen Friedensbruch oder eine Angriffshandlung festzustellen und präventive oder repressive Zwangsmaßnahmen, auch militärischer Art (womit eine weitere Ausnahme zum Gewaltverbot des Art. 2 Abs. 4 gegeben ist) zu ergreifen.[390] Diese Kompetenzzuweisung war eine Reaktion auf die Erfahrungen mit dem Sanktionssystem des Völkerbunds,

---

[386] abgedruckt in FW 1944 S. 437 ff; zur Entstehungsgeschichte der VN vgl. Grewe in Simma, Charta der VN XXXI Rn 34; Goodrich/Hambro, Charter of the United Nations S. 6

[387] abgedruckt in BGBL 1973 II S. 430 ff; Mittlerweile sind 185 Staaten Mitglieder der VN. (Stand 31. Dezember1995)

[388] Art. 2 Abs. 3 und Art. 4 der SVN

[389] vgl. Corfu Channel, ICJ Reports 1949 S. 4(35); Partsch in EPIL Bd IV S. 218; Wolfrum, Handbuch der VN S. 238; Wengler, Völkerrecht Bd I S. 917

[390] Art. 39 ff der SVN

dessen Satzung in dem Bereich keine verbindlichen Entscheidungen der Organe vorsah.[391]

Mit den VN ist also zum ersten Mal ein weitreichendes Sicherheitssystem errichtet worden, dessen Grundlage das Verbot des Angriffskrieges ist, und das bei einem Verstoß kollektive Sanktionen vorschreibt. Die in der Satzung aufgeführten Sanktionsmöglichkeiten sind aber alle auf den Staat als alleiniges Haftungssubjekt gerichtet.[392] Eine völkerstrafrechtliche Verantwortlichkeit des Einzelnen ist nicht vorgesehen.

b) Die Formulierung der Nürnberger Prinzipien

Bereits im zweiten Teil ihrer ersten Sitzung im Oktober 1946 befaßte sich die Generalversmmlung der VN mit dem Statut von Nürnberg und den dort drei Wochen vorher verkündeten Urteilen. Der Generalsekretär erklärte, daß

> „in the interest of peace, and in order to protect mankind against future wars, it will be of decisive significance to have the principles which were implied in the Nürnberg trials, and according to which the German war criminals were sentenced, made a permanent part of the body of international law as quickly as possible. From now on the instigators of new wars must know that there exist both law and punishment for their crimes."[393]

Einen Monat später wurde von der Delegation der USA ein Vorschlag für eine entsprechende Resolution vorgelegt.[394] Dieser Entwurf wurde zur Bearbeitung an den Unterausschuß I des sechsten Komitees (Juristenkommission) überwiesen, der die im Dezember 1946 von der Generalversammlung einstimmig angenommene Resolution entwarf:

> "(The General Assembly) Affirms the principles of international Law recognized by the Charter of the Nürnberg Tribunal and the judgement of the Tribunal; Directs the Committee on codification of international law established by the resolution of the General Assembly of 11 December 1946, to treat as a matter of primary importance plans for the formulation, in the context of a general codification of offences against the peace and security of mankind, or of an International Criminal Code, of the principles

---

391 vgl. Kapitel C I 3. a); Barandon, Die Vereinten Nationen und der Völkerbund S. 176; Kelsen, The Law of the United Nations S. 273

392 vgl. Art. 41 und 42 der SVN

393 UN Doc A/CN 4/5 S. 11

394 UN Doc A/C 6/69 vom 15. November 1946

recognized in the Charter of the Nürnberg Tribunal and in the judgment of the Tribunal.“[395]

Die Wirkung dieser Resolution ist umstritten. Auf Grund der Formulierung „affirms“ wurde teilweise davon ausgegangen, daß nun kein Zweifel mehr daran bestünde, daß die Nürnberger Prinzipien Teil des internationalen Rechts seien.[396] Dagegen wurde angeführt, daß die Grundsätze in der Resolution noch nicht ausreichend spezifiziert seien. Sie sollten schließlich erst formuliert werden.[397] Entscheidend ist jedoch das formale Argument, daß den Resolutionen der Generalversammlung zwar moralische aber keine rechtliche Wirkung zukommt.[398] Die Resolution enthält damit kein verbindliches Völkerrecht.[399]

Das noch am 11. Dezember 1946 von der Generalversammlung eingesetzte „Committee on the Progressive Development of International Law and its Codification“[400] befand, mit der Formulierungsarbeit solle noch gewartet werden, bis die Verfahren gegen Kriegsverbrecher weiter fortgeschritten seien, und empfahl, diese Aufgabe an die ILC zu übertragen.[401] Die Kommission wurde daraufhin gegründet. Innerhalb von drei Jahren arbeiteten ihre Mitglieder eine Fassung der Nürnberger Prinzipien aus.[402] Diese Formulierungen stellten aber

[395] UN GA Resolution 95 (I) vom 11. Dezember 1946

[396] Pompe, Aggressive War S. 310 ff; Oppenheim/Lauterpacht, International Law Bd II S. 582; Oberstes Gericht der DDR, NJ 1961 S. 551

[397] Doehring, Beiträge zur Konfliktforschung 1986 Heft 4 S. 81

[398] Die Generalversammlung ist schließlich nicht das Parlament eines Weltstaates und besitzt auch keine Weltgesetzgebungskonferenz. vgl. Art. 10 ff der SVN

[399] so auch Schick, AJIL 1947 S. 794; Finch, AJIL 1947 S. 26; Doehring, Beiträge zur Konfliktforschung 1986 Heft 4 S. 81; Triffterer, Dogmatische Untersuchungen S. 18 f; Jescheck, ZStW 1954 S. 196; Hoffmann, Strafrechtliche Verantwortlichkeit im Völkerrecht S. 292; Dahm, Völkerrecht Bd III S. 292; Drost, The Crime of State Bd II S. 145

[400] UN GA Resolution 94 (I) vom 11. Dezember 1946

[401] vgl. UN GA Resolution 177 (II) vom 21. November 1946

[402] Principle I: Any person who commits an act which constitutes a crime under international law is responsible therefore and liable to punishment.

Principle II: The fact that internal law does not impose a penalty for an act which constitutes a crime under international law does not relieve that person who committed the act from responsibility under international law.

Principle III: The fact that a person who committed an act which constitutes a crime under international law acted as Head of State or responsible Government official does not relieve him from responsibility under international law.

Principle IV: The fact that a person acted pursuant to order of his Government or of a superior does not relieve him from responsibility under international law, provided a moral choice was in fact possible to him.

eher präzise Regelungen als grundlegende Prinzipien dar. Sie waren, vor allem die Prinzipien III, IV und VI, Kopien der entsprechenden Vorschriften des Nürnberger Statuts. Der Auftrag der Generalversammlung an die ILC war aber darauf gerichtet gewesen, die Prinzipien so zu formulieren, daß sie ihre Beschränkung auf die Kriegsverbrecher der europäischen Achse verlören. Aber selbst wenn die Grundsätze genereller gefaßt worden wären, bliebe es fraglich, ob die Generalversammlung sie akzeptiert hätte. Gerade in bezug auf die Prinzipien I und II konnte keine Einigung erzielt werden. Teilweise lehnten die Delegierten die Verantwortlichkeit des Einzelnen unmittelbar nach Völkerrecht ab und verwiesen auf den Staat als alleiniges Haftungsobjekt.[403] Die Vertreter der südamerikanischen Staaten wandten sich gegen Prinzip II, da es den Grundsatz des Vorrangs des internationalen Rechts vor nationalem implementiere, den sie ablehnten.[404] Anerkennen wollte man nur eine Verpflichtung der Staaten, die verantwortlichen Einzelpersonen selbst zu bestrafen oder zu erlauben, daß sie von einem anderen Staat oder einem internationalen Gerichtshof abgeurteilt werden.[405]

Principle V: Any person charged with a crime under international law has the right to a fair trial on the fact and law.

Principle VI: The crimes hereinafter set out are punishable as crimes under international law:

a) Crimes against Peace: (I) Planning, preparation, initiation, or waging of a war of aggression or a war in violation of international treaties, agreements or assurances; (II) Participation in a common plan or conspiracy for the accomplishment of any of the acts mentioned under (I).

b) War Crimes: Violations of the law or custom of war which include, but are not limited to, murder, ill-treatment or deportation to slave labour or for any other purpose of civilian population of or in occupied territory, murder or ill-treatment of prisoners of war or persons of the seas, killing hostages, plunder of public or private property, wanton destruction of cities, towns, or villages, or devastation not justified by military necessity.

c) Crimes against Humanity: Murder, extermination, enslavement, deportation and other inhuman acts done against any civilian population, or persecutions on political, racial and religious grounds, when such acts are done or such persecutions are carried on in execution of or in connexion with any crime against peace or any war crime.

Principle VII: Complicity in the commission of a crime against peace, a war crime or a crime against humanity as set forth in Principle VI is a crime under international law. (YILC 1950 Bd II S. 374 ff)

[403] Statement of the Delegate of the United Kingdom A/C 6/SR 233 S. 144 f; UNYB 1950 S. 854

[404] UNYB 1950 S. 854; Pompe, Aggressive War S. 332

[405] UNYB 1950 S. 854 Mit dem Ausbruch des Koreakrieges im Jahre 1950 begann zudem ein neues Kapitel in der Nachkriegsgeschichte, und die Notwendigkeit eines Völkerstrafrechts trat immer mehr in den Hintergrund.

Die Mehrheit der Staaten wandte sich damit gegen die Vorschriften, die sie noch fünf Jahre vorher in dem Statut des IMT und der Charta des IMTFE begrüßt hatten. Auf Grund dieser Meinungsverschiedenheiten wurde die Formulierung der Nürnberger Prinzipien nicht weiter verfolgt. Die Stellungnahmen der Länder sollte die ILC aber in ihre Arbeiten an einem internationalen Strafgesetzbuch einbeziehen.[406]

c) Der Entwurf für ein internationales Strafgesetzbuch vom 28. Juli 1954

Durch die Resolution 177 (II) vom 21. November 1946 hatte die Generalversammlung die ILC nicht nur mit der Formulierung der Nürnberger Prinzipien, sondern auch mit der Ausarbeitung eines „Draft Code of Offences against the Peace and Security of Mankind" (im folgenden Draft Code) beauftragt. Im Jahre 1951 vollendete die Kommission die erste Fassung des Draft Code und legte ihn der Generalversammlung vor.[407] Diese verwies ihn aber an die Kommission zurück, die im Jahre 1954 eine zweite Fassung schuf.[408]

In Art. 2 waren zwölf verschiedene Deliktstypen des Völkerstrafrechts aufgezählt, wovon allein die ersten neun die unterschiedlichsten Formen des Angiffs behandelten. Jede Angriffshandlung, die Drohung mit Angriffshandlungen gegen einen anderen Staat, die Vorbereitung militärischer Gewaltmaßnahmen, die Unterstützung oder Duldung bewaffneter Banden zum Zwecke des Einfalls in fremdes Staatsgebiet, die Anstiftung oder Unterstützung von inneren Unruhen in einem anderen Staat, die Unterstützung oder Duldung von Terrorismus, die Verletzung von Abrüstungsverpflichtungen oder ähnlichen für Frieden und Sicherheit eingegangenen Bindungen, die völkerrechtswidrige Annexion fremden Staatsgebiets und sogar die Intervention in die inneren oder äußeren Angelegenheiten eines anderen Staates durch wirtschaftliche oder politische Zwangsmaßnahmen, um dessen Willen zu beugen und dadurch Vorteile zu erreichen, sollten strafbar sein. Die Spannweite des Verbrechens gegen den Frieden war damit gegenüber den Statuten von Nürnberg und Tokio und den Nürnberger Prinzipien extrem erweitert.

Der Entwurf wurde aber von den Vertretern der USA, der UdSSR und Großbritanniens bereits in der Kommission nicht angenommen[409] und das Vorhaben

[406] UNGA Resolution 488 (V) vom 12. Dezember 1950

[407] YILC 1951 Bd II S. 43 ff

[408] YILC 1954 Bd II S. 112 ff; AJIL 1955 Suppl. S. 17 ff

[409] AJIL 1955 Suppl. S. 21

schließlich von der Generalversammlung vertagt, bis eine Definition für den zentralen Begriff des Angriffs gefunden sei.[410]

d) Die Suche nach einer Definition des „Angriffs"

In der SVN sind keinerlei Definitionen des Angriffskriegs (war of aggression, guerre d'agression), der Angriffshandlung (act of aggression, acte d'agression) oder des Angriffs (aggression, agression) enthalten. Die Entscheidung, ob eine solche Handlung vorliegt, sollte der Sicherheitsrat im Einzelfall treffen. Fünf Jahre nach der Gründung der VN war er aber in seiner Entscheidungsbefugnis wegen der häufigen Anwendung des Veto-Rechts durch die ständigen Mitglieder paralysiert.[411] Man stellte fest, daß ein ständiges Mitglied, das eine Angriffshandlung beging oder zu begehen plante, sein Veto-Recht geltend machen und so den Sicherheitsrat rechtmäßig an der Feststellung des Vorliegens einer Angriffshandlung hindern könnte.[412] Um dem entgegen zu wirken, drängten die Mitglieder darauf, daß die Generalversammlung in einer Resolution festlegen solle, nach welchen Kriterien das Vorliegen einer Angriffshandlung zu bestimmen sei. Daneben brauchte man eine Definition des Angriffs auch für das internationale Strafgesetzbuch, an dem die Arbeiten bis zur Bestimmung dieses Begriffs ausgesetzt waren.

Die Suche nach einer Definition begann damit, daß die UdSSR der Generalversammlung am 6. November 1950 ihre Angriffsdefinition aus dem Jahre 1933 erneut präsentierte. Die einzige Änderung bestand darin, daß das Wort „attacker" durch „aggressor" ersetzt worden war.[413] Der Vorschlag wurde von der Generalversammlung an die ILC überwiesen, die sich aber auf keine Definition einigen konnte.[414] Im Verlauf der nächsten Jahre beschäftigten sich regelmäßig von der Generalversammlung eingesetzte Sonderausschüsse mit dem Problem.[415] Die Arbeiten des im Jahre 1967 eingesetzten Sonderkomitees sollten schließlich erfolgreich sein. Am 14. Dezember 1974, fünfzig Jahre nach

---

[410] GA Resolution 898 (IX) vom 14. Dezember 1954

[411] vgl. Art. 27 Abs. 3 der SVN

[412] Wengler, Völkerrecht Bd II S. 1062; Bassiouni, International Criminal Law Bd I S. 179

[413] vgl. Kapitel C I 3. e); Heidelmeyer, VN 1975 S. 109 ff

[414] UNGA Resolution 378 (V) vom 17. November 1950; vgl. dazu Klein in FS für Jahrreiß S. 171 f

[415] Den Befürwortern einer Definition, den kommunistischen Staaten und den Ländern der Dritten Welt stand die Gruppe der westlichen Industriestaaten gegenüber, die mit den USA und Großbritannien die entschiedensten Gegner aufwies. vgl. Bruha, Die Definition der Aggression S. 128

dem ersten Definitionsversuch im Genfer Protokoll, verabschiedete die Generalversammlung durch allgemeinen Konsens ohne Abstimmung die Resolution über die Definition des Begriffes „Angriff".[416]

Sie war eine Mischung aus elastischer Bestimmung und festen Tatbeständen. Abstrakt-generell bedeutete „Angriff" gemäß Art. 1 die Anwendung von Waffengewalt durch einen Staat gegen die Souveränität, die territoriale Unversehrtheit oder politische Unabhängigkeit eines anderen Staates oder auf eine andere, mit der SVN nicht vereinbare Art und Weise. Teilweise wurde damit die Formulierung aus Art. 2 Abs. 4 der SVN übernommen, wobei die dort ebenfalls aufgeführte Androhung von Gewalt nicht erwähnt wurde. Einigen Mitgliedern des Sonderausschusses wäre dies zu weit gegangen.[417] In Art. 2 wurde eine allgemeine Vermutung für den Beweis des ersten Anscheins aufgestellt, falls ein Staat als erster zu den Waffen greift. Allerdings könnte der Sicherheitsrat auf eine solche Feststellung verzichten, wenn sie ihm nicht gerechtfertigt erschiene. Einen nicht abschließenden Katalog einzelner Angriffshandlungen enthielt Art. 3.[418]

In Art. 5 wurde der Angriffskrieg als Verbrechen gegen den Weltfrieden bezeichnet, und ein Angriff sollte zu internationaler Verantwortung führen.[419] Welcher Art diese Verantwortung sein sollte, wurde nicht definiert.[420] In der

---

[416] UN Doc A/Resolution/3314 (XXIX) vom 14. Dezember 1974; auf deutsch abgedruckt in VN 1975 S. 120

[417] Ferencz in EPIL Bd III S. 4

[418] Art. 3: Any of the following acts, regardless of a declaration of a war, shall, subject to and in accordance with the provisions of article 2, qualify as an act of aggression:
a) The invasion or attack by the armed forces of a State of the territory of another State, or any military occupation, however temporary, resulting from such invasion or attack, or any annexation by the use of force of the territory of another State or part thereof;
b) Bombardment by the armed forces of a State against the territory of another State or the use of any weapons by a State against the territory of another State;
The blockade of the ports or coasts of a State by the armed forces of another State;
d) An attack by the armed forces of a State on the land, sea or air forces, marine and air fleets of another State;
e) The use of armed forces of one State, which are within the territory of another State with the agreement of the receiving State, in contravention of the conditions provided for in the agreement or any extension of their presence in such territory beyond the termination of the agreement.

[419] Gegen die unterschiedliche Begriffsverwendung (war of aggression und aggression) wurden zahlreiche Bedenken erhoben. vgl A/AC 134/SR 113 vom 17. April 1974 S. 10, 12; Bruha, Die Definition der Aggression S. 128

[420] Eine ähnlich pauschale Bezeichnung des Angriffskriegs als Verbrechen, das die Verantwortlichkeit auf Grund des Völkerrechts nach sich zieht, enthielt in Art. 5 auch die Friend-

ausdrücklich festgelegten Interpretation im Bericht des Sonderausschusses hieß es dazu, daß die Worte „internationale Verantwortung" ohne Präjudiz für die Reichweite dieses Ausdrucks gebraucht würden.[421] Es blieb also nicht nur offen, ob damit die staatliche oder die individuelle Verantwortlichkeit gemeint ist, sondern auch, welche Sanktionen diese Verantwortlichkeit auslöst (strafrechtliche und/oder schadensersatzrechtliche).[422] Wegen dieser Mehrdeutigkeit kann aus Art. 5 Abs. 2 Satz 2 nicht der Schluß gezogen werden, daß ein Angriff die strafrechtliche Verantwortlichkeit des Einzelnen nach sich ziehen sollte.[423] Hinzukommt, daß trotz dieser Definition die Abgrenzung des Begriffes schwierig bleibt. In Art. 1 wurde nur die Anwendung von bewaffneter Gewalt als Angriff angesehen, und es blieb offen, wie wirtschaftliche, politische oder indirekte Angriffsmaßnahmen zu behandeln seien.[424] Ungeklärt blieb auch die Frage nach der Zulässigkeit der präventiven Selbstverteidigung. Der Angriffsbegriff kann daher auch nach dieser Resolution als nur in seinem Kern bestimmter Begriff des Völkerrechts angesehen werden. Da dem Sicherheitsrat das Recht belassen wurde, weitere Akte als die in Art. 3 aufgezählten als Angriffshandlungen oder Rechtfertigungsgründe anzuerkennen, bliebe der strafrechtliche Tatbestand auch insofern unsicher, als diese rein politische Entscheidung auch nachträglich getroffen werden könnte. Ein Richter müßte erst das Urteil des Sicherheitsrates abwarten, ehe er über die Verwirklichung des Tatbestandes entscheiden könnte. Das würde dazu führen, daß nur derjenige, dessen Handlungen vom Sicherheitsrat als Angriff eingestuft werden, strafbar wäre. Diese Regelung würde damit gegen den Grundsatz n.c.,n.p.s.l. verstoßen. Zudem kann, da eine Entscheidung des Sicherheitsrats nur mit den Stimmen der fünf ständigen Mitglieder möglich ist, davon ausgegangen werden, daß die USA, Rußland, Großbritannien, Frankreich und China niemals eines Angriffs schuldig gesprochen würden, was wiederum gegen den Grundsatz der Gleichheit der Staaten verstoßen würde.

---

ly - Relations - Declaration vom 24. Oktober 1970; abgedruckt in GA Resolution 2625 (XXV) vom 24. Oktober 1974; VN 1978 S. 138; AJIL 1971 S. 243 ff

[421] ILM 1974 S. 711 Nr. 3; Heidelmeyer, VN 1975 S. 111

[422] Selbst wenn man von einer individuellen strafrechtlichen Verantwortlichkeit ausgehen würde, bliebe die Abgrenzung des Personenkreises, insbesondere in demokratischen Staaten, schwierig. Würde ein nationales Parlament den Beginn eines Angriffskrieges beschließen, hätten sich dann die Abgeordneten persönlich strafbar gemacht? Hätten sich die Verfassungsrichter strafbar gemacht, die einen solchen Beschluß nicht aufgehoben haben?

[423] Gegen eine irgendwie geartete strafrechtliche Verantwortlichkeit von Privatpersonen sprachen sich aus: Italien A/C 6/SR 1472 para 26; Kanada SR 1474 para 14; Japan GAOR XXIX Suppl. 19 S. 16, USA S. 24, Großbritannien S. 32, Australien S. 33; ebenso Bruha, Die Definition der Aggression S. 211 ff; de La Pradelle in Hankel/Stuby, Strafgerichte gegen Menschheitsverbrechen S. 133

[424] z.B. Erdrosselungsboykotte, Aufrufe zum Aufstand; vgl. Meier, AdV 1974/75 S. 379 f; Randelzhofer, EA 1975 S. 624 ff

Schließlich muß noch darauf hingewiesen werden, daß die Definition des Angriffs nicht in einem völkerrechtlichen Vertrag, sondern lediglich in einer Resolution der Generalversammlung festgelegt wurde, die grundsätzlich keine bindende Wirkung entfaltet. Völkerrechtlich verbindlich ist der Text daher nicht.[425]

e) Der Entwurf für ein internationales Strafgesetzbuch vom 19. Juli 1991

Obwohl die Generalversammlung bereits im Jahre 1974 die Angriffsdefinition angenommen hatte, wurden die Arbeiten am Draft Code von der ILC erst sieben Jahre später wieder aufgenommen.[426] Nach zahlreichen Debatten konnte schließlich im Jahre 1991 der „Draft Code of Crimes against the Peace and Security of Mankind“[427] in erster Lesung verabschiedet werden.[428] Im Vergleich zu seinem Vorgänger aus dem Jahre 1954 ist er erheblich umfangreicher geworden. Er besteht nun aus einem allgemeinen Teil, der u.a. Bestimmungen zur völkerstrafrechtlichen Verantwortlichkeit, zur Auslieferung, zur Verjährung, zu gerichtlichen Garantien, zur Rückwirkung, zum Handeln auf Befehl enthält, und einem besonderen Teil, in dem eine Vielzahl von Delikten aufgezählt ist.[429]

Der Verbrechenskatalog beginnt mit dem „Angriff“ (Art. 15), wobei fast wörtlich der Text der umstrittenen Resolution über die Definition des Angriffs übernommen wurde. Selbst die Bestimmung des Art. 4 der Definition mit ihrem gegen das Prinzip n.c.,n.p.s.l. verstoßenden Vorbehalt, daß der Sicherheitsrat auch andere Akte als Angriffe definieren dürfe, wurde in die Liste der Einzeltatbe-

---

425 Auf Grund der Annahme der Resolution durch eine große Mehrheit der Staaten könnte man annehmen, daß sie Völkergewohnheitsrecht zum Ausdruck bringt. Einen solchen Schluß läßt das Konsensus-Verfahren jedoch nicht zu. Es findet immer nur dann Anwendung, wenn gerade kein Konsens vorliegt, aber abzusehen ist, daß ein bestimmter Vorschlag bei einer Abstimmung eine Mehrheit finden würde. Dadurch soll der dissentierenden Minderheit die Peinlichkeit des negativen Votums oder der Stimmenthaltung erspart bleiben. Aus den Stellungnahmen ergibt sich, daß bezüglich der Auslegung der Resolution große Unterschiede bestanden, und China erklärte sogar, daß es sich an einer Abstimmung gar nicht beteiligt hätte.

426 GA Resolution 36/106 vom 10. Dezember 1981

427 Durch GA Resolution 42/151 vom 7. Dezember 1987 war der offizielle Titel geändert worden.

428 abgedruckt in YILC 1991 Bd II S. 94 ff; Bassiouni, Crimes against Humanity S. 741 ff

429 Außer den „klassischen“ Tatbeständen wurden noch unter Strafe gestellt: Kolonialherrschaft und andere Formen von Fremdherrschaft (Art. 18); Völkermord (Art. 19); Apartheid (Art. 20); Einsatz von Söldnern (Art. 23); Terrorismus (Art. 24); Drogenhandel (Art. 25); Umweltverbrechen (Art. 26); vgl. zu dem allgemeinen Teil Ambos, ZRP 1996 S. 266 ff

stände aufgenommen. Es folgt das Verbrechen der Angriffsdrohung (Art. 16), wonach jede Erklärung, Mitteilung, Demonstration der Macht oder jede andere Maßnahme, die geeignet ist, in dem betreffenden Staat die Besorgnis zu erregen, daß ein Angriff gegen ihn ernstlich erwogen wird, strafbar ist. Schließlich soll auch jede Intervention in die inneren oder äußeren Angelegenheiten eines Staates bestraft werden (Art. 17), worunter subversive oder terroristische Aktionen oder Waffenlieferungen zu verstehen sind.

Diese Übersteigerung der Strafandrohungen entspricht jedoch nicht dem Rechtsbewußtsein der internationalen Gemeinschaft. In den Stellungnahmen der Mitgliedstaaten zu dem Draft Code wurde die Formulierung der Straftaten erheblich kritisiert.[430] Die ILC begann daher mit der Überarbeitung des Entwurfs, und im Jahre 1994 legte ihr Berichterstatter, der Senegalese Doudou Thiam, zunächst einen Bericht zum allgemeinen und im Jahre 1995 einen zum besonderen Teil vor.[431] In letzterem schlug er vor, die Straftatbestände auf Angriff, Völkermord, systematische oder massenhafte Verletzungen der Menschenrechte, außergewöhnlich ernsthafte Kriegsverbrechen, Terrorismus und Drogenhandel zu beschränken. Die ILC übergab jedoch nur die Entwürfe der ersten vier der genannten Straftatbestände einem Sonderausschuß zur Überarbeitung. Bis jetzt hat dieser noch keine endgültigen Ergebnisse vorgelegt.

5. Zusammenfassung

Seit dem Altertum gab es im juristischen, politischen und besonders im moralischen und theologischen Denken immer wieder Bestrebungen, Kriege zu verhindern. In diesem Jahrhundert erlebte in der Zeit zwischen den Weltkriegen die alte Lehre des bellum iustum ihre Wiedergeburt, wobei der Begriff des erlaubten Krieges auf Selbstverteidigung und kollektive Sanktionen eingeengt wurde. Diese Rechtsüberzeugung schrieb die internationale Gemeinschaft in Art. 2 Abs. 4 SVN fest. Das Verbot der Gewaltanwendung in den Beziehungen zwischen den Staaten wurde außerdem in einer Reihe von Resolutionen bestätigt[432]

---

[430] vgl. UN Doc A/CN 4/448 vom 1. März 1993; Ambos, ZRP 1996 S. 266

[431] A/ CN 4/ 460 vom 15. April 1994; A/ CN 4/ 466 vom 24. März 1995

[432] GA Resolution 2625 (XXV) vom 24. Oktober 1970 (Erklärung über völkerrechtliche Grundsätze für freundschaftliche Beziehungen und Zusammenarbeit zwischen den Staaten im Sinne der Charta der VN - „Friendly-Relations-Declaration"); GA Resolution 42/22 vom 17. März 1988 abgedruckt in ILM 1988 S. 1673 ff; GA Resolution 37/10 vom 15. November 1982 (Erklärung von Manila über die friedliche Beilegung von Streitigkeiten); GA Resolution 43/51 vom 15. Dezember 1988 (Erklärung über die Verhütung und Beseitigung von Streitigkeiten und Situationen, die den Weltfrieden und die internationale Sicherheit bedrohen können, und über die Rolle der VN auf diesem Gebiet)

und im Einklang mit der überragenden Mehrheit im Völkerrechtsschrifttum vom IGH im Nicaragua-Urteil als Bestandteil des Völkergewohnheitsrechts anerkannt.[433]

Daß ein Verstoß gegen das Gewaltverbot eine unmittelbare Individualhaftung auf Grund Völkerrechts nach sich zieht, stellt jedoch keine etablierte Rechtsüberzeugung dar. Ein erster Versuch wurde nach dem zweiten Weltkrieg mit der Bestrafung der Hauptkriegsverbrecher vor dem IMT und dem IMTFE wegen Verbrechen gegen den Frieden unternommen. Dieser Straftatbestand war eine neue völkerrechtliche Kreation, und er wurde danach nie wieder angewendet oder ein zweites Mal in einer internationalen, die Staaten bindenden Urkunde niedergelegt. Ein Grund für die fehlende Staatenpraxis liegt darin, daß die internationale Staatengemeinschaft überwiegend die individuelle Verantwortlichkeit des Einzelnen für das Planen und Durchführen eines Angriffskrieges ablehnt.[434] Außerdem ist es schwierig, dem Vorwurf des Verbrechens gegen den Frieden konkreten Gehalt bezüglich seines Tatbestandes zu geben. Auch nach der Definition der Generalversammlung ist der Begriff des Angriffs unklar geblieben, da er zu viele auch außerrechtliche Elemente umfaßt, wodurch er kaum in einer juristischen Definition wiedergegeben werden kann. Es läßt sich somit weder eine völkervertragliche noch eine völkergewohnheitsrechtliche Verankerung des Verbrechens gegen den Frieden nachweisen.

II. DIE KRIEGSVERBRECHEN

Bemühungen, dem Ausufern der kriegerischen Gewalt Schranken zu setzen, lassen sich seit dem Altertum nachweisen. Allerdings gelang der Versuch, den Krieg zu zähmen, immer nur äußerst unvollkommen. Gerade die beiden Weltkriege in diesem Jahrhundert zeigten die große Diskrepanz zwischen den hehren Grundsätzen des Kriegsrechts und der durch technologische Veränderungen und ideologische Gegensätze barbarisierten Kriegsführungspraxis. Nachfolgend soll

---

[433] ICJ Reports 1986 S. 147; vgl. für viele Randelzhofer in Simma, Charta der VN Art. 2 Ziff. 4 Rn 56; Doehring, Beiträge zur Konfliktforschung 1986 Heft 4 S. 77; Röling in FS für Menzel S. 395; Donner, AdV 1995 S. 172

[434] Eine Bestrafung des Einzelnen ist jedoch auf Grund nationalen Rechts möglich, wenn sich darin entsprechende Vorschriften befinden, z. B. §§ 80, 80 a StGB. Die BRD stellt aber insofern eine Ausnahme dar. Wenn Verfassungen nach 1945 das völkerrechtliche Kriegsverbot übernommen haben, geschah dies meistens ohne Strafbewehrung, z.B. Präambel der französischen Verfassung vom 28. Oktober 1946; Art. 11 der italienischen Verfassung vom 27. Dezember 1947

die Entwicklung des Völkerstraftatbestands „Kriegsverbrechen" aufgezeigt und sein aktueller Stand bestimmt werden.

1. Die Entwicklung bis zum Ende des 19. Jahrhunderts

Bereits im Altertum waren Kriegshandlungen bestimmten Regeln unterworfen. Die Griechen kannten zeitliche Beschränkungen der Kriegführung und Sanktionen für deren Überschreitung. Kampfpausen gab es, um Verhandlungen, die Bestattung der Toten, religiöse Feiern, wie das Fest des olympischen Zeus, oder athletische Kämpfe, die ebenfalls religiösen Charakter hatten, durchführen zu können.[435] Als Sanktion für die Nichteinhaltung dieser zeitlichen Schranken drohte der Ausschluß von diesen Spielen.[436] Daneben waren Kämpfe in Tempeln und anderen Heiligtümern, manchen Städten und sogar ganzen Gebieten verboten, z.B. in Delphi und in der Gegend um Teos in Kleinasien.[437] Daß es für die Verletzung dieser heiligen Bezirke individuelle strafrechtliche Sanktionen gab, zeigt folgende Eidesformel:

> "We will not destroy any Amphictyonic town nor cut it off from running water, in war or peace; if any one shall do this, we will march against him and destroy his city. If any one shall plunder the property of the god, or shall be cognizant thereof, or shall take treacherous counsel against his things in his temple in Delphi, we will punish him with foot and hand and voice, and by every means in our power."[438]

Diese Begrenzungen der Kriegführung galten allerdings nur für Kampfhandlungen zwischen Hellenen. Nicht-Hellenen standen außerhalb des Rechts.[439]

Im Mittelalter erließen die kirchlichen Synoden zahlreiche Beschränkungen bezüglich der zulässigen Kampfmittel und -methoden. Die Gewaltanwendung an bestimmten Orten (Kirchenasyl), gegen bestimmte Personengruppen (Klerus, Frauen, Kinder, Bauern) und zu bestimmten Zeiten (Advent, Weihnachten, Fa-

---

435 Ballis, The legal Position of War S. 16; Fenwick, International Law S. 10

436 Ballis, The legal Position of War S. 16

437 Grotius, De Iure Belli ac Pacis Lib. III caput XII, VI 2; von Holtzendorff, Handbuch des Völkerrechts Bd I S. 216

438 zitiert nach Wilson, International Law S. 15; Der amphictyonische Bund war ein Zusammenschluß von mehreren griechischen Staaten mit gemeinsamem Heiligtum. vgl. auch Darby, International Tribunals S. 5 ff; Bassiouni, International Criminal Law Bd III S. 29

439 Phillipson, The International Law and Customs of Ancient Greece and Rome Bd I S. 40 f, Bd II S. 195; von Holtzendorff, Handbuch des Völkerrechts Bd I S. 216; Ballis, The legal Position of War S. 14

stenzeit, Ostern, Feiertage) wurde untersagt.[440] Im 12. Jahrhundert, dem Höhepunkt des Gottesfriedens, blieb auf Grund dieser zeitlichen Begrenzung kaum ein Viertel des Jahres zum Kriegführen.[441] Daneben wurde auch die Anwendung von bestimmten Waffenarten verboten. So untersagte im Jahre 1139 das Lateran Konzil die Verwendung der Armbrust. Bei der Verletzung dieser Regeln drohte die Exkommunikation. Auf Grund der Verflechtung zwischen religiöser und politischer Macht im Mittelalter kam dieser Strafgewalt erhebliche Bedeutung zu. Gegen Ende des Mittelalters war jedoch der Universalitätsanspruch der Kirche durch die beginnende Konsolidierung der einzelnen Staaten erschüttert, und der Strafanspruch ging auf die Fürsten über.[442]

Mit Ende des Mittelalters verrohten wegen des Niedergangs des Rittertums, der Erfindung von Schußwaffen und der Entstehung von Söldnerheeren auch die Sitten im Kriege wieder. Erwägungen ritterlicher Art waren den Söldnern fremd, und bezüglich der Kampfhandlungen wurde nicht mehr zwischen den an den Kampfhandlungen Beteiligten und der Zivilbevölkerung unterschieden. Die neue Grausamkeit des Krieges führte zu einer intensiven Befassung der Rechtswissenschaft mit dem Kriegsrecht. Nach Grotius war es unter anderem verboten, die Brunnen der Feinde zu vergiften, Frauen und Mädchen des Feindes zu vergewaltigen, Geistliche, Gelehrte, Bauern, Kinder, Frauen, alte Menschen, Gefangene und Geiseln zu töten.[443] Allerdings bestätigte er den Strafanspruch des Staates gegenüber Gefangenen und Geiseln, wenn diese sich zuvor schwerer Verletzungen des Kriegsrechts schuldig gemacht hatten.[444] Auch Moser belegte mit zahlreichen Beispielen aus der Staatenpraxis die Strafbarkeit völkerrechtswidriger Kriegshandlungen.[445] So beschrieb er, wie Marodeure sowohl „von dem Landesherrn, als auch von dem Feind selbst an Leib und Leben, oder sonst

---

[440] Das kirchliche Asylrecht beschloß man auf dem Konzil von Orleans (511). Der Gottesfriede (kein Angriff zwischen Samstag nachmittag 3 Uhr bis Montag morgen 6 Uhr) wurde zuerst auf dem Konzil von Charroux im Jahre 989 festgelegt und auf dem Konzil von Elne im Jahre 1027 ergänzt. Den Schutz bestimmter Personengruppen verkündete man auf den Konzilen von Narbonnex (990), Anse (994) und Limoges (997). vgl. Grotius, De Iure Belli ac Pacis Lib. III caput IX, XI; Bassiouni, International Criminal Law Bd III S. 29

[441] Ballis, The legal Position of War S. 38

[442] „Pro certo principes possunt punire hostes, qui iniuriam fecerunt Rei publica, et omnino postquam bellum rite et iuste susceptum est, hostes obnoxii sunt principi tamquam indici proprio..“; Vitoria, De Indis 19, 5 Carnegie Ausgabe S. 280; 19,46,49

[443] Grotius, De Iure Belli ac Pacis Lib. III caput IV, IX, XI, XVI, XVIII

[444] Grotius, De Iure Belli ac Pacis Lib. III caput XI, XVI, XVIII

[445] Moser, Versuch des neuesten Europäischen Völkerrechts in Friedens- und Kriegszeiten 18. Buch, 10. Kapitel § 21; 19. Kapitel § 7; 20. Kapitel § 10

hart"[446] abgestraft wurden. Ähnlich wie Grotius sah auch Vattel es als verboten an, gegen Frauen, Kinder, Greise, Religionsdiener und Gelehrte Gewalt anzuwenden oder sie zu töten. Bauern und Bürgern, die sich nicht an den Kampfhandlungen beteiligten, war ihr Eigentum zu erhalten. Untersagt war des weiteren die Verwendung von vergifteten Waffen und die Vergiftung von Gewässern, Quellen und Brunnen.[447] Er bestätigte jedoch ebenfalls das Recht zur Ausübung von Strafgewalt über gegnerische Kombattanten, wenn sie gegen diese Regeln des Krieges verstoßen hatten.[448]

Einen mittelbaren Beweis für die Aburteilbarkeit von Kriegsverbrechen durch den Gegner stellten die Amnestieklauseln dar, die seit dem 17. Jahrhundert in die Friedensverträge aufgenommen wurden.[449] Umfassende Verzichtserklärungen enthielten u.a. die Friedensverträge von Osnabrück und Münster (24. Oktober 1648)[450] , Utrecht (13. März 1713)[451] , Stockholm (21. Januar 1720)[452] , Versailles (3. September 1783)[453] , Zürich (10. November 1859)[454].

Im 19. Jahrhundert ging die Verwendung von Amnestieklauseln langsam zurück, und das uneingeschränkte Bestrafungsrecht setzte sich wieder durch. So lehnten die Nordstaaten nach dem amerikanischen Bürgerkrieg eine Amnestie ab und bestraften die Kriegsverbrecher. Die Rechtsgrundlage dafür waren die von Lieber verfaßten „Instructions for the Government of Armies of the United States in the Field"[455]. Bei diesen Regeln handelte es sich zwar nur um Landesrecht, sie dienten aber als Vorbild für die späteren internationalen Kodifikationen. In Art. 37 Abs. 2 war festgelegt, daß „the USA acknowledge and protect in

---

[446] Moser, Versuch des neuesten Europäischen Völkerrechts in Friedens- und Kriegszeiten 18. Buch, 10. Kapitel § 21

[447] Vattel, Le Droit des Gens Liv. III Chap. VIII § 145 ff

[448] „Il est un cas cependant, où l'on peut refuser la vie à un ennemie qui se rend, et toute Capitulation à une Place aux abois; C'est lorsque cet ennemie s'est rendu coupable de quelque attentat énorme contre le Droit des Gens, et en particulier lorsqu'il a violé les Loix de la Guerre. Le refus qu'on lui fait de la vie, n'est point une fuite naturelle de la Guerre, c'est une punition de son crime; punition que l'offensé est en droit d'infliger."Vattel, Le Droit des Gens Liv. III Chap. VIII § 141

[449] vgl. dazu Weber in Hankel/Stuby, Strafgerichte gegen Menschheitsverbrechen S. 367

[450] abgedruckt in Strupp, Urkunden zur Geschichte des Völkerrechts Bd I S. 16 ff

[451] abgedruckt in Strupp, Urkunden zur Geschichte des Völkerrechts Bd I S. 29

[452] abgedruckt in Strupp, Urkunden zur Geschichte des Völkerrechts Bd I S. 45

[453] abgedruckt in Strupp, Urkunden zur Geschichte des Völkerrechts Bd I S. 80

[454] abgedruckt in Strupp, Urkunden zur Geschichte des Völkerrechts Bd I S. 271

[455] abgedruckt auf englisch bei Bluntschli, Das moderne Völkerrecht der civilisierten Staaten Anhang I; auf französisch bei Scheidl, Die Kriegsgefangenschaft S. 46 ff

hostile countries religion and morality, strictly private property....offences to the contrary shall be rigorously punished."[456] Art. 59 führte weiter aus, daß „a prisoner of war remains answerable for his crimes committed against the captor's army or people, committed before he was captured, and for which he has not been punished by his own authorities."[457] Auf Grund dieser Vorschriften wurde u.a. Wirz, der Kommandant des berüchtigten Kriegsgefangenenlagers in Andersonville, zum Tode verurteilt.[458] Nach dem deutsch-französischen Krieg von 1870/71 standen französische Zivilisten wegen der Teilnahme an Plünderungen durch deutsche Soldaten vor französischen Gerichten. Diese waren der Ansicht, daß die Haupttat an sich auch der französischen Gerichtsbarkeit unterlegen hätte.[459] Im Anschluß an den Burenkrieg im Jahre 1902 schränkten die Briten die Amnestieklausel im Friedensvertrag bezüglich bestimmter Handlungen, die Verletzungen des Kriegsbrauchs darstellten, ein und führten Kriegsverbrecherprozesse gegen gefangene Feinde durch.[460]

Die Strafbarkeit von Verstößen gegen das Kriegsvölkerrecht und ihre Aburteilbarkeit durch den Staat, dem der Täter angehört, oder dem Gewahrsamsstaat sind also seit Jahrhunderten völkergewohnheitsrechtlich anerkannt. Die Schwierigkeit bei der Behandlung der Kriegsverbrechen liegt somit nicht darin, ob sie überhaupt nach Völkerrecht strafbar sind, sondern in welchen Grenzen Verletzungen des Kriegsvölkerrechts als Kriegsverbrechen anzusehen sind. Sicherlich kann nicht jeder Verstoß gegen das Kriegsvölkerrecht gleichzeitig ein strafrechtlich zu ahndendes Kriegsverbrechen darstellen.

2. Die internationalen Kodifikationen bis zum Ersten Weltkrieg

In der Mitte des 19. Jahrhunderts begannen kriegsrechtliche Kodifikationsarbeiten auf internationaler Ebene, wodurch das Kriegsrecht zu den am besten geregelten Bereichen des Völkerrechts wurde. Wegbereiter dieser Humanisierung des Krieges war die sich immer weiter ausbreitende Rousseau-Portalis Doktrin

[456] Bluntschli, Das moderne Völkerrecht der civilisierten Staaten Anhang I; Scheidl, Die Kriegsgefangenschaft S. 48

[457] Bluntschli, Das moderne Völkerrecht der civilisierten Staaten Anhang I; Scheidl, Die Kriegsgefangenschaft S. 50

[458] Oehler, Internationales Strafrecht S. 625; Taylor, Nuremberg and Vietnam S. 24

[459] Renault, RGDIP 1918 S. 18; Mérignhac, RGDIP 1917 S. 35

[460] Oehler, Internationales Strafrecht S. 622

aus der zweiten Hälfte des 18. Jahrhunderts.[461] Nach dieser Auffassung war der Krieg keine „relation d'homme à homme, mais une relation d'Etat à Etat“[462]. Daher sollten die Feindseligkeiten nicht über die Mitglieder der Armeen hinaus ausgedehnt werden und nicht auf privates Eigentum übergreifen.

So konnte im Jahre 1864, ein Jahr nach der Gründung des Roten Kreuzes, die erste Genfer Konvention zur Verbesserung des Loses der verwundeten Soldaten der Armeen im Felde verabschiedet werden, die bereits die wesentlichen Grundsätze der späteren Verwundetenabkommen enthielt.[463] Festgelegt war darin, daß alle verwundeten oder kranken Soldaten ohne Rücksicht auf ihre Nationalität respektiert und gepflegt werden müßten. Die Neutralität von Feldlazaretten, Militärhospitälern sowie des Sanitätspersonals wurde anerkannt und das Emblem des Roten Kreuzes geschützt. Die Genfer Konvention war damit das erste internationale Abkommen zur Humanisierung des Krieges.

Am 11. Dezember 1868 beschloß man das erste Verbot einer technischen Waffe seit dem Armbrustverbot aus dem Jahre 1139. Die Petersburger Deklaration untersagte den Unterzeichnerstaaten den Gebrauch von Geschossen unter 400 Gramm, die explodierten oder mit brennenden oder entzündlichen Stoffen gefüllt waren.[464] Sie richtete sich jedoch nur an die Staaten und nicht an den Einzelnen.

Auf der Brüsseler Konferenz im Sommer 1874 wurde das „Projet d'une déclaration internationale concernant les lois et coutumes de la guerre“[465] verabschiedet, das aber mangels Ratifikation nicht in Kraft trat. Trotzdem stellte es den Beginn der landkriegsrechtlichen Kodifikationen dar, denn die Haager Abkommen von 1899 und 1907 gingen in ihren wichtigsten Teilen auf diese Formulierungen zurück.[466]

---

[461] Die von Rousseau begründete Lehre wurde von dem griechischen Völkerrechtler Portalis im 19. Jahrhundert fortgeführt. vgl. Wegner in Stier-Somlo, Handbuch des Völkerrechts Bd I S. 291

[462] Rousseau, Le Contrat Social Liv. I Chap. IV

[463] abgedruckt in von Rohland, Völkerrechtsquellen S. 204 ff

[464] abgedruckt in Fleischmann, Völkerrechtsquellen S. 204 ff

[465] abgedruckt in Martens Bd IV S. 219; Staatsarchiv Bd 27, 28; vgl. dazu Meurer, Haager Friedenskonferenz Bd II S. 24 ff

[466] Sie bildete außerdem die Grundlage für das französische „Manuel de droit international à l'usage des officiers de l'armée de terre“. In Rußland wurde die Befolgung der Deklaration förmlich vorgeschrieben.

a) Die erste Haager Friedenskonferenz

Der zweite umfassende Kodifikationsversuch des Kriegsrechts wurde auf der ersten Haager Friedenskonferenz im Jahre 1899 unternommen. Dort einigte man sich im Abkommen II über die Gesetze und Gebräuche des Landkrieges.[467] Darin war festgelegt, daß Kriegsgefangene mit Menschlichkeit zu behandeln seien; alles, was ihnen persönlich gehört, in ihrem Eigentum verbleiben solle und sie nicht zu übermäßigen Arbeiten oder zu Arbeiten, die in irgendeiner Beziehung zu den Kriegsunternehmungen stehen, eingesetzt werden dürften. Hinsichtlich der Nahrung, Kleidung und Unterkunft seien sie ebenso zu behandeln, wie die Truppen der Regierung, die sie gefangen genommen haben.[468] Untersagt wurde die Verwendung von Gift oder vergifteten Waffen; die meuchlerische Tötung oder Verwundung von Angehörigen des feindlichen Volkes oder Heeres; die Tötung oder Verwundung eines die Waffen streckenden oder wehrlosen Feindes, der sich auf Gnade oder Ungnade ergeben hat; der Gebrauch von Waffen, Geschossen oder Stoffen, die geeignet sind, unnötigerweise Leiden zu verursachen; die Erklärung, daß kein Pardon gegeben würde, sowie die Bombardierung von unverteidigten Städten, Dörfern, Wohnungen und Gebäuden. Bei Belagerungen und Beschießungen sollten alle erforderlichen Maßnahmen getroffen werden, um die dem Gottesdienst, der Kunst, der Wissenschaft gewidmeten Gebäude und die Sammelplätze für Kranke und Verwundete so weit wie möglich zu schonen.[469] Kunstwerke, die sich außerhalb der Museen oder amtlicher Gebäude befanden, wurden jedoch noch nicht geschützt (z.B. Schlösser, künstlerisch wertvolle Profanbauten). Die in das Abkommen einbezogenen Gebäude waren also mehr unter dem Gesichtspunkt ihrer Zweckbestimmung als ihres künstlerischen oder historischen Eigenwertes ausgewählt worden.[470] In besetzten Gebieten wurden Plünderungen ausdrücklich verboten, und die Ehre, die Rechte der Familie, das Leben, das Privateigentum, die religiösen Überzeugungen und die gottesdienstlichen Handlungen der Bürger sollten geachtet werden.[471]

Die Ansicht, daß die Bestrafung der Einzelpersonen, die gegen die in diesen kriegsrechtlichen Konventionen enthaltenen Bestimmungen verstießen, völkerrechtlich zulässig sei, kam in der HLKO zum Ausdruck. So gab die Verletzung der Bedingungen eines Waffenstillstands durch Privatpersonen dem geschädig-

[467] abgedruckt in Fleischmann, Völkerrechtsquellen S. 307 ff

[468] vgl. Art. 4, 6, 7 der HLKO

[469] vgl. Art. 23, 25, 27 der HLKO

[470] Unverhau, Der Schutz von Kulturgut bei bewaffneten Konflikten S. 28

[471] vgl. Art. 47, 46

ten Staat das Recht, gemäß Art. 41 die Bestrafung der Schuldigen zu verlangen, und nach Art. 56 Abs. 2 sollten bestimmte völkerrechtswidrige Beschlagnahmen, Zerstörungen und Beschädigungen geahndet werden.[472]

In dem dritten auf der Friedenskonferenz verabschiedeten Abkommen kamen die Vertragsstaaten zudem überein, die Grundsätze des Genfer Abkommens von 1864 auf den Seekrieg anzuwenden.

Die in diesen Konventionen festgeschriebenen Regelungen des Kriegsrechts waren jedoch noch sehr lückenhaft. In der Präambel hieß es dazu: "Es war indessen nicht möglich, sich schon jetzt über Bestimmungen zu einigen, die sich auf alle in der Praxis vorkommenden Fälle erstrecken". Die nicht abgedeckten Fälle sollten aber nicht der Willkür der militärischen Befehlshaber überlassen bleiben, sondern die Bevölkerungen und Kriegführenden sollten „unter dem Schutze und den herrschenden Grundsätzen des Völkerrechts bleiben, wie sie sich aus den unter gesitteten Staaten geltenden Gebräuchen, aus den Gesetzen der Menschlichkeit und aus den Forderungen des öffentlichen Gewissens herausgebildet haben"[473] (sogenannte Martens'sche Klausel). Das alte völkergewohnheitsrechtliche Kriegsrecht behielt damit für die Vertragsstaaten subsidiären Charakter.

b) Die drei Haager Erklärungen vom 29. Juli 1899

Neben den Kriegsmethoden wurden auch die zulässigen Kriegsmittel in internationalen Verträgen geregelt. Dadurch sollte die Verwendung von Waffen ausgeschlossen werden, die in ihrer Wirkung als grausam und unmenschlich angesehen wurden. Diese Beschränkungen gingen zum einen auf Forderungen aus dem ritterlichen Gedankengut, zum anderen auf den humanitären Grundsatz zurück, daß es genüge, den Gegner kampfunfähig zu machen, daß aber unnötiges Blutvergießen, barbarisches Hinmorden und zwecklose Schmerzbereitung über die Kriegsraison hinausgingen.[474] Zwei der drei Haager Deklarationen, die den drei Haager Abkommen von 1899 angeschlossen waren, enthielten solche Verbote von technischen Waffen und ergänzten damit die Petersburger Deklarati-

[472] Etwas anderes ergibt sich auch nicht aus Art. 3 des Abkommens, worin nur die strafrechtliche Verantwortlichkeit der Schuldigen gegenüber dem eigenen Staat ausdrücklich anerkannt wird.

[473] Präambel der 1. Haager Friedenskonferenz

[474] Meurer, Haager Friedenskonferenz Bd II S. 9

on.[475] In der zweiten Deklaration wurde die Verwendung von Geschossen untersagt, deren Zweck es ist, erstickende oder giftige Gase zu verbreiten. Die dritte Erklärung verbot, Geschosse zu verwenden, die sich leicht im menschlichen Körper ausdehnen oder platt drücken (Dumdum-Geschosse). Wie die Petersburger Deklaration enthielten sie jedoch keine Vorschriften bezüglich einer völkerstrafrechtlichen Verantwortlichkeit des Einzelnen. Mit der Entwicklung weit wirksamerer Waffentechnik in den folgenden Jahrzehnten verloren diese Deklarationen ihre Bedeutung.

c) Die zweite Haager Friedenskonferenz

Das auf der zweiten Friedenskonferenz am 18. Oktober 1907 beschlossene IV. Abkommen betreffend die Gesetze und Gebräuche des Landkrieges stimmte mit der Konvention II von 1899 fast wörtlich überein.[476] Die wenigen Änderungen gingen auf die Erfahrungen zurück, die im russisch-japanischen Krieg von 1904/05 gemacht worden waren. Hinzugefügt hatte man das Verbot, Angehörige der Gegenpartei zur Teilnahme an den Kriegsunternehmungen gegen ihr Land zu zwingen, und der Schutz bei Beschießungen wurde ausdrücklich auch auf geschichtliche Denkmäler ausgedehnt.[477]

In größerem Umfang wurden aber zum ersten Mal Rechtsgrundsätze für den Seekrieg kodifiziert. Im VI. Abkommen regelte man die Behandlung der gegnerischen Kauffahrteischiffe beim Ausbruch der Feindseligkeiten und im VII. Abkommen die Umwandlung von Kauffahrteischiffen in Kriegsschiffe.[478] Daneben wurde die Legung von unterseeischen selbsttätigen Kontaktminen im VIII. Abkommen teilweise verboten. Einigen konnte man sich außerdem über Regeln betreffend die Beschießung durch Seestreitkräfte (Abkommen XI), und das dritte Abkommen von 1899 über die Anwendung der Grundsätze des Genfer Abkommens von 1864 auf den Seekrieg bildete nun leicht abgeändert die X. Haager Konvention.[479] Für die verbleibenden ungelösten Fragen des Seekriegsrechts (z.B. die Behandlung der Schiffe neutraler Staaten) wurde in der Schlußakte auf die nächste Konferenz verwiesen und der Wunsch ausgesprochen, daß die einzelnen Staaten die Grundsätze der HLKO soweit wie möglich

[475] abgedruckt in Fleischmann, Völkerrechtsquellen S. 318 f; Die erste Deklaration verbot das Abwerfen von Geschossen und Sprengstoffen aus Luftschiffen.

[476] abgedruckt in von Rohland, Völkerrechtsquellen S. 109 ff

[477] vgl. Art. 23 und 27 der HLKO

[478] abgedruckt in von Rohland, Völkerrechtsquellen S. 184 ff

[479] Die Änderungen waren bereits am 6. Juli 1906 auf einer diplomatischen Konferenz in Genf vorgenommen worden.

auf den Seekrieg anwenden sollten.[480] In Art. 21 des X. Haager Abkommens betreffend die Anwendung der Grundsätze des Genfer Abkommens auf den Seekrieg verpflichteten sich die Vertragsstaaten ausdrücklich, Verstöße zu bestrafen und die erforderlichen Strafvorschriften in ihre Gesetzbücher aufzunehmen. Eine Verurteilung konnte also entweder auf das entsprechend erlassene staatliche Recht oder aber weiterhin unmittelbar auf Völkerrecht gestützt werden.

d) Die Londoner Seerechtskonferenz

Nachdem auf der zweiten Haager Friedenskonferenz auch das Abkommen über die Errichtung des Internationalen Prisenhofs[481] unterzeichnet worden war, über die von ihm anzuwendenden Regeln aber keine Einigkeit bestand[482], lud die britische Regierung im Dezember 1908 die Hauptseemächte zu einer Konferenz ein, welche diese Regeln festlegen sollte. Die Tagung endete am 26. Februar 1909 mit der einstimmigen Annahme der Londoner Seerechtsdeklaration.[483] Die Signatarmächte hatten versucht, die Grundsätze, die als Völkergewohnheitsrecht angesehen werden konnten, festzustellen, genau zu bestimmen und soweit nötig zu ergänzen. Die Deklaration enthielt Vorschriften über die Blockade, das Banngut, die neutralitätswidrige Unterstützung, die Zerstörung neutraler Prisen, den Flaggenwechsel, die feindliche Eigenschaft, das Geleit, den Widerstand und Schadensersatz.[484] Sie stellte damit eine umfassende und eingehende Regelung des Rechts der neutralen Prisen dar.

Infolge der Ablehnung der Deklaration durch das britische Oberhaus wurde sie aber von keinem der Signatare ratifiziert und trat nie in Kraft.[485] Da sie jedoch

[480] abgedruckt in von Rohland, Völkerrechtsquellen S. 167

[481] Er sollte eine Rekursinstanz über den nationalen Prisengerichten werden und für die Untersuchung der Rechtmäßigkeit der Wegnahme eines Kauffahrteischiffes oder seiner Ladung zuständig sein. vgl. Scheuner in Strupp/Schlochauer, Wörterbuch des Völkerrechts Bd II S. 793

[482] In Art. 7 des Abkommens wurde für das anzuwendende Recht auf die Regeln des internationalen Rechts und die allgemeinen Grundsätze der Gerechtigkeit und Billigkeit verwiesen. Abkommen abgedruckt in von Rohland, Völkerrechtsquellen S. 247 ff

[483] abgedruckt auf französisch in Le Fur/Chklaver, Recueil de Textes de Droit international public S. 263 ff

[484] vgl. dazu Hold von Ferneck, Die Reform des Seekriegsrechts durch die Londoner Konferenz S. 32 ff

[485] zu den Debatten im britischen Parlament vgl. Genet, Droit maritime pour le temps de guerre S. 77

eine Aufzeichnung des Völkergewohnheitsrechts darstellte, konnten die in ihr enthaltenen Grundsätze nicht ohne weiteres verworfen werden. Allerdings ersetzten im ersten Weltkrieg Frankreich und Großbritannien die in Art. 22 und 24 aufgestellten Banngutlisten durch ihre eigenen abgeänderten Listen und höhlten damit den politisch wichtigsten Teil der Seerechtsdeklaration aus.[486]

3. Die Zeit zwischen dem Ersten und dem Zweiten Weltkrieg

Die an Hand der wirksamen kriegsrechtlichen Regelungen nach dem ersten Weltkrieg von der Kriegsverbrechens-Kommission zusammengestellte exemplarische Liste von als Kriegsverbrechen zu qualifizierenden Handlungen[487] entsprach also dem damals geltenden Völkerrecht. In den folgenden Jahren wurden auf Grund der Erfahrungen während des ersten Weltkriegs mit einer neuen Generation von Waffen (U-Boot, Maschinengewehr, Tank, Flugzeug und Giftgas) die Kodifikationsarbeiten am Kriegsrecht fortgesetzt.

a) Die Haager Luftkriegsregeln

Auf der im Jahre 1921/22 in Washington abgehaltenen Abrüstungskonferenz kamen die Teilnehmerstaaten überein, daß auf dem Gebiet der Rüstung und damit der künftigen Kriegführung zwischen der technischen Entwicklung und der rechtlichen Normierung keine zu große Diskrepanz entstehen sollte. Um dies zu erreichen, bildeten sie eine Juristenkommission, die das gesamte Kriegsvertragsrecht unter Berücksichtigung der neuesten Kriegserfahrungen überarbeiten und Vorschläge für neue Kodifikationen unterbreiten sollte.[488] Die Kommission, die vom 11. Dezember 1922 bis zum 6. Februar 1923 in Den Haag tagte, beschränkte die Untersuchung aber auf die durch die technische Entwicklung neu entstandenen Formen der Kriegführung.[489] Das Ergebnis ihrer Arbeiten war der Entwurf für eine rechtliche Ordnung des Luftkrieges, die sogenannten Haager Luftkriegsregeln.[490] Die Entwicklung des Flugzeugs hatte die

---

[486] vgl. Britische Order in Council vom 20. August 1914 S. 185 ff und vom 29. Oktober 1914 S. 189 ff; abgedruckt in Fleck, Völkerrecht im Weltkrieg Bd IV, Anlagen zum Gutachten von Prof. Kriege zur völkerrechtlichen Beurteilung des deutschen Unterseebootkrieges

[487] vgl. Kapitel B I 3. c)

[488] vgl. von Hackwitz, Die Neutralität im Luftkriegsrecht S. 29; Spetzler, Luftkrieg und Menschlichkeit S. 156

[489] von Hackwitz, Die Neutralität im Luftkriegsrecht S. 29 f; Greenspan, The modern law of Land Warfare S. 351

[490] abgedruckt in Greenspan, The modern law of Land Warfare S. 650 ff

Möglichkeit eröffnet, Städte, die Hunderte von Kilometern hinter den feindlichen Linien lagen, zu bombardieren, wodurch die Zivilbevölkerung in völlig neuer Weise bedroht war. Daher wurden Luftangriffe zum alleinigen Zweck des Terrors der Bevölkerung oder der Beitreibung von Kontributionen verboten. Untersagt wurde die Bombardierung von Städten und Dörfern, die nicht in unmittelbarer Nähe der Landstreitkräfte lagen, und sowohl karitative Einrichtungen als auch historische Monumente und Kulturdenkmäler sollten von der Bombardierung ausgenommen werden.[491] Eine diesem Entwurf entsprechende internationale Konvention wurde jedoch nicht erlassen.[492] Den Haager Luftkriegsregeln kam daher nur insofern Bedeutung zu, als sie die geltenden Rechtsüberzeugungen widerspiegelten.

b) Das Genfer Protokoll vom 17. Juni 1925

Nach den Erfahrungen mit Gas als Mittel der Kriegführung im ersten Weltkrieg wurde am 17. Juni 1925 von zahlreichen Staaten das Genfer Protokoll bezüglich des Verbots des Gaskrieges unterzeichnet.[493] Der erste Weltkrieg hatte gezeigt, daß die zweite Haager Deklaration von 1899 über die Verwendung von Geschossen, die erstickende oder giftige Gase verbreiten, und Art. 23 a) der HLKO, der die Verwendung von Gift oder giftigen Waffen verbot, nicht ausreichend und in der Praxis leicht zu umgehen waren. Das Genfer Protokoll enthielt daher ein umfassendes Verbot des Gas- und Bakterienkrieges für den Land-, Luft- und Seekrieg. Wie die Petersburger Deklaration und die drei Haager Erklärungen von 1899 richtete sich jedoch auch diese Kriegsmittelbeschränkung ausschließlich an Staaten. In dem Genfer Protokoll fehlte aber eine Untersagung der Herstellung von Gaswaffen, so daß die Produktion auch nach dem Jahre 1925 fortgesetzt wurde.[494]Auf ihren planmäßigen Einsatz verzichteten die Kriegsparteien im zweiten Weltkrieg allerdings völlig.[495]

---

[491] Art. 22-25 der Haager Luftkriegsregeln

[492] Ein Grund dafür war die Annahme, daß sich ein besonderes Luftkriegsrecht erübrige, da die Regeln bezüglich des Land- und Seekriegsrechts entsprechend angewandt werden könnten.

[493] abgedruckt in RGBL 1929 II S. 174 ff

[494] vgl. Spetzler, Luftkrieg und Menschlichkeit S. 106

[495] Fraglich ist, ob auch die radioaktiven Strahlen der Atomwaffen unter die Bestimmung des Genfer Protokolls zu subsumieren sind. vgl. dazu Spetzler, Luftkrieg und Menschlichkeit S. 108 ff

c) Die Genfer Abkommen vom 27. Juli 1929

Der erste Weltkrieg hatte auch bewiesen, daß die HLKO, die auf den Erfahrungen der Kriege des 19. Jahrhunderts aufgebaut war, den besonderen Gegebenheiten dieses Krieges, der sich auf Grund seiner vorher unvorstellbaren Ausdehnung in politischer, wirtschaftlicher und militärischer Beziehung von allen vorhergegangenen militärischen Auseinandersetzungen unterschied, kaum gerecht werden konnte. Dies zeigte sich gerade bei den Vorschriften über Kriegsgefangene und über verwundete Soldaten. Bereits während des Krieges hatte ihre Situation die kämpfenden Parteien zu Beratungen und förmlichen Abkommen geführt.[496] Auf Veranlassung des IKRK kamen daher im Sommer 1929 in Genf Vertreter von 47 Staaten zu einer internationalen Konferenz zusammen, an deren Ende auf dem Gebiet des Kriegsgefangenenrechts das Genfer Abkommen über die Behandlung der Kriegsgefangenen vom 27. Juli 1929 und auf dem Gebiet des Verwundetenrechts das Genfer Abkommen zur Verbesserung des Loses der Verwundeten und Kranken der Heere im Felde vom 27. Juli 1929 vorlagen.[497]

Das Kriegsgefangenenrecht, das vorher nur in 17 Artikeln der HLKO geregelt war, umfaßte jetzt 97 Artikel. Die Konvention stellte auch insofern etwas Neues dar, als sie die erste vollkommen in sich abgeschlossene Kodifikation eines Kriegsgefangenenrechts bildete. Sie enthielt genaue Vorschriften bezüglich der Kriegsgefangenenlager, der Arbeitseinsätze, Postzustellungen und disziplinarische sowie strafrechtliche Maßnahmen gegen Kriegsgefangene. Verboten waren u.a. Vergeltungsmaßnahmen, gefährliche Arbeiten, Erschwerung der Arbeitsbedingungen als disziplinarische Maßnahme, Kollektivstrafen und die Rückführung der Kriegsgefangenen in das Kampfgebiet, um durch ihre Anwesenheit bestimmte Punkte vor der Beschießung zu schützen.

Im Verwundetenabkommen war nun auch die Behandlung von Sanitätsluftfahrzeugen geregelt, waren detaillierte Bestimmungen über das Rote-Kreuz-Abzeichen enthalten, und in Art. 28 und 29 war ausdrücklich festgelegt, daß Verstöße gegen die Vorschriften zu bestrafen seien, und die Vertragsstaaten die erforderlichen Strafgesetze in ihre Gesetzbücher aufnehmen sollten. Eine Bestrafung konnte also entweder auf Grund speziell erlassenen nationalen Rechts oder unmittelbar nach Völkerrecht erfolgen.

[496] Hinz, Das Kriegsgefangenenrecht S. 8; Scheidl, Die Kriegsgefangenschaft S. 98 ff
[497] abgedruckt in RGBL 1934 II S. 207 ff

d) Das Londoner Protokoll

Der erstmalige umfassende Einsatz von U-Booten im ersten Weltkrieg und dessen Auswirkungen führten nach dem Krieg zu Bestrebungen, auch ihre Verwendung durch das Aufstellen von internationalen Regeln einzudämmen. Dies konnte schließlich im Londoner Protokoll vom 6. November 1936 erreicht werden. Es ging auf die Washingtoner Abrüstungskonferenz von 1922[498] und das Londoner Flottenabkommen von 1930 zurück. Auf ersterer hatten die USA, Großbritannien, Japan, Frankreich und Italien Vereinbarungen über die Begrenzung ihrer Seerüstung getroffen.[499] Weiterhin enthielt der Vertrag Regeln bezüglich des Seekriegsrechts und des U-Boot-Krieges. Es wurde verboten, Handelsschiffe, gleichviel, ob feindliche oder neutrale, ohne Warnung zu versenken. Wenn ein Schiff aus zwingenden Gründen zu versenken war, mußten vorher Besatzung und Passagiere in Sicherheit gebracht werden. Des weiteren wurde bestimmt, daß U-Boote sich nach dem für Überwasserschiffe geltenden Recht richten müßten. Am Schluß des Vertrages wurde folgende Strafsanktion festgelegt: "Wer im Dienste einer Macht, die diese Grundsätze angenommen hat, eine der vorstehenden Bestimmungen verletzt, begeht, ohne Rücksicht darauf, ob er auf höheren Befehl handelt oder nicht, eine Verletzung des Kriegsvölkerrechts und ist, als ob er sich eines Vergehens der Piraterie schuldig gemacht hätte, vor Gericht zu stellen und zu bestrafen, und zwar kann er von einem zivilen oder militärischen Gericht einer jeden Macht abgeurteilt werden, in deren Zuständigkeitsbereich er ergriffen wird."[500] Diese Bestimmung wurde allerdings von Frankreich nicht ratifiziert, so daß der Teil des Abkommens nicht in Kraft trat.

Dieselben Staaten verabschiedeten aber am 22. April 1930 das Londoner Flottenabkommen. Auch dieser Vertrag setzte sich aus Abrüstungsbestimmungen und Regeln über das Seekriegsrecht zusammen.[501] Der nichtratifizierte Teil des Washingtoner Vertrages bildete Teil IV des Londoner Flottenvertrages. Dieser lief am 1. Januar 1937 aus, mit der Ausnahme des Teils IV, der in das Londoner Protokoll übernommen wurde.[502] Ihm traten zahlreiche Staaten bei, und sein Art. 23 bestimmte, daß die Vorschriften über U-Boote ohne zeitliche Begren-

---

[498] vgl. Kapitel C II 3. a)

[499] vgl. Genet, Droit maritime pour le temps de guerre Bd I S. 83 ff

[500] Colombos, Internationales Seerecht S. 398; Sandiford, Recueil des cours 1939 Bd II S. 642

[501] Genet, Droit maritime pour le temps de guerre Bd I S. 87 f; Sandiford, Recueil des cours 1939 Bd II S. 643

[502] Sandiford, Recueil des cours 1939 II S. 644; Genet, Droit maritime pour le temps de guerre Bd I S. 89

zung in Kraft bleiben sollten. Damit war die Strafbestimmung aus dem Washingtoner Abkommen doch noch wirksam geworden.

Im zweiten Weltkrieg wurde durch den unbeschränkten U-Boot Krieg immer wieder gegen das Londoner Protokoll verstoßen. Wegen dieser Verletzungen des Völkerrechts erfolgte aber von den Internationalen Militärtribunalen keine Verurteilung, da nachgewiesen werden konnte, daß die Marine der USA im Pazifischen Ozean von Kriegsbeginn an ebenfalls einen uneingeschränkten U-Boot Krieg geführt hatte.[503]

Festzuhalten ist also, daß die Regeln bezüglich des Land- und Seekriegsrechts bereits vor dem ersten Weltkrieg ein ziemlich geschlossenes System darstellten, das bis zum zweiten Weltkrieg vervollständigt wurde. Es fehlten aber noch Vorschriften bezüglich des Luftkriegsrechts. Das Flugzeug war eine zu neue Erscheinung in der Kriegstechnik, als daß sich bereits bestimmte gewohnheitsrechtliche Regeln hätten ausbilden können. Die in Betracht gezogene entsprechende Anwendung der HLKO schied mangels Praktikabilität aus.[504] In den Kriegsverbrecherprozessen nach dem zweiten Weltkrieg verzichteten daher die Alliierten mit Rücksicht auf ihre eigene Luftkriegsführung auf Anklagen wegen Luftkriegsverbrechen.

4. Die Entwicklung nach dem Zweiten Weltkrieg bis heute

Für den Straftatbestand der Kriegsverbrechen in den Statuten von IMT und IMTFE konnte also auf zahlreiche völkervertrags- und völkergewohnheitsrechtliche Regeln zurückgegriffen werden. Die individuelle Strafbarkeit für Verstöße gegen diese Vorschriften ergab sich zum einen aus den internationalen Dokumenten selbst, und zum anderen aus dem seit Jahrhunderten bestehenden Völkergewohnheitsrecht. Abgeurteilt werden konnten Kriegsverbrechen daher entweder auf Grund von entsprechend erlassenem nationalem Recht oder unmittelbar nach Völkerrecht. Die Bestrafung der Angeklagten vor dem IMT und dem IMTFE auf der Grundlage dieser Vorschriften war also völkerrechtsgemäß.

Im Anschluß an die Prozesse wurden die internationalen Kodifikationsarbeiten am Kriegsvölkerrecht wieder aufgenommen, um die während des zweiten Weltkriegs gemachten praktischen Erfahrungen zu verwerten. In dem von der ILC im Jahre 1950 ausgearbeiteten Entwurf der Nürnberger Prinzipien waren in

[503] Dies war das einzige Mal, daß bei den Prozessen der „tu quoque“ Einwand berücksichtigt wurde. vgl. Der Prozeß gegen die Hauptkriegsverbrecher Bd I S. 354

[504] Sandiford, Recueil des cours 1939 Bd II S. 662 ff; Fenwick, International Law S. 311

Prinzip VI b) auch die Kriegsverbrechen als internationale Verbrechen aufgeführt, die unmittelbar nach Völkerrecht zu bestrafen seien. Der Tatbestand entsprach wörtlich Art. 6 b) des Statuts des IMT. Auf Grund zu großer Meinungsverschiedenheiten unter den Mitgliedstaaten wurde ihre Formulierung aber kurz darauf aufgegeben.[505]

a) Die vier Genfer Konventionen vom 12. August 1949

Das IKRK hatte gleich nach der Unterzeichnung der Genfer Abkommen von 1929 die Arbeiten an der Revision und der Neu-Kodifizierung des Rechts zum Schutz der Kriegsopfer wiederaufgenommen. Besonderes Interesse galt der Überarbeitung des X. Haager Abkommens betreffend der Anwendung der Genfer Konvention von 1906 auf den Seekrieg sowie dem Schutz der Zivilbevölkerung gegenüber den Kriegsgefahren.[506] Der zweite Weltkrieg unterbrach diese Bemühungen, sie wurden aber nach dem Kriegsende sofort weitergeführt. Schließlich lud der Schweizer Bundesrat auf Veranlassung des IKRK zu einer internationalen Konferenz ein, die am 21. April 1949 begann und am 12. August 1949 mit der Verabschiedung der folgenden Konventionen endete: 1. Genfer Abkommen zur Verbesserung des Loses der Verwundeten und Kranken der bewaffneten Kräfte im Felde; 2. Genfer Abkommen zur Verbesserung des Loses der Verwundeten, der Kranken und der Schiffbrüchigen der bewaffneten Kräfte zur See; 3. Genfer Abkommen über die Behandlung der Kriegsgefangenen; 4. Genfer Abkommen über den Schutz der Zivilpersonen in Kriegszeiten.[507]

Die vier Konventionen sind in sich vollkommen selbständige Abkommen. Das Verbindende sind die identischen Bestimmungen, die sich jeweils am Anfang und am Ende der Übereinkommen befinden. In ihnen wird der Anwendungsbereich, die Stellung der Schutzmächte, des Roten Kreuzes und anderer unparteiischer humanitärer Organisationen, die Verbreitung der Abkommen bei Militär und Zivilbevölkerung sowie die Ahndung von Mißbräuchen und Übertretungen geregelt.

Der Anwendungsbereich der Abkommen wurde gegenüber früheren Verträgen erweitert. Sie gelten nicht mehr nur im Falle eines erklärten Krieges, sondern auch bei jedem anderen bewaffneten Konflikt zwischen den Vertragsparteien.[508]

---

[505] vgl. Kapitel C I 4. b)

[506] vgl. Schlögel, Die Genfer Rotkreuz-Abkommen S. 13; Strebel, ZaöRVR 1950 S. 118 f

[507] abgedruckt in BGBL 1954 II S. 783 ff

[508] vgl. gemeinsamer Art. 2 der Abkommen.

Im Falle eines Bürgerkrieges oder innerer Unruhen sind zumindest die wesentlichen Grundsätze der Menschlichkeit anzuwenden, die damit den Kern der Genfer Konventionen darstellen.[509] Dieser Eingriff in die innerstaatliche Ordnung war neu, denn bis dahin war es den Staaten freigestellt, ob sie kriegsrechtliche Regeln auch auf Bürgerkriege und Kolonialkriege anwenden wollten. Art. 3 war damit ein erster Schritt zur Humanisierung von bewaffneten Konflikten jeglicher Art. Gemäß den Art. 6/ 6/ 6/ 7 können jederzeit Sondervereinbarungen außerhalb der Abkommen geschlossen werden. Sie dürfen jedoch die Rechte der geschützten Personen nicht schmälern. Ebensowenig können die geschützten Personen selber ganz oder teilweise auf Rechte aus den Abkommen verzichten.[510]

Inhaltlich waren die erste und die dritte Konvention Überarbeitungen der Genfer Abkommen von 1929. Der Vorläufer des zweiten Abkommens war die X. Haager Konvention über den Seekrieg. Lediglich das vierte Abkommen über den Schutz der Zivilpersonen war eine völkerrechtliche Neukodifizierung. Wegweiser für die Arbeiten waren die praktischen Erfahrungen im zweiten Weltkrieg gewesen. Es hatte sich wie beim ersten Weltkrieg gezeigt, daß zahlreiche Bestimmungen der bestehenden Abkommen nicht klar genug gefaßt waren, um eine zu einseitige Auslegung durch die Vertragsparteien verhindern zu können.[511]

Um in größerem Umfang als bisher die Anwendung der Konventionen sicherzustellen, wurden einige Bestimmungen neu aufgenommen oder verstärkt. So müssen die Abkommen von den Signatarstaaten im weitest möglichen Ausmaß verbreitet und ihr Studium in die militärischen und zivilen Ausbildungsprogramme aufgenommen werden.[512] Noch wichtiger aber ist die ausdrückliche Unterscheidung zwischen den völkerrechtlichen Pflichten, die den Staaten beziehungsweise den Parteien eines bewaffneten Konflikts auferlegt sind, und solchen, die sich unmittelbar an den mit militärischer Gewalt ausgestatteten Einzelnen richten. Letztere werden als „schwere Verletzungen" der Verträge bezeichnet, und die Signatarstaaten sind verpflichtet, sie unter angemessene Strafe zu stellen.[513]Als schwere Verletzungen werden folgende gegen die Schutzobjekte begangene Handlungen angesehen: vorsätzliche Tötung; Folterung oder un-

---

[509] vgl. gemeinsamer Art. 3 der Abkommen.

[510] vgl. Art. 7/ 7/ 7/ 8 der Abkommen.

[511] Groh, Das Recht der Kriegsgefangenen S. 18

[512] Im zweiten Weltkrieg wurden vor allem von untergeordneten Dienstgraden und Behörden zahlreiche Verletzungen wegen Unkenntnis der Vorschriften begangen. vgl. Groh, Das Recht der Kriegsgefangenen S. 135

[513] vgl. Art. 49-52/ 50-53/ 129-132/ 146-149 der Abkommen.

menschliche Behandlung einschließlich biologischer Versuche; vorsätzliche Verursachung großer Leiden oder schwere Beeinträchtigung der körperlichen Unversehrtheit oder der Gesundheit; rechtswidrige Verschleppung oder rechtswidrige Verschickung; rechtswidrige Gefangenhaltung von Zivilpersonen; das Festnehmen von Geiseln; Nötigung einer geschützten Person zur Dienstleistung in den Streitkräften der feindlichen Macht oder Entzug ihres Anrechts auf ein ordentliches und unparteiisches, den Vorschriften der Abkommen entsprechendes Gerichtsverfahren; Zerstörung oder Aneignung von Eigentum, die durch militärische Erfordernisse nicht gerechtfertigt sind und in großem Ausmaß rechtswidrig und willkürlich vorgenommen werden.[514] In dieser Aufzählung sind auch die Beispiele für Kriegsverbrechen gemäß Art. 6 c) des Statuts für den IMT enthalten. Sie stellt damit den Kernbestand des Straftatbestands der Kriegsverbrechen dar. Indem für die „schweren Verletzungen" angemessene Strafen zu wählen sind, erhalten sie durch das Gebot der Verhältnismäßigkeit auch einigermaßen sichere Strafrahmen. Allen anderen Zuwiderhandlungen gegen die Abkommen sollen die Vertragsstaaten lediglich mit geeigneten Maßnahmen entgegentreten. Sie sind aber nicht zwingend unter Strafe gestellt. In diesen Fällen wird der Einzelne also durch seinen Heimatstaat mediatisiert, und die unmittelbare völkerrechtliche Haftung trifft nur den Staat. Bei jeder behaupteten Verletzung eines der Abkommen kann allerdings eine am Konflikt beteiligte Partei die Einleitung eines Untersuchungsverfahrens verlangen. Die dadurch festgestellten Verletzungen sind umgehend abzustellen und zu ahnden.[515]

Für die Genfer Abkommen wurde somit der staatliche Weg der Bestrafung dem völkerrechtlichen Weg vorgezogen. Dadurch wird gewährleistet, daß sämtliche schweren Verstöße in jedem Mitgliedsstaat auch tatsächlich unter Strafe gestellt werden. Bemerkenswert ist auch die ausdrückliche Ausdehnung der Strafgewalt auf Täter jeder beliebigen Nationalität (Weltrechtsprinzip). Der Gewahrsamsstaat muß nun die schuldige Person entweder selbst aburteilen, oder er kann sie an eine andere an der Strafverfolgung interessierte Vertragsmacht ausliefern (aut dedere aut punire). Die Verurteilung des Kriegsgefangenen kann dabei entweder auf das entsprechend erlassene staatliche Recht, oder aber unmittelbar auf Völkerrecht gestützt werden, wenn der Staat z.B. keine oder nur unzureichende Strafbestimmungen im staatlichen Recht eingeführt hat.[516]

---

[514] vgl. Art. 50/ 51/ 130/ 147 der Abkommen.

[515] vgl. Art. 52/ 53/ 132/ 149 der Abkommen.

[516] so auch Art. 99 Abs. 1 des dritten Genfer Abkommens; Jescheck, Die Verantwortlichkeit der Staatsorgane S. 39; Oehler, Internationales Strafrecht S. 629; Guggenheim, Lehrbuch des Völkerrechts Bd II S. 539; Groh, Das Recht der Kriegsgefangenen S. 138; Gornig, NJ 1992 S. 10; Triffterer, Dogmatische Untersuchungen S. 87; derselbe in Hankel/Stuby,

Die vier Genfer Konventionen gehören wegen ihres ausgedehnten Anwendungsbereichs und der Bestimmtheit der strafrechtlichen Tatbestände zu den wichtigsten völkerstrafrechtlichen Kodifikationen. Da sie zudem von fast allen Staaten dieser Welt ratifiziert wurden und auf eine lange historische Entwicklung zurückgehen, stellen ihre Vorschriften über die schweren Verletzungen und der Großteil der übrigen Regeln Völkergewohnheitsrecht dar.[517]

b) Die Haager Konvention zum Schutz von Kulturgut bei bewaffneten Konflikten

Die einzigen Vorschriften vor dem zweiten Weltkrieg, die den Schutz für Kulturgüter festlegten und auch in Kraft getreten waren, befanden sich in der HLKO.[518] Gerade Art. 27 HLKO basierte aber auf der Unterscheidung zwischen verteidigten und unverteidigten Städten oder Gebäuden und war nur so lange sinnvoll, wie es im Krieg möglich war, diese Unterscheidung zu treffen.[519] Durch die Entwicklung von Fernwaffen mit immer größerer Reichweite und Vernichtungskraft und die Möglichkeit, die Luftwaffe zum Zweck der Zerstörung des feindlichen Hinterlandes einzusetzen, war zumindest dieser Regelung der HLKO die Praktikabilität genommen. Bis zum Ausbruch des zweiten Weltkriegs gab es daher immer wieder Bestrebungen, den Schutz von Kulturgütern auszubauen und zu verbessern.[520] Sie führten jedoch nicht zum Abschluß einer internationalen Konvention.

Strafgerichte gegen Menschheitsverbrechen S. 178; Brownlie, Principles of Public International Law S. 563; Dahm, Völkerrecht Bd III S. 286;

Die Möglichkeit der Bestrafung unmittelbar nach Völkerrecht lehnen ab: von der Heydte, Völkerrecht Bd I S. 313; Hoffmann, Strafrechtliche Verantwortung im Völkerrecht S. 65 ff; Oeter, ZaöRVR 1993 S. 27

[517] so auch Hollweg, JZ 1993 S. 986; Report des Generalsekretärs S/25704 S. 10; Triffterer in FS für Jescheck S. 1487; Tomuschat, EA 1994 S. 65; Meron, AJIL 1987 S. 370; Greenwood in Fleck, Handbuch des humanitären Völkerrechts S. 126; de La Pradelle in Hankel/Stuby, Strafgerichte gegen Menschheitsverbrechen S. 133; Oellers-Frahm, ZaöRVR 1994 S. 421; Shraga/Zacklin, EJIL 1994 S. 364

[518] vgl. Art. 27, 46, 56 der HLKO

[519] Unverhau, Der Schutz von Kulturgut bei bewaffneten Konflikten S. 40; Buhse, Der Schutz von Kulturgut im Krieg S. 21; Strebel, ZaöRVR 1955/56 S. 41

[520] Resolution des Völkerbunds im Oktober 1922, die den Schutz von Kulturgut zu einem Anliegen aller zivilisierten Staaten erklärte; Entwurf einer internationalen Konvention „on the protection of national collections and historical value“ im Jahre 1937 durch das International Museum Office; der am 15. April 1935 in Washington von den Staaten des amerikanischen Kontinents unterzeichnete „Roerich-Pakt“ (Treaty on the protection of artistic and scientific institutions and historic monuments)

Im zweiten Weltkrieg kam es zur Verschleppung und Zerstörung unersetzlicher Kulturwerte in vorher unbekanntem Ausmaß. Einige Plünderungen von öffentlichem und privatem Eigentum konnten vom IMT, gestützt auf Art. 46 und 56 der HLKO, als Kriegsverbrechen abgeurteilt werden.[521] Nach dem zweiten Weltkrieg setzten die Bemühungen um den Schutz von Kulturgut in verstärktem Umfang wieder ein. Als Spezialorganisation der VN wurde die „United Nations Educational Scientific and Cultural Organisation“ (im folgenden UNESCO) gegründet. In ihrem Rahmen wurde ein Entwurf für ein internationales Kulturschutzabkommen erarbeitet und auf einer internationalen Konferenz vom 21. April bis zum 14. Mai 1954 verabschiedet.[522]

Der Anwendungsbereich der Konvention geht ähnlich weit wie der der Genfer Abkommen von 1949. So gilt sie bei erklärten Kriegen oder anderen bewaffneten Konflikten zwischen den Vertragsparteien und bei teilweiser oder vollständiger Besetzung des Gebietes einer Vertragspartei. Im Falle von bewaffneten Konflikten ohne internationalen Charakter besteht ein Mindestschutz.[523] Art. 1 enthält eine umfangreiche Begriffsbestimmung des Kulturguts, die sich aus Generalklauseln und präzisierenden Beispielen zusammensetzt. Geschützt sind nun auch Bauwerke mit künstlerischem Eigenwert und Bauwerke, die ein gewisses Alter erreicht haben und als Zeitzeugen dienen, auch wenn sie keine Zweckbauten sind. Ausgedehnt wurde der Schutz sogar auf ganze Ortschaften, wenn sie in beträchtlichem Umfang Kulturgut aufweisen und als Denkmalsorte bezeichnet sind. Im Gegensatz zu Art. 27 der HLKO fallen Kirchen, Hospitäler und Gebäude, die der Erziehung und der Wissenschaft dienen, aus dem Kreis des geschützten Kulturguts heraus, wenn sie nicht gleichzeitig als Denkmäler der Architektur, Kunst oder Geschichte anzusehen sind. Während die ältere Vorschrift dem Schutz von „lebendem“ Kulturgut mehr Rechnung getragen hat, legt das Haager Kulturschutzabkommen also mehr Gewicht auf die historischen Aspekte.[524]

Art. 4 spricht die Verpflichtung aus, jede gegen Kulturgut gerichtete feindliche Handlung zu unterlassen. Darunter ist nicht nur jede Zerstörung oder Beschädigung sondern auch jede Wegnahme zu verstehen. Diese Respektierungspflicht ist nur suspendiert, wenn die militärische Notwendigkeit es zwingend erfordert. Wann das der Fall ist, muß durch Auslegung ermittelt werden. Nicht von der

---

[521] Der Prozeß gegen die Hauptkriegsverbrecher Bd I S. 270 ff;

[522] abgedruckt in BGBL 1967 II S. 1233 ff

[523] vgl. Art. 18 und 19 des Haager Kulturschutzabkommens

[524] Unverhau, Der Schutz von Kulturgut bei bewaffneten Konflikten S.61; Buhse, Der Schutz von Kulturgut im Krieg S. 59

militärischen Notwendigkeit gedeckt sind zumindest jede Art von Diebstahl, Plünderungen und anderer widerrechtlicher Inbesitznahme.[525]

Die in der Konvention enthaltenen Sanktionsbestimmungen ähneln ebenfalls denen der Genfer Abkommen von 1949. In Art. 25 verpflichten sich die Vertragsparteien, den Wortlaut des Kulturschutzabkommens zu verbreiten und seine Behandlung in die militärischen und zivilen Ausbildungspläne aufzunehmen. Gemäß Art. 28 müssen die Vertragsparteien im Rahmen ihrer nationalen Strafgerichtsbarkeit alle erforderlichen Maßnahmen treffen, um Personen jeder Staatsangehörigkeit, die sich einer Verletzung der Vorschriften schuldig machen, zu verfolgen und zu bestrafen. Auch das Kulturschutzabkommen entscheidet sich damit für die vorrangige Ahndung der Verletzungen auf dem staatlichen Weg, verbunden mit dem Weltrechtsprinzip. Daneben besteht aber weiterhin die Möglichkeit, Täter unmittelbar nach Völkerrecht abzuurteilen.

c) Der Entwurf für ein internationales Strafgesetzbuch vom 28. Juli 1954

Seit dem Jahre 1947 hatte sich die ILC mit der Formulierung eines Draft Code beschäftigt und im Jahre 1954 der Generalversammlung schließlich eine überarbeitete Fassung vorgelegt.[526] Dieser Entwurf behandelte hauptsächlich das Verbrechen gegen den Frieden, und definierte in Art. 2 Nr. 12 die Kriegsverbrechen nur kurz als Verletzungen der Gesetze und Gebräuche des Krieges.[527] Diese Begriffsbestimmung glich damit der im Statut des IMTFE. Auffällig ist, daß auf die bereits in Kraft getretenen Genfer Konventionen von 1949 mit ihrem System der „schweren Verletzungen", in keiner Weise Bezug genommen wurde. Zur näheren Bestimmung des Tatbestands der Kriegsverbrechen kann dieser Entwurf also nicht beitragen.

d) Die Konvention über die Nichtanwendbarkeit von Verjährungsvorschriften

Im Frühjahr 1965 begannen innerhalb der Menschenrechtskommission der VN Überlegungen und Beratungen über die Verjährung von Kriegs- und Humanitätsverbrechen.[528] Den Ausschlag dafür hatte die vor allem in Deutschland be-

[525] vgl. Art. 4 Abs. 3 des Haager Kulturschutzabkommens

[526] vgl. Kapitel C I 4. c)

[527] AJIL 1955 Suppl. S. 22

[528] Bereits auf einer internationalen Konferenz in Warschau im Juli 1964 hatten die Teilnehmer auf dieses Problem hingewiesen. Im Januar 1965 hatte der Europarat sich deswegen in einer Empfehlung an den Ministerrat gewandt. vgl. E/CN 4/906 S. 49 f

vorstehende Verjährung von schweren Verbrechen gegeben.[529] Infolgedessen hatte die BRD am 13. April 1965 ein Gesetz über die Berechnung strafrechtlicher Verjährungsfristen erlassen, wodurch der Eintritt der Verjährung für schwere Verbrechen bis zum 31. Dezember 1969 hinausgeschoben worden war.[530] Die Menschenrechtskommission forderte den Generalsekretär auf, eine Studie zu dem Problem zu erarbeiten, welche von ihm am 15. Februar 1966 vorgelegt wurde.[531] Darin untersuchte er die Übertragbarkeit der Gründe für Verjährungsvorschriften im nationalen Recht auf das Völkerstrafrecht und lehnte dies im Ergebnis ab.[532] Da die Kriegsverbrechen und die Verbrechen gegen die Menschlichkeit sich grundsätzlich von den Verbrechenskategorien im staatlichen Recht unterscheiden würden, müßte das Verjährungsproblem auf internationaler Ebene gelöst werden. In dem Bericht waren Stellungnahmen zahlreicher Staaten enthalten, die sich im Ergebnis mehrheitlich für die Unverjährbarkeit von internationalen Verbrechen aussprachen.[533] Für die technische Lösung der Frage schlug der Bericht entweder eine internationale Konvention oder eine Resolution der Generalversammlung vor.[534]

Bei den anschließenden Debatten in der Menschenrechtskommission wurde diskutiert, ob es sich bei der Unverjährbarkeit von Kriegs- und Humanitätsverbrechen bereits um eine geltende Norm des Völkerrechts handele. Dies wurde von den Ostblockstaaten und Israel einhellig mit dem Argument bejaht, daß in keiner der internationalen Urkunden, die internationale Verbrechen betreffen, von der Anwendbarkeit gesetzlicher Verjährungsvorschriften die Rede sei.[535] Aus dem Schweigen der internationalen Texte wurde von anderen Delegierten aber auch die gegenteilige Konsequenz gezogen: Die Nichtanwendbarkeit gesetzlicher Verjährungsvorschriften könnte nicht als völkerrechtlicher Grundsatz angesehen werden, da sie in keiner internationalen Urkunde enthalten sei.[536] Einigen konnte man sich dagegen auf die Ausarbeitung einer internationalen

---

[529] vgl. Art. 66 StGB a.F. Die Verjährung von Straftaten ist kein universelles Konzept. In common law Ländern ist sie größtenteils unbekannt.

[530] abgedruckt in BGBL 1965 I S. 315; In der DDR erging am 1. September 1964 ein Gesetz, das die Verjährung von Verbrechen gegen die Menschlichkeit und Kriegsverbrechen, die zwischen dem 30. Januar 1933 und dem 8. Mai 1945 begangen worden waren, generell ausschloß.

[531] Resolution 3 (XXI) der Menschenrechtskommission vom 9. April 1965; Bericht des Generalsekretärs E/ CN 4/ 906 vom 15. Februar 1966

[532] Bericht des Generalsekretärs E/ CN 4/ 906 S. 87 ff

[533] E/ CN 4/ 906 S. 123 ff

[534] E/ CN 4/ 906 S. 139 ff

[535] A/ 7174 S. 28 ff; vgl auch Heidelmeyer, VN 1969 S. 19

[536] A/ 7174 S. 19

Konvention, von der eine stärkere Wirkung auf die öffentliche Weltmeinung erhofft wurde.[537] Am 26. November 1968 nahm die Generalversammlung schließlich den Text dieser Konvention an und legte sie den Mitgliedstaaten zur Ratifikation vor.[538]

Art. 1 des Abkommens schrieb fest, daß keine gesetzliche Verjährung auf Kriegsverbrechen und Verbrechen gegen die Menschlichkeit Anwendung findet, ungeachtet des Zeitpunkts ihrer Begehung. Die Kriegsverbrechen wurden folgendermaßen definiert: „Kriegsverbrechen, wie sie im Statut des Internationalen Militärgerichtshofs von Nürnberg vom 8. August 1945 bestimmt und durch die Entschließungen der Generalversammlung der VN 3 (I) vom 13. Februar 1946 und 95 (I) vom 11. Dezember 1946 bestätigt worden sind, insbesondere die in den Genfer Konventionen zum Schutz der Kriegsopfer aufgezählten ‚schweren Abkommensverletzungen' .“[539] Die Konvention brachte damit den Begriff der Kriegsverbrechen auf den neuesten Stand.

Auffällig ist, daß die Konvention sich nicht auch auf das Verbrechen gegen den Frieden bezog. Vereinzelt wurde dies von Delegierten kritisiert, führte aber nicht zu einer Ausdehnung des Anwendungsbereichs des Abkommens.[540] Dies bestätigt wieder die ablehnende Haltung der internationalen Gemeinschaft gegenüber diesem Straftatbestand.

Gemäß Art. 4 waren die Vertragsstaaten verpflichtet, die notwendigen gesetzgeberischen oder sonstigen Vorkehrungen zu treffen, um zu gewährleisten, daß gesetzliche oder sonstige Verjährung auf die Verfolgung und Bestrafung der in Art. 1 bezeichneten Verbrechen keine Anwendung findet. Eine solche Verjährung ist, wo immer sie besteht, abzuschaffen.[541] Wegen des Fehlens eines ständigen internationalen Strafgerichtshofs muß also nicht nur die Aburteilung son-

---

537 Heidelmeyer, VN 1967 S. 63

538 Resolution A/ 2391 (XXIII) abgedruckt in VN 1969 S. 28. Die Konvention ist am 11. November 1970 in Kraft getreten. Bis zum 31. Dezember 1988 gehörten ihr nur 30 Staaten an. Die Verhinderung des Verjährungseintritts wurde aber in einigen Ländern durch nationale Gesetze bewirkt, ohne daß sie der Konvention beigetreten sind. (z.B. Niederlande, vgl. Heidelmeyer, VN 1969 S. 20)

539 Art. 1 a) der Konvention

540 UN Doc A/ C 3/ SR/ 1565 S. 1

541 Die Verjährungfrist für Mord wurde in der BRD zuerst auf 30 Jahre angehoben und dann ganz abgeschafft. vgl. § 78 Abs. 2 StGB

dern auch die Technik der strafrechtlichen Verfolgung von völkerstrafrechtlichen Verbrechen den nationalen Rechtsordnungen überlassen bleiben.[542]

e) Die Resolution der Generalversammlung vom 3. Dezember 1973

Die meisten Verantwortlichen für die schlimmsten Grausamkeiten des zweiten Weltkriegs waren zwar abgeurteilt worden, einige konnten sich jedoch auch der Strafverfolgung entziehen. Sie waren noch nicht entdeckt oder in Staaten geflohen, deren Gesetze oder Verträge die Auslieferung von Kriegsverbrechern nicht vorsahen. Daneben wurden auch nach dem zweiten Weltkrieg in der Folge von Kolonialismus, Rassismus und Angriffskriegen Kriegs- und Humanitätsverbrechen begangen, wogegen Vorkehrungen getroffen werden sollten.[543] Es hatte sich gezeigt, daß gerade bei der Bestrafung dieser Verbrechen eine enge internationale Zusammenarbeit erforderlich war, z.B. bei der Beweissicherung, der Vermeidung von Doppelbestrafungen und der Auslieferung von Kriegsverbrechern.[544] Die Generalversammlung verabschiedete daher am 3. Dezember 1973 die Resolution 3074 (XXVIII) über „Principles of international cooperation in the detection, arrest, extradition and punishment of persons guilty of war crimes and crimes against humanity".[545] In den Prinzipien war festgelegt, daß jeder Staat das Recht (leider nicht auch die Pflicht) habe, seine Staatsangehörigen für die betreffenden Delikte abzuurteilen, die Staaten sich gegenseitig unterstützen sollten, die Täter vor Gericht zu bringen und sich entsprechende Rechtshilfe zu leisten sowie den Schuldigen kein Asyl zu gewähren. Die Begriffe „Kriegsverbrechen" und „Verbrechen gegen die „Menschlichkeit" wurden jedoch nicht weiter definiert und auch nicht mehr in Zusammenhang mit dem Londoner Statut gebracht. Da es sich bei den Prinzipien nur um eine Resolution der Generalversammlung handelte, kommt ihnen zwar moralische aber keine rechtlich bindende Wirkung zu, was einige der Delegierten deutlich aussprachen.[546]

---

[542] Der Europarat erarbeitete 1974 eine European Convention on the Non-Applicability of Statutory Limitation to Crimes against Humanity and War Crimes, die aber bis heute nur von zwei Staaten unterzeichnet wurde. vgl. European Treaty Series No 82

[543] A/ 8823 vom 17. Oktober 1972 S. 16 ff No 51

[544] vgl. dazu auch die Asyldeklaration der GA/ Resolution 2312 (XXII) vom 14. Dezember 1967

[545] abgedruckt in RDI 1974 S. 378 f

[546] z.B. die Vertreter Belgiens und Kanadas vgl. Heidelmeyer, VN 1974 S. 176

f) Die Zusatzprotokolle zu den Genfer Konventionen

Auch nach dem Abschluß der vier Genfer Abkommen im Jahre 1949 hatte das IKRK seine Bemühungen um die Kodifizierung des Kriegsrechts fortgesetzt. Man hatte festgestellt, daß die Rechtsstellung des zivilen Sanitätspersonals nicht ausreichend geregelt war. Zudem enthielten die Konventionen nur wenige Bestimmungen über die Art der Kriegführung, und das Haager Abkommen über den Schutz der Kulturgüter erfaßte diese Problematik auch nur in sehr begrenztem Umfang. Die anwendbaren Vorschriften befanden sich daher größtenteils in der HLKO, die noch vor der Entwicklung des modernen Krieges formuliert worden war. Außerdem fehlten immer noch Normen für den Luftkrieg. Des weiteren waren die wenigen völkerrechtlichen Mindestregeln für nicht-internationale bewaffnete Konflikte in dem gemeinsamen Art. 3 der vier Konventionen nicht ausreichend, zumal der internationale Krieg zunehmend durch Bürgerkriege substituiert wurde. Schließlich war auch eine Anpassung des geltenden humanitären Völkerrechts an die Bedingungen der Kriegführung der Gegenwart erforderlich wegen der neuen Entwicklungen im Bereich der Waffentechnik, der Logistik und der Kommunikation sowie strategische Veränderungen im politischen und wirtschaftlichen Rahmen der bewaffneten Konflikte.[547] Die vom IKRK auf zahlreichen Sachverständigenkonferenzen formulierten Entwürfe für die beiden Zusatzprotokolle wurden auf vier diplomatischen Konferenzen überarbeitet. Am 10. Juni 1977 unterzeichneten die Delegierten dann das Zusatzprotokoll über den Schutz der Opfer internationaler bewaffneter Konflikte (I) und das Zusatzprotokoll über den Schutz der Opfer nicht-internationaler Konflikte (II).[548]

aa) Das erste Zusatzprotokoll

Bezüglich des Anwendungsbereichs verweist das ZP I auf den gemeinsamen Art. 2 der vier Genfer Konventionen und dehnt ihn darüber hinaus auf Befreiungskriege gegen Kolonialherrschaft, Fremdbesetzung und rassistische Regime aus, was vor allem von den sozialistischen Staaten und den Ländern der Dritten Welt gefordert worden war.[549] Diese drei Formen von bewaffneten Konflikten, die man bis dahin als Auseinandersetzungen nicht-internationalen Charakters

---

[547] Kimminich, Schutz der Menschen in bewaffneten Konflikten S. 51; de La Pradelle, RGIDP 1978 S. 19

[548] abgedruckt in BGBL 1990 II S. 1551 ff, 1637 ff

[549] Kimminich, Schutz der Menschen in bewaffneten Konflikten S. 83 ff; Randelzhofer, EA 1978 S. 729; Bothe, RGDIP 1978 S. 84

angesehen hatte, wurden damit zu internationalen bewaffneten Konflikten erklärt, auf die nun das gesamte internationale Kriegsrecht anwendbar ist.

Im ZP I wurden zum ersten Mal zahlreiche Begriffe definiert, wie derjenige der Schutzmacht, des Verwundeten, des Sanitätspersonals, der Streitkräfte, des Kombattanten, des Angriffs, der Zivilbevölkerung, der zivilen Objekte u.s.w.. Außerdem enthielt es neue Vorschriften in bezug auf das Sanitätspersonal und die Sanitätsfahrzeuge sowie den Schutz der Zivilbevölkerung. Die Regeln über die Methoden und Mittel der Kriegführung im dritten Teil beschränkten sich dagegen auf größtenteils seit langem geltende Grundsätze. Größere Bedeutung für die Frage der Beschränkung der Kampfmethoden kommt daher den Art. 51 bis 57 im vierten Teil zu, die den Schutz der Zivilbevölkerung bei Angriffen, vor allem bei Luftbombardements, festlegen. In diesen Vorschriften wurden viele der im Jahre 1923 in den Haager Luftkriegsregeln niedergelegten Prinzipien in modifizierter Form übernommen.[550]

Gemäß Art. 83 verpflichteten sich die Vertragsparteien wie in den vier Genfer Abkommen und dem Haager Kulturschutzabkommen, den Inhalt der Protokolle so weit wie möglich zu verbreiten, insbesondere sein Studium in die militärischen Ausbildungsprogramme aufzunehmen und die Zivilbevölkerung zu seinem Studium anzuregen. Das ZP I enthielt in Teil V wie die vier Genfer Abkommen Vorschriften zur Ahndung von Zuwiderhandlungen, in denen die sogenannten „schweren Verletzungen" erheblich ausgedehnt wurden. In Art. 85 Abs. 2 wurde das System der schweren Verletzungen auch auf die durch Art. 44, 45 und 73 des ZP I geschützten Personen, d.h. die unter die dortige Definition fallenden Kriegsgefangenen sowie Flüchtlinge und Staatenlose für anwendbar erklärt. Als schwere Verletzungen galten zusätzlich gemäß Art. 85 Abs. 3 und 4 die folgenden Handlungen, wenn sie vorsätzlich unter Verletzung der einschlägigen Bestimmungen des Protokolls begangen werden und den Tod oder eine schwere Beeinträchtigung der körperlichen Unversehrtheit oder der Gesundheit zur Folge haben: gegen die Zivilbevölkerung oder einzelne Zivilpersonen gerichtete Angriffe; Führen eines unterschiedslos wirkenden, die Zivilbevölkerung oder zivile Objekte in Mitleidenschaft ziehenden Angriffs, wobei die Verluste an Menschenleben, die Verwundung von Zivilpersonen oder die Beschädigung ziviler Objekte in keinem Verhältnis zum militärischen Vorteil stehen; die von der Besatzungsmacht durchgeführte Überführung eines Teils ihrer eigenen Bevölkerung in das von ihr besetzte Gebiet oder die Verschleppung oder Überführung der Gesamtheit oder eines Teils der Bevölkerung des besetzten Gebiets innerhalb desselben oder aus demselben u.s.w.; weitgehende Zerstörung von geschichtlichen Denkmälern u.s.w.. Unterschiedslose

---

[550] vgl. Kapitel C II 3. a)

Angriffe auf die Zivilbevölkerung wie Flächenbombardements sind damit endgültig verboten und strafbar. Davon ausgenommen haben die Atommächte allerdings den Nuklearkrieg.[551] Des weiteren wurden noch die Vornahme körperlicher Verstümmelungen und medizinischer oder wissenschaftlicher Versuche oder die Entfernung von Gewebe oder Organen an Personen, die sich in der Gewalt der gegnerischen Partei befinden, als schwere Verletzungen eingestuft.[552] Der Aufbau dieser Straftatbestände ähnelt dem erfolgsqualifizierter Delikte im deutschen Strafrecht. Die Struktur der Tatbestände ist damit komplizierter als die in den vier Genfer Abkommen.

In Art. 85 Abs. 5 heißt es, daß unbeschadet der Anwendung der vier Genfer Abkommen und des ZP I die schweren Verletzungen dieser Übereinkünfte als Kriegsverbrechen gelten. Dies bedeutet, daß sie auch als inkriminiert einzustufen sind, wenn die Vertragsparteien keine entsprechenden strafrechtlichen Bestimmungen erlassen haben oder sie durch Angehörige von Nichtvertragsstaaten begangen wurden.[553] Die Verstöße müssen dann unmittelbar nach Völkerrecht bestraft werden.[554]

Art. 86 ist eine Regelung, die eigentlich in den allgemeinen Teil eines internationalen Strafgesetzbuches gehört. In ihm wurde die Pönalisierungspflicht auch auf Unterlassungsdelikte ausgedehnt, wenn eine Rechtspflicht zum Handeln besteht. Diese Ausweitung gilt nicht nur für das Protokoll, sondern auch für die vier Genfer Konventionen. Gemäß Abs. 2 erstreckt sich die Verantwortlichkeit für Unterlassen auch auf Vorgesetzte, die von den Zuwiderhandlungen ihrer Untergebenen Kenntnis haben mußten. Damit kommt für Vorgesetzte auch eine Fahrlässigkeitshaftung für die ansonsten nur vorsätzlich begehbaren schweren Verletzungen in Betracht.

Schließlich wurde noch eine weitgehende Rechtshilfe zur Pflicht gemacht und die Bildung einer internationalen Ermittlungskommission in Aussicht gestellt.[555] Dem ersten Zusatzprotokoll kommt also wie den vier Genfer Abkommen große völkerstrafrechtliche Bedeutung zu. Es hätte auch in den Katalog der Straftatbestände des Haager Tribunals aufgenommen werden können. Seine Verbreitung ist allerdings nicht so erfolgreich wie die der Genfer Konventionen. Der wichtigste Grund liegt darin, daß es trotz der verneinenden Erklärungen

---

[551] vgl. dazu Bothe/Ipsen/Partsch, ZaöRVR 1978 S. 43

[552] Art. 11 Abs. 4 des ZP I

[553] so auch Oehler, Internationales Strafrecht S. 633

[554] a.A. Oeter, ZaöRVR 1993 S. 27

[555] Art. 88 und 90 des ZP I

einiger Staaten (USA, Großbritannien, Frankreich) zweifelhaft bleibt, ob es nicht doch bei dem Einsatz von Nuklearwaffen anwendbar ist und damit eine Verteidigungskonzeption der nuklearen Abschreckung völkerrechtswidrig sein könnte.[556]

bb) Das zweite Zusatzprotokoll

Durch das ZP II wurde der gemeinsame Art. 3 der Genfer Konventionen ergänzt und weiterentwickelt. Es enthält nur 28 Artikel, da auf der vierten diplomatischen Konferenz alle umstrittenen Artikel gestrichen wurden, um es doch noch verabschieden zu können.[557] Anwendbar ist es gemäß Art. 1 auf alle Konflikte, die nicht von dem ersten Protokoll erfaßt werden und die zwischen den Streitkräften eines Staates und abtrünnigen Streitkräften oder anderen organisierten bewaffneten Gruppen, die unter einer verantwortlichen Führung die Kontrolle über einen Teil des Hoheitsgebiets der Vertragspartei ausüben, stattfinden.

In Teil II enthält das Protokoll Bestimmungen über die menschliche Behandlung aller Personen, die nicht oder nicht mehr unmittelbar an dem bewaffneten Konflikt teilnehmen. Vorbilder der Regelungen waren zum einen Art. 3 der vier Genfer Abkommen, die Vorschriften des IPBPR und Art. 75 des ZP I. In den Teilen III und IV über Verwundete, Kranke, Schiffbrüchige und über die Zivilbevölkerung wurden ebenfalls zum großen Teil Artikel aus dem ZP I kopiert oder nur unwesentlich verändert. Vorschriften über Zuwiderhandlungen enthält das ZP II nicht. Statt dessen werden für die mit dem Konflikt in Zusammenhang stehenden Taten einige strafrechtliche Grundsätze und elementare Verfahrensregeln festgesetzt. Für sie soll das Prinzip der Einzeltatschuld, der Satz n.c.,n.p.s.l. und die Unschuldsvermutung gelten; niemand darf gezwungen werden, sich selbst schuldig zu bekennen; die Todesstrafe soll gegen unter Achtzehnjährige nicht verhängt und an schwangeren Frauen und Mütter kleiner Kinder nicht vollstreckt werden.

Die Bestimmungen des ZP II richten sich aber nicht an Einzelpersonen sondern nur an Staaten, die auch die unmittelbare völkerrechtliche Haftung für Zuwiderhandlungen trifft. Sie begründen daher für den Einzelnen nicht die unmittelbare Strafbarkeit nach Völkerrecht. Der in Art. 4 des Ruanda Statuts aus dem

[556] Pechstein, AdV 1992 S. 281; Oeter in Fleck, Handbuch des humanitären Völkerrechts in bewaffneten Konflikten S. 92

[557] In den meisten Vorschriften sahen die Staaten einen zu großen Eingriff in ihre inneren Angelegenheiten. Sie wollten keine vertraglichen Verpflichtungen für Situationen übernehmen, in denen sie sich einer durch Rebellion, Revolution oder Bürgerkrieg ausgelösten Staatskrise gegenübersehen. Dies war auch der Grund für die schleppende Ratifizierung. vgl.Bothe/Ipsen/Partsch, ZaöRVR 1978 S. 69 ff

gemeinsamen Art. 3 der Genfer Konventionen und Art. 4 Abs. 2 des ZP II gebildete Straftatbestand verstößt damit gegen das Prinzip des n.c.,n.p.s.l.

g) Internationale Verträge über Kriegsmittelbeschränkungen

In den nachfolgenden Jahren beschäftigte sich die internationale Gemeinschaft mit der Neukodifizierung von Einzelfragen der Kriegsmittel und -methoden. In der Tradition der Petersburger Erklärung von 1868, der drei Haager Erklärungen von 1899 und des Genfer Gasprotokolls von 1925 stehen das Übereinkommen vom 10. April 1972 über das Verbot der Entwicklung, Herstellung und Lagerung bakteriologischer Waffen und von Toxinwaffen sowie über die Vernichtung solcher Waffen (BWÜ)[558] und das Übereinkommen vom 10. Oktober 1980 über das Verbot oder die Beschränkung des Einsatzes bestimmter konventioneller Waffen, die übermäßige Leiden verursachen oder unterschiedslos wirken können (WaffenÜb).[559] Auffällig ist, daß im BWÜ nicht nur die Verwendung sondern bereits der Besitz der bakteriologischen- und der Toxinwaffen verboten wird. Das WaffenÜb enthält dagegen keine völligen Produktions- und Anwendungsverbote. Es besteht aus einer Konvention und drei weiteren Protokollen. Protokoll I stellt ein vollständiges Einsatzverbot von Splitterwaffen, deren Fragmente im menschlichen Körper nicht zu entdecken sind (z.B. Schrappnellgeschosse aus Kunststoff), auf. In Protokoll II sind Anwendungsbeschränkungen und -verbote für Landminen und Tölpelfallen (booby traps) und in Protokoll III für Brandwaffen festgeschrieben.

Einem neueren Problemkomplex im Bereich der Kampfmittel, der umweltbeeinträchtigenden Kriegsführung, widmet sich das Übereinkommen gegen den Umweltkrieg vom 18. Mai 1977.[560] Es verbietet in Art. 1 Abs. 1 die Verwendung von umweltverändernden Techniken zu militärischen oder sonstigen feindseligen Zwecken, die als Mittel der Zerstörung, Beschädigung oder Benachteiligung anderer Vertragsstaaten weitreichende, langanhaltende oder schwerwiegende Auswirkungen haben. Dazu zählen die künstliche Erzeugung von Erdbeben, Klima- und Wetterveränderungen, die Veränderung von Meeresströmungen, Beeinträchtigungen der Ozonschicht und der Ionosphäre u.a.[561]

---

[558] abgedruckt in BGBL 1983 II S. 133 ff

[559] abgedruckt in ILM 1980 S. 1523 ff

[560] abgedruckt in ILM 1977 S. 88 ff

[561] VN 1977 S. 97

Das jüngste Abkommen auf dem Gebiet der Kampfmittel ist das Übereinkommen über das Verbot der Entwicklung, Herstellung, Lagerung und des Einsatzes chemischer Waffen und über die Vernichtung solcher Waffen vom 13. Januar 1993.[562] Wie im BWÜ wird darin nicht nur der Einsatz dieser Waffenart sondern schon ihr Besitz verboten. Allen diesen Abkommen ist jedoch gemeinsam, daß sie sich nur an den Staat als unmittelbares Haftungsobjekt und nicht an den Einzelnen richten. Eine Strafbarkeit des Einzelnen nach Völkerrecht kann aus ihnen daher nicht abgeleitet werden.

h) Der Entwurf für ein internationales Strafgesetzbuch vom 19. Juli 1991

Nachdem die ILC die Arbeiten am Draft Code wiederaufgenommen hatte, konnte sie im Jahre 1991 eine Neufassung verabschieden.[563] Der darin aufgenommene Tatbestand der „exceptionally serious war crimes“[564] ist eine Neuformulierung. Diese Kategorie der außergewöhnlich ernsthaften Kriegsverbrechen besteht zum einen aus einer Auswahl der schweren Verletzungen in den Genfer Abkommen und im ZP I. Zum anderen wurden neue Tatbestandsmerkmale hinzugefügt, die sich aber lediglich auf ein subjektives Wertungsermessen

[562] abgedruckt in BGBL 1994 II S. 807 ff; Das Abkommen ist noch nicht in Kraft getreten, da die erforderlichen 65 Ratifikationen noch nicht erreicht sind.

[563] vgl. Kapitel C I 4. e)

[564] Article 22: Exceptionally serious war crimes

1. An individual who commits or orders the commission of an exceptionally serious war crime shall, on conviction thereof, be sentenced (to...).
2. For the purposes of this Code, an exceptionally serious war crime is an exceptionally serious violation of principles and rules of international law applicable in armed conflict consisting of the following acts:
   a) acts of inhumanity, cruelty or barbarity directed against the life, dignity or physical or mental integrity of persons (in particular wilful killing, torture, mutilation, biological experiments, taking of hostages, compelling a protected person to serve in the forces of a hostile Power, unjustifiable delay in the repatriation of prisoners of war after the cessation of active hostilities, deportation or transfer of the civilian population and collective punishment);
   b) establishment of settlers in an occupied territory and changes to the demographic position of the occupied territory;
   c) use of unlawful weapons;
   d) employing methods or means of warfare which are intended or may be expected to cause widespread, long-term and severe damage to the natural environment;
   e) large-scale destruction of civilian property;
   f) wilful attacks on property of exceptional religious, historical or cultural value. vgl. Bassiouni, Crimes against Humanity S. 752

stützen („acts of inhumanity, cruelty or barbarity").[565] Dieser Draft Code wurde jedoch von den Staaten in der vorgelegten Form nicht akzeptiert, sondern einem Sonderausschuß zur Überarbeitung übergeben.

Die bislang letzte Etappe in der Entwicklung des Tatbestands der Kriegsverbrechen stellen die von den VN formulierten Statuten der internationalen Strafgerichtshöfe für das ehemalige Jugoslawien und für Ruanda dar. Das Haager Tribunal ist u.a. zuständig für die Aburteilung von schweren Verletzungen der Genfer Abkommen von 1949 und für Verstöße gegen die Gesetze und Gebräuche des Krieges. Das Tribunal für Ruanda dagegen bestraft u.a. Verletzungen des gemeinsamen Art. 3 der Genfer Konventionen sowie des ZP II und setzt sich dabei über den Grundsatz n.c.,n.p.s.l. hinweg. Anders als bei dem Verbrechen gegen den Frieden gibt es bei den Kriegsverbrechen also nicht nur eine Weiterentwicklung nach dem zweiten Weltkrieg, sondern sie sind darüber hinaus wieder zur Grundlage für die Aburteilung von Verbrechen vor internationalen Strafgerichtshöfen geworden.

5. Zusammenfassung

Der Straftatbestand der „Kriegsverbrechen" hat seine Wurzeln im Völkergewohnheitsrecht. Danach konnte sowohl der Staat, dem der Täter angehörte, als auch der Feindstaat ein Mitglied der Streitkräfte wegen der Verletzung des völkerrechtlichen Kriegsrechts bestrafen. Die Kodifizierung dieses Völkergewohnheitsrechts begann in der Mitte des 19. Jahrhunderts mit dem ersten internationalen Verwundetenabkommen und wurde bis heute fortgesetzt. Die frühen Konventionen über das Kriegsrecht enthielten wenig Regelungen über die individuelle strafrechtliche Verantwortlichkeit, da sie diese als gegeben voraussetzten. Erst nach uneinheitlichen Behandlungen der Kriegsverbrecher durch Siegermächte und Besiegte fügte man den Konventionen Strafvorschriften bei, die die Staaten zur Bestrafung bestimmter Handlungen verpflichteten. Der strafrechtliche Schutz der Konventionen wurde damit vom nationalen Recht übernommen. Daneben bleibt aber die Möglichkeit der Aburteilung von Kriegsverbrechern unmittelbar nach Völkerrecht bestehen, was durch das Statut des Internationalen Gerichts für das ehemalige Jugoslawien wieder bestätigt wurde. Als Kriegsverbrechen einzustufen sind Verstöße gegen die HLKO, der Beispielskatalog in Art. 6 b) des Statuts des IMT sowie die schweren Verletzungen der vier Genfer Abkommen und des ZP I. Das Völkerstrafrecht kennt also nur für internationale Konflikte Regeln über die Verfolgung von Kriegsverbrechen.

---

[565] Tomuschat in Hankel/Stuby, Strafgerichte gegen Menschheitsverbrechen S. 283

Im Rahmen dieser Vorschriften stellen sie jedoch einen gesicherten völkerrechtlichen Straftatbestand dar.

III. DIE VERBRECHEN GEGEN DIE MENSCHLICHKEIT[566]

Vor dem zweiten Weltkrieg gab es keine einzige internationale Urkunde, die universelle Grund- und Menschenrechte festschrieb. Das erste internationale Dokument auf diesem Gebiet war die allgemeine Erklärung der Menschenrechte vom 10. Dezember 1948. Seitdem wurden Grund- und Freiheitsrechte in einer Fülle von internationalen Erklärungen und Verträgen geschützt. Der Großteil dieser internationalen Dokumente richtet sich aber nur an die Staaten und soll diese von Verletzungen der Menschenrechte abhalten. Im folgenden ist daher zu untersuchen, ob daneben ein völkerrechtlicher Straftatbestand, nach dem der Einzelne für Verstöße abgeurteilt werden könnte, existiert.

1. Die Entwicklung bis zum Zweiten Weltkrieg

Der Tatbestand der Verbrechen gegen die Menschlichkeit geht auf den Gedanken zurück, daß jedem Menschen ein unverletzlicher Mindestbestand an Grund- und Freiheitsrechten zukommt. Dieser Grundsatz hat seine Wurzeln zwar im christlichen Naturrecht, konnte aber erst nach der Ablösung der ständisch-feudalen Ordnung im Mittelalter und der Anerkennung des Menschen als Träger individueller Rechte zum Durchbruch kommen. So hielten Alberico Gentili (1552-1608) und Grotius im Falle schwerwiegender Verletzungen der Menschenrechte einen Strafkrieg für zulässig.[567] Bedeutende Menschenrechtskataloge enthielten die amerikanische Unabhängigkeitserklärung vom 4. Juli 1776 und die französische Menschenrechtserklärung vom 26. August 1789. Die Sicherung dieser Rechte stellt aber nicht nur eine Aufgabe der nationalen Rechtsordnungen dar, sondern darüber hinaus auch eine des Völkerrechts, denn nur so kann ein Schutz gegen die Staaten bestehen, die sich selbst an Menschenrechtsverletzungen beteiligen.[568] Einen ersten Anhaltspunkt für die Ahndung von

---

[566] Sie werden auch als Verbrechen gegen die Menschheit bezeichnet. Die authentischen englischen und französischen Ausdrücke „crimes against humanity“ und „crimes contre l'humanité“ lassen im Deutschen beide Bedeutungen zu.

[567] Gentili, De Iure Belli libri tres lib. I caput XXV; Grotius, De Iure Belli ac Pacis Lib. II caput XX § 40, 4

[568] Die nationale Gerichtsbarkeit steht in diesen Fällen zu sehr unter dem Einfluß der die Macht mißbrauchenden Regierung.

Verstößen gegen Menschenrechte auf internationaler Ebene könnte das im 19. Jahrhundert aufgekommene Institut der humanitären Intervention bieten.

a) Die humanitäre Intervention

Grundsätzlich erlaubt das Völkerrecht keine Einmischung auswärtiger Mächte in die inneren Angelegenheiten eines souveränen Staates.[569] Dieser allgemeine Grundsatz wurde aber in der Entwicklung des Völkerrechts immer weiter durchlöchert. Im 19. Jahrhundert kam die Lehre auf, daß eine Verletzung der elementarsten Menschenrechte eine solche Ausnahme des Prinzips der Nichteinmischung erlaube. In der Wissenschaft divergierten zwar die Meinungen über die Zulässigkeit und die Voraussetzungen dieser humanitären Interventionen,[570] einig waren sich ihre Befürworter aber, daß sie bei folgenden schwerwiegenden Völkerrechtsverletzungen erlaubt seien: der Unterdrückung fremder und selbständiger Völker durch rohe Übermacht, die Einführung der Sklaverei, religiöse Verfolgungen und Massaker.[571]

Beispiele für solche humanitäre Interventionen waren: der Eingriff Großbritanniens, Frankreichs und Rußlands im Jahre 1827, um die Grausamkeiten des griechisch-türkischen Krieges zu beenden; Proteste der Vereinigten Staaten im Jahre 1840 bei der türkischen Regierung gegen die Verfolgung der Juden in Damaskus und auf Rhodos; diplomatische Vorstellungen Großbritanniens und Frankreichs, Abbruch der diplomatischen Beziehungen und Mobilisierung der englischen und französischen Flotte wegen grausamer und willkürlicher Behandlung politischer Gefangener im Königreich beider Sizilien (1856); Entsendung eines französischen Expeditionskorps und diplomatische Proteste von fünf Großmächten bei der türkischen Regierung im Jahre 1860 wegen Massaker an christlichen Maroniten in Syrien durch die Drusen unter Duldung der türkischen Behörden; diplomatische Vorstellungen der europäischen Mächte bei der russischen Regierung im Jahre 1863 wegen der unmenschlichen Behandlung der polnischen Aufständigen und wiederholte Protestaktionen wegen der Mißhand-

---

569 vgl. Art. 2 Nr 7 der SVN

570 für eine Darstellung der verschiedenen Ansichten vgl. Stowell, Intervention in International Law S. 51 ff; Hodges, The doctrine of Intervention S. 87 ff; Ostermeyer, Die Intervention in der Völkerrechtstheorie und -praxis S. 47 ff

571 Bluntschli, Das moderne Völkerrecht der civilisierten Staaten § 472; Stowell, Intervention in International Law S. 63 ff

lungen der christlichen Untertanen der Türkei in den Balkanländern sowie der Juden in Rußland und Rumänien.[572]

Wie die Beispiele zeigen, beschränkten sich die humanitären Interventionen jedoch auf diplomatische Proteste, militärische Demonstrationen und äußerstenfalls kriegerische Aktionen. Zu einer strafgerichtlichen Verfolgung der Täter durch die intervenierenden Staaten kam es noch nicht.

b) Die Haager Konventionen von 1899 und 1907

Einen nächsten Anhaltspunkt für die Ahndung von Verstößen gegen humanitäre Werte könnte in der Präambel der HLKO gesehen werden. In Abs. 2 wurde auf die „Interessen der Menschlichkeit" und in Abs. 8 auf die „Gesetze der Menschlichkeit" (innerhalb der Martens´schen Klausel) Bezug genommen. Mit ersteren sollte die Zielrichtung des Abkommens ausgedrückt und mit letzteren eine seiner Quellen benannt werden. Obwohl gerade die Bedeutung der Martens'schen Klausel immer noch nicht ganz geklärt ist[573], kann doch festgestellt werden, daß die Begriffe „Menschlichkeit, Interessen der Menschlichkeit, Gesetze der Menschlichkeit" in einem noch untechnischen Sinne verwendet wurden. Sie sollten noch keine von den Gesetzen und Gebräuchen des Landkrieges unabhängige Normengruppe indizieren.[574] Die Präambel zeigt jedoch, daß der Gedanke des Völkerrechtsschutzes der Grund- und Menschenrechte auch der Bewegung zur Kodifikation des Kriegsvölkerrechts zugrunde lag.

c) Der Vertrag von Sèvres

Auf der Friedenskonferenz von Versailles nach dem ersten Weltkrieg beschäftigten sich die Delegierten zum ersten Mal mit der Bestrafung von Verletzungen der „Gesetze der Menschlichkeit".[575] In den Versailler Friedensvertrag wurde ein entsprechender Tatbestand jedoch nicht aufgenommen, da vor allem die Vertreter der USA diese Formulierung als zu unbestimmt empfanden.

---

[572] Grewe in Nürnberg als Rechtsfrage S. 27; Jescheck, Die Verantwortlichkeit der Staatsorgane S. 40

[573] vgl. Strebel, Martens´ Clause in EPIL Bd III S. 252 ff; Greenwood in Handbuch für humanitäres Völkerrecht Nr. 129

[574] Schwelb, BYIL 1946 S. 180

[575] vgl. Kapitel B I 3. d)

Der Vertrag von Sèvres, das Friedensabkommen mit der Türkei vom 10. August 1920, enthielt dagegen in Art. 230 eine solche Vorschrift.[576] Der Grund waren Verfolgungen und Massaker an Armeniern und Griechen durch die Türken während des Krieges. Die Regierungen von Frankreich, Großbritannien und Rußland hatten deswegen bereits am 28. Mai 1915 die Türkei der Verbrechen gegen die Menschlichkeit vorgeworfen.[577]

Der Vertrag von Sèvres wurde allerdings nicht ratifiziert, da die türkische Große Nationalversammlung ihm nicht zustimmte. Nach langen Verhandlungen schloß man in Lausanne einen neuen Friedensvertrag, der auch ratifiziert wurde. Darin war die Bestimmung des Art. 230 nicht mehr enthalten. Statt dessen wurde eine allgemeine Amnestie für alle zwischen 1914 und 1922 begangenen Taten, die mit politischen Ereignissen zusammenhingen, vereinbart.[578] Infolgedessen wurde nach dem ersten Weltkrieg niemand wegen Verstöße gegen die Gesetze der Menschlichkeit angeklagt und verurteilt.

d) Das Übereinkommen über die Sklaverei vom 25. September 1926

Vor dem ersten Weltkrieg war der einzige internationale Vertrag in dem Bereich, den die Verbrechen gegen die Menschlichkeit abdecken, das am 25. September 1926 unterzeichnete Abkommen über die Sklaverei.[579] Es war das Ergebnis einer längeren Entwicklungsgeschichte. Bereits auf dem Wiener Kongreß im Jahre 1815 hatten die europäischen Mächte eine Erklärung gegen

---

[576] Art. 230: The Turkish Government undertakes to hand over to the Allied Powers the persons whose surrender may be required by the latter as being responsible for the massacres committed during the continuance of the state of war on territory which formed part of the Turkish Empire on the 1st August, 1914.
The Allied Powers reserve to themselves the right to designate the Tribunal which shall try the persons so accused, and the Turkish Government undertakes to recognise such Tribunal.
In the event of the League of Nations having created in sufficient time a Tribunal to deal with the said massacres, the Allied Powers reserve to themselves the right to bring the accused persons mentioned above before such Tribunal, and the Turkish Government undertakes equally to recognise such Tribunal. (vgl. Nouv. Rec. Trait. 3e Sér. Bd XII 1924 S. 720; Schwelb, BYIL 1946 S. 182

[577] „En présence de ces nouveaux crimes de la Turquie contre l´humanité.....les Gouvernements alliés font savoir, ... qu´ils tiendront personellement responsable des dits crimes tous les membre du Gouvernement ottoman..“ History of the UNWCC S. 35

[578] Actes signés à Lausanne S. 1

[579] abgedruckt in RGBL 1929 II S. 64 ff

den „Negerhandel“ verabschiedet.[580] Darauf folgten auf Veranlassung Großbritanniens eine Reihe von bilateralen Durchsuchungsverträgen sowie der Quintupelvertrag mit dem Deutschen Reich, Österreich und Rußland, der den Kriegsschiffen der Vertragsstaaten ein Anhalte- und Durchsuchungsrecht der ihnen angehörigen Kauffahrteischiffe in einer genau umschriebenen Zone im Atlantischen und Indischen Ozean einräumte.[581] Am 2. Juli 1890 wurde dann die Brüsseler Antisklavereiakte verabschiedet, die in hundert Artikeln Maßnahmen zur Bekämpfung der Sklaverei auf dem afrikanischen Kontinent festlegte.[582] Seine Fortsetzung fand dieses Dokument in dem Abkommen über die Sklaverei von 1926. Darin wurde ihr Verbot und die Verpflichtung zu ihrer Beseitigung auf die ganze Welt ausgedehnt. Untersagt waren nicht nur Sklaverei und Sklavenhandel selbst, sondern es sollte auch verhindert werden, daß Zwangsarbeit oder Arbeitspflicht zu einem der Sklaverei ähnlichen Zustand führen könnten.[583]

Gemäß Art. 6 waren die Vertragsparteien verpflichtet, gesetzgeberische Maßnahmen zu ergreifen, um Übertretungen des Abkommens mit schweren Strafen zu belegen. In der Konvention finden sich aber keine Anzeichen, daß Zuwiderhandlungen die unmittelbare Verantwortlichkeit des Einzelnen nach Völkerrecht begründen sollten, sondern sie wollte nur durch eine Koordinierung der nationalen Strafgesetzgebung die Verstöße gegen das Abkommen unterdrücken. Sklaverei und Sklavenhandel gehören damit zu dem Bereich der Weltverbrechen, bei deren Begehung der Täter nicht gegen völkerrechtliche Normen verstößt, sondern nur das dazu erlassene staatliche Recht entscheidend ist.

In der Völkerrechtsordnung findet sich also vor dem zweiten Weltkrieg kein Straftatbestand der Verbrechen gegen die Menschlichkeit. Anders als beim Verbrechen gegen den Frieden ist die Rechtswidrigkeit von Verletzungen der humanitären Werte auch noch nicht in internationalen Konventionen festgelegt. Nur für den sehr engen Bereich der Sklaverei und der sklaven-ähnlichen Zwangsarbeit läßt sich dies bejahen. Es fehlt zudem an Beispielen für eine völkerstrafrechtliche Verantwortlichkeit des Einzelnen. Die humanitären Interventionen im 19. Jahrhundert waren noch völlig von dem Prinzip der Kollektivverantwortlichkeit beherrscht gewesen.

[580] abgedruckt in Fleischmann, Völkerrechtsquellen S. 17

[581] abgedruckt in Fleischmann, Völkerrechtsquellen S. 41 ff

[582] abgedruckt in Fleischmann, Völkerrechtsquellen S. 226 ff

[583] siehe Art. 5 des Abkommens; vgl. dazu auch das Übereinkommen der ILO vom 28. Juni 1930 über Zwangs- oder Pflichtarbeit abgedruckt in BGBL 1956 II S. 640 ff

Die Deliktskategorie der Verbrechen gegen die Menschlichkeit könnte sich allerdings auf die Völkerrechtsquelle der allgemeinen Rechtsprinzipien zurückführen lassen. Dies setzt voraus, daß die Strafbarkeit von schweren Angriffen gegen Leben, Körper und Freiheit in den Strafrechtsordnungen fast aller Staaten anerkannt ist. In einer umfangreichen rechtsvergleichenden Untersuchung hat Bassiouni nachgewiesen, daß bereits im Jahre 1944 in den Rechtsordnungen aller Rechtskreise Mord, Totschlag, Folter, Versklavung, Entführung, Freiheitsberaubung, schwere Körperverletzung, Raub und Deportation mit schweren Strafen bedroht waren.[584] Der sich aus diesen Einzeldelikten zusammensetzende Tatbestand der Verbrechen gegen die Menschlichkeit läßt sich demnach auf die Völkerrechtsquelle der allgemeinen Rechtsprinzipien zurückführen.[585] Die Einführung dieses Tatbestandes in das Londoner Statut und die Charta von Tokio verstieß also nicht gegen den Grundsatz n.c.,n.p.s.l.[586]

2. Die Entwicklung nach dem Zweiten Weltkrieg bis heute

Wie bei den beiden anderen Delikten wurde der Tatbestand der Verbrechen gegen die Menschlichkeit in Übereinstimmung mit Art. 6 c) des Nürnberger Statuts in Prinzip VI c) des von der ILC ausgearbeiteten Entwurfs der Nürnberger Prinzipien übernommen. Weggelassen wurden nur die Worte „vor oder während des Krieges", da sie sich auf einen bestimmten Krieg, den ab 1939, bezogen hatten. Die Formulierung der Nürnberger Prinzipien wurde aber von den Mitgliedstaaten nicht gebilligt und daher von der ILC nicht weiter verfolgt.

a) Die Völkermord-Konvention

Die erste internationale Konvention auf dem Gebiet der Verbrechen gegen die Menschlichkeit war das Völkermord-Abkommen. Bereits Ende 1946 wandte sich die Generalversammlung auf Initiative des Völkerrechtlers Lemkin, dessen

[584] Bassiouni, Crimes against Humanity S. 279 ff

[585] so auch Ipsen in FS für Oehler S. 513 f; Grewe in Nürnberg als Rechtsfrage S. 30 f; der Prozeß gegen die Hauptkriegsverbrecher Bd I S. 71, Bd III S. 108, Bd V S. 419; Bassiouni, Crimes against Humanity S. 279 ff; Dahm, Völkerrecht Bd III S. 300
a.A. Jescheck, Die Verantwortlichkeit der Staatsorgane S. 184; Radbruch, SJZ 1947 S. 133; Gornig, NJ 1992 S. 9; Onuma in Hosoya/Ando/Onuma/Minear S. 47; Donnedieu de Vabres, Recueil des cours 1947 S. 505; Aroneani, Le crime contre l'Humanité S. 51

[586] so auch Weber in Hankel/Stuby, Strafgerichte für Menschheitsverbrechen S. 371; Ipsen in FS für Oehler S. 514
a.A. Gornig NJ 1992 S. 12; Orentlicher, Yale Law Journal 1990/91 S. 2555; Sunga, Individual Responsibility in International Law for serous Human Rights Violations S. 47

Familie in Polen während des zweiten Weltkriegs Opfer des Völkermords geworden war, dem Problem des Genozids zu.[587] Sie beauftragte den Wirtschafts- und Sozialrat mit der Ausarbeitung eines Entwurfs, der nach langwierigen Debatten und zahlreichen Abänderungen am 9. Dezember 1948 von der Generalversammlung einstimmig angenommen wurde.[588]

Die Konvention beginnt in Art. 1 mit der Bestätigung, daß für die Vertragsparteien im Frieden oder im Krieg begangener Völkermord ein völkerrechtliches Verbrechen ist, dem vorzubeugen, bzw. das zu bestrafen, sie sich verpflichten. Mit dieser Formulierung geht das Genozid-Abkommen insofern über die Interpretation des Londoner Statuts durch den Nürnberger Gerichtshof hinaus, als der Völkermord nicht wie die Verbrechen gegen die Menschlichkeit auf Handlungen in Kriegszeiten beschränkt ist.

Art. 2 enthält eine Beschreibung der einzelnen Tatbestände. Danach ist Völkermord eine Handlung, die gegen eine nationale, ethnische, rassische oder religiöse Gruppe gerichtet ist, unabhängig davon, ob diese Personen Angehörige des betroffenen Staates sind oder nicht. Solche Handlungen können sein: Tötung von Mitgliedern dieser Gruppe; ernste Schädigung von Mitgliedern der Gruppe in körperlicher oder mentaler Beziehung; vorsätzliche Schaffung von Lebensbedingungen für die Gruppe, die dazu bestimmt sind, ihre physische Zerstörung ganz oder zum Teil herbeizuführen; Auferlegung von Maßnahmen, die es bezwecken, Geburten innerhalb der Gruppe vorzubeugen und zwangsweise Überführung von Kindern der Gruppe zu einer anderen Gruppe. Die aufgezählten Handlungen müssen mit der Absicht vorgenommen worden sein, die Gruppe als ganze oder zum Teil zu zerstören. Dieses subjektive Erfordernis geht ebenfalls über die Voraussetzungen hinaus, die Art. 6 c) des Londoner Statuts für die Verbrechen der Menschlichkeit aufgestellt hat. Dort mußten die Verfolgungen lediglich aus politischen, rassischen oder religiösen Gründen begangen worden sein.

Außer dem Völkermord als solchem sind gemäß Art. 3 Versuch, Teilnahme, Verschwörung und die öffentliche Aufreizung zur Begehung des Verbrechens strafbar. Anders als in der Definition der Verbrechen gegen die Menschlichkeit im Statut des IMT wurden politische Gruppen nicht in den Schutzbereich der Konvention miteinbezogen, was vor allem auf das Betreiben der Sowjetunion zurückzuführen ist, die eine nachträgliche Qualifizierung der Kulaken-Ausrot-

---

[587] Verhoeven, Revue Belge de droit international S. 8 f; Kunz, AJIL 1949 S. 738 f

[588] abgedruckt in BGBL 1954 Bd II S. 730 ff

tung als Völkermord fürchtete.[589] Diese Auslassung führte allerdings dazu, daß solche Massenmorde an ganzen Bevölkerungsgruppen wie in Kambodscha unter dem Regime der Roten Khmer 1975-78 nicht von der Konvention erfaßt wurden.[590] Auch der noch in den Entwürfen enthaltene kulturelle Genozid wurde nicht in das Abkommen übernommen.[591] Einer der wichtigsten Gründe dafür war, daß man diese Gruppe durch ein noch abzuschließendes Minderheitenabkommen schützen wollte.[592]

In Art. 5 verpflichteten sich die Vertragsparteien auf nationaler Ebene, die entsprechenden Gesetze für die Aburteilbarkeit der oben genannten Handlungen zu erlassen. Im Unterschied zu den Genfer Abkommen von 1949 ist in der Genozid-Konvention zur Durchsetzung der Vorschriften nicht das Weltrechts- sondern das Territorialprinzip gewählt worden.[593] Die des Völkermords bezichtigten Personen sollen gemäß Art. 6 vor den zuständigen Gerichtshof des Staates gestellt werden, auf dessen Gebiet die Handlung begangen wurde. Dadurch verringert sich die praktische Bedeutung der Konvention erheblich. Da an einem Völkermord oft auch die Regierung des Landes beteiligt ist, bestehen nur geringe Aussichten, daß diese die von ihr begangenen oder tolerierten Unmenschlichkeiten selber vor den Strafrichter bringt.

In Frage gestellt wurde teilweise, ob es sich bei dem Völkermord in der Konvention wirklich um einen völkerrechtlichen Straftatbestand handelt und nicht - wie bei Weltverbrechen - nur um die Verpflichtung, ihn in nationale Strafgesetzbücher aufzunehmen.[594] Die Verwendung des Ausdrucks „crime under international law“ spricht jedoch für einen völkerrechtlichen Straftatbestand, da alle internationalen Dokumente, die sich mit der unmittelbaren Verantwortlichkeit des Einzelnen nach Völkerrecht beschäftigen, ebenfalls diesen Begriff verwenden.[595] Des weiteren ist für die Bestrafung des Völkermords in Art. 6 auch ein internationaler Gerichtshof vorgesehen, der die Konvention direkt und ohne

---

[589] Drost, The crime of State Bd II S. 60 ff; Stillschweig, FW 1949 S. 97; Grewe in FS für Doehring S. 244 f

[590] Grewe in FS für Doehring S. 244 f

[591] Drost, The crime of State Bd II S. 58 ff

[592] Stillschweig, FW 1949 S. 98; Verhoeven, Revue Belge de droit international S. 16

[593] Im Entwurf war noch das Weltrechtsprinzip vorgesehen gewesen.

[594] so Kuhn, AJIL 1949 S. 498 ff; Stillschweig, FW 1949 S. 96; Kunz, AJIL 1949 S. 744 ff; Verdross/Simma, Universelles Völkerrecht § 430 ff

[595] Art. 11 Abs. 2 der Allgemeinen Erklärung der Menschenrechte; Art. 15 des IPBPR; Art. 7 der Europäischen Menschenrechtskonvention; Art.1 der Nürnberger Prinzipien; Art. 1 des Entwurfs für ein internationales Strafgesetzbuch vom 28. Juli 1954

Bezugnahme auf ein nationales Strafgesetz anzuwenden hätte.[596] Der Völkermord ist daher als ein völkerrechtlicher Straftatbestand anzusehen.[597] Diese Einschätzung wurde auch von dem IGH in seinem Gutachten über Vorbehalte zur Völkermord-Konvention bestätigt.[598]

Mit dem Genozid-Abkommen wurde also ein spezielles Verbrechen aus dem Tatbestand der Verbrechen gegen die Menschlichkeit herausgenommen und kodifiziert. Seine Definition geht in dem Punkt über die der Humanitätsverbrechen hinaus, als er auch in Friedenszeiten begangen werden kann, ist aber andererseits enger, da er sich nur auf die genannten Gruppen erstreckt und das subjektive Element der Absicht erfordert. Durch die Genozid-Konvention entstand damit ein neuer Rechtsbegriff und der eigenständige völkerrechtliche Straftatbestand des Völkermords.

b) Der Entwurf für ein internationales Strafgesetzbuch vom 28. Juli 1954

In die Fassung des Draft Code aus dem Jahre 1954 wurde der Völkermord als eigener völkerrechtlicher Straftatbestand aufgenommen und Art. 2 Nr. 10 enthielt in wörtlicher Übereinstimmung die Begriffsbestimmung aus Art. 2 des Völkermord-Abkommens.

Die Verbrechen gegen die Menschlichkeit definierte der Entwurf in Art. 2 Nr. 11 folgendermaßen:

> „Inhuman acts such as murder, extermination, enslavement, deportation or persecutions, committed against any civilian population on social, political, racial, religious or cultural grounds by the authorities of a state or by private individuals acting at the instigation or with the toleration of such authorities.“[599]

Diese Begriffsbestimmung lehnte sich noch an die Formulierung im Nürnberger Statut an, erweiterte sie aber in zwei Punkten. Zwei neue Kategorien der Diskriminierung, die aus sozialen und kulturellen Gründen wurden hinzugefügt, womit das Versäumnis der Völkermord-Konvention ausgeglichen werden soll-

---

[596] Dies ist jetzt bei den internationalen Gerichtshöfen für das ehemalige Jugoslawien und für Ruanda der Fall.

[597] so auch Gornig, NJ 1992 S. 498 ff; Drost, The crime of State Bd II S. 201; Triffterer, Dogmatische Untersuchungen S. 65 ff; derselbe in Hankel/Stuby, Strafgerichte gegen Menschheitsverbrechen S. 189; Jescheck in EPIL Bd VIII S. 256 (in ZStW 1954 vertritt er noch die Gegenansicht); Miyazaki, in FS für Mosler S. 588

[598] ICJ Reports 1951 S. 23

[599] AJIL 1955 Suppl. S. 22

te. Des weiteren sind die Menschlichkeitsverbrechen nicht mehr an ein anderes Verbrechen gebunden, sondern als selbständiger Tatbestand gestaltet. Um nicht jede von einem Einzelnen vorgenommene inhumane Handlung als Verbrechen gegen die Menschlichkeit zu qualifizieren, fügte die ILC der Definition eine neue Beschränkung hinzu - das Erfordernis der staatlichen Beteiligung. Der Entwurf war aber bereits innerhalb der ILC umstritten[600] und wurde wegen der Verknüpfung mit der Suche nach einer Angriffsdefinition nicht weiter überarbeitet.

c) Der Prozeß gegen Eichmann

Der erste Prozeß, in dem Verbrechen gegen die Menschlichkeit nach den Verfahren im Anschluß an das Kriegsende behandelt wurden, war das im Jahre 1961 nach einer spektakulären Entführung aus Argentinien durchgeführte Strafverfahren gegen Adolf Eichmann vor dem Jerusalemer Bezirksgericht.[601] Die materielle Grundlage des Prozesses war das israelische Gesetz zur Bestrafung der Nazis und ihrer Helfer Nr. 5710 vom 1. August 1950, das in § 1 für Verbrechen gegen das jüdische Volk und Verbrechen gegen die Menschlichkeit die Todesstrafe festlegte. Das Verbrechen gegen das jüdische Volk war dem Tatbestand des Völkermord-Abkommens nachgebildet, und unter den Verbrechen gegen die Menschlichkeit verstand das Gesetz: Mord, Vernichtung, Versklavung, Aushungerung oder Verschleppung und andere unmenschliche Handlungen, begangen gegen die Zivilbevölkerung, sowie Verfolgung aus nationalen, rassischen, religiösen oder politischen Gründen.[602] Diese Definition glich Art. 6 c) des IMT Statuts mit den Unterschieden, daß der Aufzählung der unmenschlichen Handlungen die Aushungerung hinzugefügt wurde und kein Junktim mehr mit dem Verbrechen gegen den Frieden oder den Kriegsverbrechen bestehen mußte. Unter die Verbrechen gegen die Menschlichkeit fielen damit auch alle noch zu Friedenszeiten begangenen unmenschlichen Handlungen. Das Gericht sah sich einer ganzen Reihe von Rechtsproblemen gegenüberstehen, die größtenteils seine Zuständigkeit betrafen: schließlich sollte ein fremder Staatangehöriger für Handlungen abgeurteilt werden, die in einem anderen Land gegen Personen begangen worden waren, die nicht die Nationalität des die Gerichtsbarkeit ausübenden Staates hatten. Unter anderem lehnte das Gericht das in Art. 6 der Völkermord-Konvention festgelegte Territorialprinzip

---

[600] vgl. Kapitel C I 4. c)

[601] zu der Völkerrechtsgemäßheit der Entführung Eichmanns vgl. Green, The Modern Law Review 1963 S. 507 ff; Baumann, JZ 1963 S. 113; das Urteil ist auf deutsch abgedruckt in Less, Schuldig - Das Urteil gegen Adolf Eichmann S. 3 ff

[602] abgedruckt in Nellessen, Der Prozeß von Jerusalem S. 313 ff

ab, da diese Vorschrift nur ex nunc wirke, und bejahte unter Hinweis auf die Nürnberger Prozesse für dieses Verbrechen das Weltrechtsprinzip.[603] Des weiteren machte es das Schutzprinzip geltend, da Israel der Staat sei, der in seiner Zweckrichtung und in den Familienbanden seiner Staatsangehörigen am durchgreifendsten verletzt worden sei.[604] Weiterhin mußte sich das Gericht mit dem Einwand der Rückwirkung des Nazigesetzes auseinandersetzen. Aber auch hier verwies es auf die Nürnberger Prozesse und bejahte daher die Übereinstimmung des Gesetzes mit dem Völkerrecht.[605] Im Dezember 1961 wurden schließlich das Urteil und das Strafmaß für Eichmann verkündet.[606] Aber auch wenn während der Verhandlungen, in der Anklageschrift und im Urteil oft auf die völkerrechtlichen Straftatbestände des Völkermords und der Verbrechen gegen die Menschlichkeit Bezug genommen wurde, so bleibt der Eichmann Prozeß doch nur ein Verfahren vor einem nationalen Gericht auf der Grundlage von nationalem Recht.

d) Die Konvention über die Nichtanwendbarkeit von Verjährungsvorschriften

Wie bereits angeführt, wurde in der Konvention über die Nichtanwendbarkeit von Verjährungsvorschriften vom 26. November 1968 nicht nur für die Kriegsverbrechen sondern auch für die Verbrechen gegen die Menschlichkeit die Anwendung von gesetzlichen Verjährungsvorschriften ausgeschlossen.[607] In dem Abkommen wurden die Humanitätsverbrechen wie folgt definiert: „Verbrechen gegen die Menschlichkeit, gleich ob im Kriege oder in Friedenszeiten begangen, wie sie im Statut des Internationalen Militärgerichtshofs in Nürnberg vom 8. Mai 1945 bestimmt und durch die Entschließungen der Generalversammlung der Vereinten Nationen 3 (I) vom 13. Februar 1946 und 95 (I) vom 11. Dezember 1946 bestätigt worden sind, Vertreibung durch bewaffneten Angriff oder Besetzung sowie unmenschliche Handlungen als Folge der Politik der Apartheid, ferner das Verbrechen des Völkermords wie bestimmt im Übereinkommen zur Verhütung und Bestrafung des Verbrechens des Völkermords von 1948,

---

[603] Baumann, JZ 1963 S. 112; Graven, Revue internationale de criminologie et de police technique 1962 S. 34 f; Jescheck in EPIL Bd VIII S. 257; Less, Schuldig - Das Urteil gegen Adolf Eichmann S. 27 ff

[604] Oehler, Internationales Strafrecht S. 641; Less, Schuldig - Das Urteil gegen Adolf Eichmann S. 40

[605] Baumann, JZ 1963 S. 112 f; Graven, Revue internationale de criminologie et de police technique 1962 S. 20; Less, Schuldig - Das Urteil gegen Adolf Eichmann S. 31

[606] Eichmann wurde zum Tode verurteilt, und nachdem die Appellation an den obersten Gerichtshof des Staates Israel und ein Gnadengesuch erfolglos blieben, hingerichtet.

[607] vgl. Kapitel C II 4. d)

selbst wenn solche Handlungen keine Verletzungen des innerstaatlichen Rechts des Landes, in dem sie begangen worden sind, darstellen."[608] Auffällig ist, daß neben dem Nürnberger Statut und der Völkermord-Konvention auch Akte der Apartheid in die Definition aufgenommen wurden. Dies erklärt sich jedoch durch die damalige Beschäftigung der VN mit der Politik der Apartheid in Südafrika, auf die sie bereits mit den in der Präambel der Konvention aufgezählten Resolutionen reagiert hatte.

e) Die Apartheid-Konvention

Neben dem Völkermord wurde mit der Apartheid ein weiterer spezieller Tatbestand aus dem weiten Begriff der Verbrechen gegen die Menschlichkeit herausgenommen und kodifiziert. Die am 30. November 1973 von der Generalversammlung verabschiedete Konvention über die Bekämpfung und Bestrafung des Verbrechens der Apartheid[609] hat ihre Vorläufer zum einen in Resolutionen, in denen die Praktiken der Apartheid in Südafrika als Verbrechen gegen die Menschlichkeit bezeichnet wurden.[610] Zum anderen hatten sich die Staaten am 7. März 1966 bereits auf das Internationale Übereinkommen über die Beseitigung aller Formen rassischer Diskriminierung geeinigt.[611] Es war das erste internationale Abkommen zur Rassendiskriminierung, und in seiner Präambel wiesen die Vertragsparteien darauf hin, daß sie alle notwendigen Maßnahmen treffen würden, um rassische Diskriminierung in allen ihren Formen zu verhindern und zu bekämpfen. Von dort war es nur ein Schritt zu der Formulierung von entsprechenden Straftatbeständen in der Apartheid-Konvention.

Sie ist ähnlich aufgebaut wie das Genozid-Abkommen: In Art. 1 erklären die Vertragsparteien, daß die Apartheid ein Verbrechen gegen die Menschlichkeit sei, und Art. 2 enthält die einzelnen Tatbestände. Danach sind unter dem Verbrechen der Apartheid folgende Handlungen zu verstehen, die zum Zweck der Errichtung und Aufrechterhaltung der Herrschaft einer Rassengruppe über eine andere begangen werden: Ermordung von Mitgliedern einer Rassengruppe...; Verursachung schwerer körperlicher oder seelischer Schäden an Mitgliedern einer Rassengruppe...durch die Verletzung ihrer Freiheit oder Würde, oder indem sie der Folterung oder grausamer, unmenschlicher oder entwürdigender Be-

---

[608] VN 1969 S. 28

[609] abgedruckt in VN 1975 S. 57 f

[610] UNGA Resolution 2184 (XXI) vom 12. Dezember 1966; UNGA Resolution 2202 (XXI) vom 16. Dezember 1966; siehe auch UNGA Resolution 3324 E (XXIX) vom 16. Dezember 1974

[611] abgedruckt in BGBL 1969 II S. 961 ff

handlung oder Bestrafung ausgesetzt werden; willkürliche Verhaftungen und rechtswidrige Einkerkerungen...; vorsätzliche Auferlegung von Lebensbedingungen für eine Rassengruppe..., die geeignet sind, deren körperliche Zerstörung ganz oder teilweise herbeizuführen; alle gesetzgeberischen oder sonstigen Maßnahmen, die eine Rassengruppe... an der Teilnahme am politischen, sozialen, wirtschaftlichen und kulturellen Leben des Landes hindern sollen und die vorsätzliche Schaffung von Bedingungen, die die volle Entwicklung einer solchen Gruppe ... verhindern ...; alle Maßnahmen ..., die dazu bestimmt sind, die Bevölkerung nach rassischen Gesichtspunkten zu teilen ...; Ausbeutung der Arbeitskraft der Mitglieder einer Rassengruppe ... und Verfolgung von Organisationen und Personen, indem ihnen Grundrechte und Freiheiten entzogen werden, weil sie sich der Apartheid widersetzen. Die beiden ersten sowie die vierte Verhaltensweise ähneln den Bestimmungen in der Völkermord-Konvention, während die restlichen Straftatbestände, die hier nur verkürzt wiedergegeben wurden, durch ihre extreme Weite gekennzeichnet sind.

Art. 3 legt den Umfang der internationalen strafrechtlichen Verantwortlichkeit für die Akte der Apartheid fest. Strafbar machen können sich Einzelpersonen, Mitglieder von Organisationen sowie Staatsorgane, indem sie unmittelbar Verbrechen begehen, sowie sich im weitesten Sinne des Wortes daran beteiligen. Zur Durchsetzung der Konvention verpflichten sich die Vertragsstaaten in Art. 4 alle gesetzgeberischen oder sonstigen Maßnahmen zu ergreifen, um Personen, die sich dieses Verbrechens schuldig machen, zu bestrafen. Art. 5 sieht dafür im Gegensatz zur Völkermord-Konvention wieder das Weltrechtsprinzip vor.

Ähnlich wie beim Genozid wurde auch bei der Apartheid angezweifelt, ob es sich dabei um einen völkerrechtlichen Straftatbestand handelt.[612] Für einen völkerrechtlichen Straftatbestand spricht zunächst, daß die Apartheid immer wieder als ein Verbrechen gegen die Menschlichkeit bezeichnet wurde, und letztere in den Statuten von IMT und IMTFE als unmittelbar nach Völkerrecht zu bestrafende Verbrechen angesehen wurden. Weitere Anhaltspunkte, die für einen völkerrechtlichen Straftatbestand sprechen, sind der Hinweis in der Präambel auf die Notwendigkeit internationaler Maßnahmen und Art. 3, in dem ausdrücklich von der internationalen strafrechtlichen Verantwortlichkeit des Einzelnen gesprochen wird. Schließlich sieht die Apartheid-Konvention wie schon das Völkermord-Abkommen zur Aburteilung der Verbrechen in Art. 5 ein internationales Strafgericht vor, das die Tatbestände unmittelbar anzuwenden

[612] Verdross/Simma, Universelles Völkerrecht § 437

hätte. Die Konvention geht also von einer unmittelbaren strafrechtlichen Verantwortlichkeit des Einzelnen nach Völkerrecht aus.[613]

Anders als das Genozid-Abkommen hat sie aber nur eine einseitige Verbreitung gefunden. Von der westlichen Gruppe hat kein Staat sie bis jetzt ratifiziert. Man glaubte, die Apartheid in Südafrika eher mit politischen und wirtschaftlichen als mit strafrechtlichen Mitteln beseitigen zu können.[614] Außerdem wurde mit Recht der zu weite Rahmen der Tatbestände und der Teilnahmevorschriften kritisiert.[615] Bei wörtlicher Auslegung müßte jeder weiße Südafrikaner als Straftäter angesehen werden. Daraus ergibt sich, daß zwar für die Vertragsparteien der Apartheid Konvention bereits eine Rechtsbindung besteht, diese aber nicht auf andere Staaten auszudehnen ist, da dem Verbrechen der Apartheid noch keine gewohnheitsrechtliche Fundierung zukommt.[616] Es kann also noch nicht als gesicherter, von einem internationalen Strafgerichtshof universell anwendbarer völkerrechtlicher Straftatbestand angesehen werden.[617]

f) Das Übereinkommen gegen die Folter

Ein anderer aus den Verbrechen gegen die Menschlichkeit ausgekoppelter und kodifizierter völkerrechtlicher Straftatbestand könnte die Folter sein. Ihr Verbot fand seit dem Ende des zweiten Weltkriegs Aufnahme in zahlreiche Kataloge, in denen bürgerliche Rechte und Menschenrechte regional oder universell ko-

---

[613] so auch Triffterer in Blumenwitz, Flucht und Vertreibung S. 286 ff; Nowak, EUGRZ 1985 S. 113; Gornig, NJ 1992 S. 9

[614] Tomuschat in Hankel/Stuby, Strafgerichte gegen Menschheitsverbrechen S. 281

[615] Oehler, Internationales Strafrecht S. 642; Tomuschat in Hankel/Stuby, Strafgerichte gegen Menschheitsverbrechen S. 281 f; Sunga, Individual Responsibility in International Law for Serious Human Rights Violations S. 77 f

[616] so auch Triffterer in Blumenwitz, Flucht und Vertreibung S. 288; Tomuschat in Hankel/Stuby, Strafgerichte gegen Menschheitsverbrechen S. 281; Jescheck in EPIL Bd VIII S. 334

[617] Nach dem Ende der Apartheid in Südafrika wurde für die zwischen 1961 und 1993 begangenen Verbrechen auch kein juristisches Tribunal eingerichtet. Stattdessen setzte die neue Regierung eine „Kommission für Wahrheit und Versöhnung“ ein, die an verschiedenen Schauplätzen tagt und öffentliche Anhörungen abhält. Dadurch sollen die Opfer sich von der Last ihrer Erinnerungen befreien können. Die Täter können bei einem glaubwürdigen Geständnis einen Freispruch erreichen. Verbrechen, denen rein kriminelle Motive zugrunde liegen, können allerdings an die nationalen Strafgerichte überwiesen werden. vgl. dazu Asmal in Hankel/Stuby, Strafgerichte gegen Menschheitsverbrechen S. 465 ff

difiziert wurden.[618] Diese größtenteils uneingeschränkten Folterverbote reichten aber nicht aus, um eine gegen Ende der fünfziger Jahre einsetzende Zunahme der Folter in vielen Teilen der Welt zu verhindern. Daher wurde die Annahme einer Spezialkonvention auf universeller Ebene gefordert.[619] Am 10. Dezember 1984 konnte nach zahlreichen Tagungen das Übereinkommen gegen Folter und andere grausame, unmenschliche oder erniedrigende Behandlung oder Strafe verabschiedet werden.[620]

Art. 1 enthält eine Definition der Folter, wonach darunter Handlungen staatlicher Organe zu verstehen sind, die vorsätzlich zur Erreichung eines bestimmten Zwecks einer Person starke körperliche oder seelische Schmerzen oder Leiden zufügen. In den Art. 2 und 4 verpflichten sich die Staaten, wirksame innerstaatliche Maßnahmen zu ergreifen, um Folterungen zu verhindern, insbesondere müssen alle Folterhandlungen nach innerstaatlichem Recht als Straftaten gelten und mit angemessenen Strafen bedroht werden. Neben dem Territorialitäts- und dem Personalitätsprinzip sieht die Konvention zur Aburteilung von Tätern auch das Weltrechtsprinzip vor.[621] In den Entwürfen war teilweise vorgesehen, Folter, wie den Völkermord und die Apartheid, als völkerrechtlichen Straftatbestand zu formulieren.[622] Durchsetzen konnte sich dann aber lediglich die Verpflichtung zu innerstaatlichen Maßnahmen, gekoppelt mit dem Weltrechtsprinzip. Folter ist demnach kein Verbrechen, wofür der Einzelne unmittelbar nach Völkerrecht bestraft werden kann. Dies gilt um so mehr, als das Folter-Abkommen bis jetzt nur von einem Teil der Staaten ratifiziert wurde, eine Reihe von Regierungen mit der Folter gegen ihre Gegner vorgehen und mehrere, vor allem islamische Länder zum Strafsystem des Korans mit spiegelnden Strafen zurückgekehrt sind.[623] Ein völkerrechtlicher Straftatbestand der Folter ist also nur schwer weltweit durchsetzbar. Unmittelbar nach Völkerrecht bestraft werden kann Folter jedoch bereits, sobald die Handlungen von Art. 4 der HLKO

---

[618] zu nennen sind u.a.: Art. 5 der Allgemeinen Erklärung der Menschenrechte vom 10. Dezember 1948; Art. 3 der Europäischen Menschenrechtskonvention vom 4. November 1950; Art. 31-34 der VN Mindestgrundsätze für die Behandlung von Gefangenen vom 30. August 1955; Art. 5 lit b) der VN Rassendiskriminierungskonvention vom 7. März 1966; Art. 7 und 10 des IPBPR; Art. 5 der Afrikanischen Charta der Rechte der Menschen und Völker vom 27. Juli 1981.

[619] Nowak, EUGRZ 1985 S. 110 f; Triffterer in Hankel/Stuby, Strafgerichte gegen Menschheitsverbrechen S. 196

[620] abgedruckt in BGBL 1990 II S. 246 ff

[621] vgl. Art. 5 der Konvention

[622] Nowak, EUGRZ 1985 S. 113

[623] Oehler, Internationales Strafrecht S. 644; Sunga, Individual Responsibility in International Law for Serious Human Rights Violations S. 85 f

oder Art. 50/51/130/147 der vier Genfer Konventionen von 1949 erfaßt werden und als Kriegsverbrechen anzusehen sind.

g) Der Prozeß gegen Barbie

Ein weiterer Fall, bei dem ein Einzelner auf Grund des Tatbestands der Verbrechen gegen die Menschlichkeit abgeurteilt wurde, ist der des Klaus Barbie vor französischen Gerichten.[624] Barbie, der als Gestapo Chef von Lyon in den Jahren 1943 und 1944 für die Deportationen der Juden verantwortlich war, lebte nach dem Ende des Krieges in Bolivien und wurde von dort am 5. Februar 1983 nach Frankreich ausgeliefert.[625]

Die Anklage griff auf den Tatbestand der Verbrechen gegen die Menschlichkeit zurück, da alle „gewöhnlichen" Verbrechen nach französischem Strafrecht bereits verjährt waren. Die Verbrechen gegen die Menschlichkeit konnten jedoch nach dem französischen Gesetz vom 26. Dezember 1964 und der internationalen Konvention über die Nichtanwendbarkeit von Verjährungsvorschriften nicht verjähren.[626] Durch dieses Gesetz war auch der Tatbestand der Verbrechen gegen die Menschlichkeit in der Form des Art. 6 c) des Nürnberger Statuts in das französische Recht inkorporiert worden. Am 4. Juli 1987 wurde Barbie wegen Verbrechen gegen die Menschlichkeit, insbesondere wegen Verfolgungen aus politischen, rassischen oder religiösen Gründen zur Höchststrafe des französischen Strafrechts, der lebenslangen Freiheitsstrafe, verurteilt.[627] Wie bei dem Prozeß gegen Eichmann wurde auch Barbie dabei nicht unmittelbar nach Völkerrecht, sondern auf Grund nationalen Rechts abgeurteilt.[628] Auch bei diesem Verfahren wurde der Einwand der Verletzung des Prinzips n.c.,n.p.s.l. mit dem Verweis auf das in dem Statut des IMT festgelegte Recht zurückgewiesen.

---

[624] Barbie war bereits 1952 und 1954 in Frankreich in Abwesenheit wegen Kriegsverbrechen zur Todesstrafe verurteilt worden. Diese Urteile waren aber mittlerweile verjährt.

[625] vgl. dazu Journal du Droit international 1983 S. 780; Doman, University of Colorado Law Review 1989 S. 450

[626] JDI 1983 S. 791; Durch das französische Gesetz wurde nur die Unverjährbarkeit der Verbrechen gegen die Menschlichkeit, nicht auch die der Kriegsverbrechen, festgelegt. vgl. Angevin, La Semaine Juridique 1988 Bd I No 2 S. 21149

[627] Doman, University of Colorado Law Review 1989 S. 449

[628] vgl. auch den Prozeß gegen Imre Finta in Kanada; Jacquart, Revue Generale de Droit 1990 S. 641 ff; Cotler, AJIL 1996 S. 460 ff; ähnlich auch die in Äthiopien gegen 1200 Beschuldigte vorbereiteten Prozesse, die während der 17jährigen Herrschaft des im Jahre 1991 gestürzten Obersten Mengistu verübte Unrecht aufarbeiten sollen; vgl. Hamburger Abendblatt vom 5. April 1994

h) Der Entwurf für ein internationales Strafgesetzbuch vom 19. Juli 1991

Die Neufassung des Draft Code aus dem Jahre 1991 enthält im Bereich der Verbrechen gegen die Menschlichkeit drei verschiedene Deliktstypen. In Art. 19 ist der Völkermord geregelt, dessen Definition wieder wörtlich dem Art. 2 der Genozid-Konvention entspricht. Danach folgt der Tatbestand der Apartheid (Art. 20), der den nur grob umrissenen Bestimmungen des Art. 2 des Apartheid-Abkommens nachgebildet ist. Schließlich wurde der Tatbestand der Verbrechen gegen die Menschlichkeit selbst von dem der „systematischen oder massenhaften Verletzungen der Menschenrechte“ (Art. 21) abgelöst. Darunter zu verstehen sind:

> „... murder; torture; establishing or maintaining over persons a status of slavery, servitude or forced labour; persecution on social, political, racial, religious or cultural grounds in a systematic manner or on a mass scale; deportation or forcible transfer.“

Dieser Aufzählung sind weder genauere juristische Definitionen noch irgendwelche Beschränkungen beigefügt, so daß auch jeder Mord aus privaten Gründen darunter subsumiert werden könnte. Der überindividuelle Charakter der Verbrechen gegen die Menschlichkeit wurde völlig vernachlässigt. Für gemeine Straftaten sind aber die Möglichkeiten der nationalen Gerichtsbarkeit ausreichend. Wegen dieser Mängel ist es verständlich, daß der Entwurf bei den um Stellungnahme gebetenen Mitgliedstaaten keine Mehrheit fand und überarbeitet werden muß.

3. Zusammenfassung

Wie der Straftatbestand des Verbrechens gegen den Frieden war auch der der Verbrechen gegen die Menschlichkeit in Art. 6 c) des Nürnberger Statuts eine neue völkerrechtliche Kreation. Im Gegensatz zu den Verbrechen gegen den Frieden ließ er sich jedoch auf eine Völkerrechtsquelle, die allgemeinen Rechtsgrundsätze der zivilisierten Nationen, zurückführen. Von IMT und IMTFE wurde er nur zurückhaltend angewandt und war durch das Junktim mit einem weiteren im Statut aufgeführten Verbrechen eng mit dem Verbrechen gegen den Frieden und den Kriegsverbrechen verbunden. Der Tatbestand weist jedoch bis heute keine scharfen Umrisse auf, da er in keinem universell verbindlichen Abkommen kodifiziert und definiert wurde. Die ersten Verfahren nach den Prozessen in Nürnberg und Tokio, bei denen Einzelne wegen Verbrechen gegen die Menschlichkeit unmittelbar nach Völkerrecht abgeurteilt werden, sind die vor den Tribunalen für das ehemalige Jugoslawien und für Ruanda. Der Tatbestand wurde in ihren Statuten weiter ausgedehnt, indem auch „Folter“ und „Freiheitsentziehungen“ aufgenommen wurden.

Bedeutender als die Entwicklung der Verbrechen gegen die Menschlichkeit selbst ist aber, daß sie den Weg zu der Formulierung der Verbrechen des Völkermords und der Apartheid sowie einer Reihe von Weltverbrechen geebnet haben. Gerade der völkerrechtliche Straftatbestand des Genozids hat in der internationalen Gemeinschaft universelle Anerkennung gefunden. Völkermord und Apartheid sind aber Sonderfälle, die keineswegs alle Verbrechen gegen die Menschlichkeit umfassen. Auch die Genfer Konventionen enthalten nur einige Bestandteile der Verbrechen gegen die Menschlichkeit. Dieser Tatbestand hat also eine unübersichtliche rechtliche Struktur. Es fehlt sowohl an einer speziellen Kodifizierung als auch an einer Systematisierung oder Harmonisierung der verschiedenen internationalen Instrumente, die auf sie zurückgehen.

IV. DER ALLGEMEINE TEIL DES VÖLKERSTRAFRECHTS

Die praktische Anwendung des Völkerstrafrechts durch internationale Strafgerichtshöfe erfordert außer Tatbeständen auch allgemeine Regeln über die Verbrechenslehre. Ein einheitlicher allgemeiner Teil des Völkerstrafrechts ist jedoch bis heute weder durch Völkervertragsrecht noch durch Völkergewohnheitsrecht normiert worden. Wichtiger ist der Völkergemeinschaft die Festlegung der völkerrechtlichen Straftatbestände, da diese in Ermangelung eines ständigen internationalen Strafgerichtshofs auch von nationalen Gerichten abgeurteilt werden können. Daher kann im folgenden nur ein Überblick über die bei den Verfahren in Nürnberg und Tokio angewandten Grundsätze und ihre Entwicklung bis zu den Tribunalen für das ehemalige Jugoslawien und für Ruanda gegeben werden.

1. Die Beteiligung mehrerer an einer Straftat

a) Allgemeines

Feste Regeln für die Abgrenzung von Täterschaft und Teilnahme lassen sich im Völkerstrafrecht noch nicht nachweisen. In den Statuten von Nürnberg und Tokio wurden die strafbaren Beteiligungsformen direkt in den Straftatbeständen aufgezählt. Eines Verbrechens gegen den Frieden machte man sich gemäß Art. 6 a) bereits durch „Planen, Vorbereitung und Einleitung“ oder durch die „Beteiligung an einem gemeinsamen Plan oder an einer Verschwörung zur Ausführung" eines Angriffskrieges schuldig. Die Beispiele für Kriegsverbrechen in Art. 6 b) sahen dagegen keine verschiedenen Beteiligungsformen vor. Der IMTFE hatte sich aber ausführlich mit der Strafbarkeit des Unterlassens der Verhinderung von Kriegsverbrechen auseinandergesetzt und dafür Kriterien aufgestellt.[629] Für die Verbrechen gegen die Menschlichkeit wurde in Art. 6 c) Abs. 2 ausdrücklich neben der Strafbarkeit der Anführer und Organisatoren auch die der Anstifter und Teilnehmer festgelegt. Daneben bestand gemäß Art. 10 die Möglichkeit, Personen wegen ihrer Zugehörigkeit zu einer Gruppe, die unter den Voraussetzungen des Art. 9 für verbrecherisch erklärt worden war, anzuklagen.

Die Genfer Konventionen von 1949 sowie ihre Zusatzprotokolle enthalten keine Bestimmungen über Beteiligungsformen, mit Ausnahme des Art. 86 des ZP I, nach dem auch eine Strafbarkeit wegen Unterlassens in Betracht kommt.

In der Völkermord-Konvention ist dagegen in einem eigenen Artikel aufgeführt, daß auch die Verschwörung, die unmittelbare und öffentliche Anreizung zur Begehung sowie die Teilnahme am Völkermord strafbar sind.[630]

Auch die Apartheid-Konvention enthält Vorschriften über Beteiligungsformen. Gemäß Art. 3 macht sich schuldig, wer sich an den Handlungen beteiligt, unmittelbar dazu aufreizt oder sich dazu verabredet (conspire) oder die Begehung des Verbrechens der Apartheid unmittelbar begünstigt, fördert oder daran mitarbeitet.

Aus dieser Zusammenstellung ergibt sich, daß bei Kriegsverbrechen grundsätzlich nur der unmittelbare Täter und der Unterlassungstäter strafbar sind, während bei den übrigen Verbrechen verschiedene Teilnahmeformen verfolgt werden können. In den Statuten der Tribunale für das ehemalige Jugoslawien und für Ruanda wird aber ein ausgedehnteres Mitwirkungskonzept zugrunde gelegt. Gemäß Art. 7 Abs. 1 (bzw. Art. 6 Abs. 1) ist jeder strafbar, der ein Verbrechen geplant, angeordnet, begangen oder dazu angestiftet hat oder an dessen Planung, Vorbereitung oder Ausführung auf andere Weise beteiligt war. Dieser Artikel gilt jeweils für alle nach den Statuten anwendbaren Straftatbestände, also auch für Kriegsverbrechen. In Art. 7 Abs. 3 (bzw. Art. 6 Abs. 3) wird für Vorgesetzte noch die Strafbarkeit wegen Unterlassens ausdrücklich erwähnt. Diese Formulierung entspricht Art. 86 Abs. 3 des ZP I. Um nicht gegen den Grundsatz n.c.,n.p.s.l. zu verstoßen, sollten die beiden Tribunale jeweils für je-

---

[629] siehe Kapitel B III 3. b)

[630] siehe Art. 3 der Völkermord-Konvention

den einzelnen der Tatbestände prüfen, ob ein so weiter Beteiligungsbegriff gerade für dieses Verbrechen eine Verankerung im Völkerrecht hat.

b) Die „Conspiracy“

Der Begriff der „conspiracy“ stammt aus dem anglo-amerikanischen Recht. Darunter ist eine Verabredung zu verstehen, eine ungesetzliche Handlung zu begehen.[631] Kommt es zur Verwirklichung der Tat, ist jeder Teilnehmer der „conspiracy“ für alle Einzeltaten sämtlicher Mitverschworenen verantwortlich.[632] Diese Beteiligungsform, die schon im anglo-amerikanischen Recht zu einer der umstrittensten gehört, wurde in die Statuten von Nürnberg und Tokio aufgenommen, um für die Verbrechen den ganzen Kreis der industriellen, militärischen und politischen Führung verantwortlich machen zu können.[633] In dem Statut des IMT ist sie in Art. 6 a) und c) und in der Charta des IMTFE in Art. 5 a) und c) erwähnt. Von der Anklage wurde daher der 2. Absatz des Art. 6 c) (bzw. Art. 5 c) als unabhängiges Verbrechen angesehen und auf alle anderen im Statut enthaltenen Tatbestände angewendet.[634] Die Richter schränkten dagegen den Einsatz der „conspiracy“ erheblich ein und ließen sie nur für das Verbrechen gegen den Frieden zu.[635] Sie unterschied sich dabei nur noch gering von der Modalität „Planen und Vorbereitung“ eines Angriffskrieges.

Obwohl der „conspiracy“-Begriff in Nürnberg und Tokio also nur eine untergeordnete Rolle gespielt hat und man annehmen konnte, daß er danach nicht mehr verwendet würde, hat er in einigen internationalen Konventionen Aufnahme gefunden. In Art. 3 der Völkermord-Konvention ist als eine der strafbaren Handlungen die Verschwörung zur Begehung von Völkermord aufgeführt. Auch die Apartheid-Konvention enthält ihn in Art. 3 als strafbare Beteiligungsform. Auffällig ist, daß er in Abkommen aufgenommen wurde, die dem Bereich der Verbrechen gegen die Menschlichkeit zuzuordnen sind, für die das IMT seine Verwendung gerade abgelehnt hatte. Über die Völkermord-Konvention hat die „conspiracy“ auch Eingang in die Statuten der Tribunale für das ehemalige Jugoslawien und für Ruanda gefunden. In Art. 4 Nr. 3 b) (bzw. Art. 2 Nr. 3 b) ist in wörtlicher Übereinstimmung mit dem Genozid-Abkommen, das Tribunal zur Aburteilung der Verschwörung zur Begehung von Völkermord zuständig. Eine

---

[631] Jescheck, Die Verantwortlichkeit der Staatsorgane S. 273

[632] ebenda

[633] Pomorski in Ginsburgs/Kudriavtsev, The Nuremberg Trial and International Law S. 216 ff

[634] Der Prozeß gegen die Hauptkriegsverbrecher Bd I S. 30 ff

[635] Der Prozeß gegen die Hauptkriegsverbrecher Bd I S. 251 ff

nähere Erläuterung zu dem Begriff fehlt in beiden Statuten. Wegen der Unklarheit und Grenzenlosigkeit der Teilnahmeform „conspiracy" sollten die Tribunale sie wie ihre Vorgänger, der IMT und der IMTFE, nur sehr eingeschränkt anwenden.

2. Rechtfertigungsgründe

Das Völkerrecht hat vor allem in bezug auf kriegerische Konflikte eigene Rechtfertigungsgründe entwickelt, die hier dargestellt werden sollen.

a) Handeln auf Befehl

Jede staatliche Tätigkeit beruht in gewisser Weise auf einem hierarchischen System, das die Ausführung der Anweisungen der Vorgesetzten durch die Untergebenen voraussetzt. Das gilt vor allem für den militärischen Bereich, in dem der Gehorsam eine der wichtigsten Pflichten des Untergebenen ist. Dieses Gebot des dienstlichen Gehorsams kann im Falle eines rechtswidrigen Befehls zu einer Kollision mit den Normen des Strafrechts führen. Die Frage nach der Verantwortlichkeit für auf Befehl begangene Straftaten stellt sich damit auch im Völkerstrafrecht.

Erste internationale Anerkennung erhielt der Einwand des „Handelns auf Befehl" bei den Prozessen vor dem Reichsgericht in Leipzig nach dem ersten Weltkrieg, in denen für die Prüfung der Rechtswidrigkeit auf das Völkerrecht zurückgegriffen wurde.[636] Im „Dover Castle" Fall, bei dem es um die Versenkung des gleichnamigen britischen Lazarettschiffes ging, wurde der U-Boot Kommandant freigesprochen, weil er bei der Versenkung den Befehlen des Admiralstabes gefolgt war.[637] Da dieser veröffentlicht hatte, daß die britischen Lazarettschiffe zu Soldaten- und Munitionstransporten mißbraucht würden, hatte er den Befehl nicht für völkerrechtswidrig gehalten.[638] Anders entschied das Gericht im „Landovery Castle" Fall. Dabei hatte der U-Boot-Kommandant nach der Versenkung des gleichnamigen Lazarettschiffes befohlen, auf die im

---

[636] vgl. Kapitel B I 1. d)

[637] vgl. von Weber, MDR 1948 S. 34; Fuhrmann, Der höhere Befehl als Rechtfertigung im Völkerrecht S. 37; Bassiouni, Crimes against Humanity S. 420; Dinstein, The Defence of Obedience to superior orders in International Law S. 12 f

[638] vgl. von Weber, MDR 1948 S. 34; Fuhrmann, Der höhere Befehl als Rechtfertigung im Völkerrecht S. 37; abgedruckt in AJIL 1922 S. 636 f; Bassiouni, Crimes against Humanity S. 420 f

Ozean treibenden Rettungsboote dieses Schiffes zu schießen.[639] Der Einwand des „Handelns auf Befehl“ wurde zurückgewiesen und die beiden ausführenden Untergebenen verurteilt, da der Befehl sich zweifelsfrei erkennbar als verbrecherisch dargestellt hätte.[640] Die Handhabung des „Handelns auf Befehl“ im „Dover Castle“ Fall, die nach Meinung des Reichsgerichts dem internationalen Recht entsprach, stieß in der angelsächsischen Rechtswelt auf Widerspruch. Dort ging man davon aus, daß der Befehl des Vorgesetzten die strafrechtliche Verantwortlichkeit des Untergebenen sogar im Fall einer Zwangslage bestehen lasse und sah in dem Urteil des Reichsgerichts einen Verstoß gegen das internationale Recht.[641]

Die angelsächsische Auffassung fand Aufnahme in das Washingtoner Abkommen über den U-Boot Krieg von 1922, in dessen Art. 3 festgelegt war, daß jede Person im Dienste einer Macht, welche eine der Regeln verletzt, gleichgültig, ob diese Person auf Befehl eines vorgesetzten Regierungsorgans handelt oder nicht, so anzusehen ist, als ob sie die Kriegsgesetze verletzt hat.[642] Das Washingtoner Abkommen wurde allerdings nicht ratifiziert und in das Londoner Flottenabkommen von 1930, bzw. das Londoner Protokoll von 1936, wurde der Artikel nicht übernommen.

Die erste Regelung bezüglich des „Handelns auf Befehl“ im positiven internationalen Recht enthielt das Statut von Nürnberg. In seinem Art. 8 (Art. 6 der Tokio Charta) hieß es, daß die Tatsache, daß ein Angeklagter auf Befehl seiner Regierung oder eines Vorgesetzten gehandelt hat, nicht als Strafausschließungsgrund gilt, aber als Strafmilderungsgrund berücksichtigt werden kann. In den Statuten von IMT und IMTFE hatte sich damit die angelsächsische Auffassung durchgesetzt. Die beiden Gerichte beschäftigten sich aber mit den Grenzen der Verantwortlichkeit für den Einwand „Handeln auf Befehl“, insbesondere bei Zwangslagen kaum, da die von ihnen abgeurteilten Handlungen offensichtliche Verbrechen und die Angeklagten Personen in gehobener Stellung und damit Befehlsgeber waren.[643]

---

639 abgedruckt in AJIL 1922 S. 637 ff

640 Der Kommandant war flüchtig und konnte nicht bestraft werden. vgl. Oehler, Internationales Strafrecht S. 637; Fuhrmann, Der höhere Befehl als Rechtfertigung im Völkerrecht S. 38; Dinstein, The Defence of Obedience to superior orders in International Law S. 14 ff

641 von Weber, MDR 1948 S. 34; Dinstein, The Defence of Obedience to superior orders in International Law S. 68 ff

642 vgl. Kapitel C II 3. d)

643 Der Prozeß gegen die Hauptkriegsverbrecher Bd I S. 328, 367

Seit den Prozessen von Nürnberg und Tokio hat sich der Einwand des „Handelns auf Befehl“ kaum weiterentwickelt. In das Völkermord-Abkommen und die Genfer Konventionen von 1949 wurde er nicht aufgenommen, obwohl er noch in den Entwürfen dazu enthalten war.[644] In der von der ILC ausgearbeiteten Formulierung der Nürnberger Prinzipien wurde in Prinzip IV fast wörtlich Art. 8 des Statuts des IMT wiederholt. Hinzugefügt wurde lediglich mit dem Zusatz „provided a moral choice was in fact possible“ eine Anerkennung der Notstandslage für den Befehlsempfänger. Dieser Entwurf ist aber nie Teil des geltenden Völkerrechts geworden.[645] Die Apartheid-Konvention und die Zusatzprotokolle zu den Genfer Konventionen schweigen ebenfalls zu dem Einwand des „Handeln auf Befehl“. Nur die Folter-Konvention ist eine Ausnahme. Sie sieht in Art. 2 Abs. 3 vor, daß eine von einem Vorgesetzten oder einem Träger öffentlicher Gewalt erteilte Weisung nicht als Rechtfertigung für Folter geltend gemacht werden darf. Die Folter-Konvention richtet sich aber nur an die nationalen Gesetzgeber, die ihre Vorschriften ins nationale Recht transformieren sollen.[646] Die Statuten der Tribunale für das ehemalige Jugoslawien und für Ruanda enthalten in Art. 7 Abs. 4 und Art. 6 Abs. 4 bezüglich des „Handelns auf Befehl“ eine mit Art. 8 des Statuts des IMT fast identische Formulierung. Die Tatsache, daß ein Beschuldigter auf Anordnung einer Regierung oder eines Vorgesetzten gehandelt hat, enthebt den Betreffenden nicht der strafrechtlichen Verantwortlichkeit. Sie kann jedoch als Strafmilderungsgrund berücksichtigt werden. Damit scheint sich die angelsächsische Auffassung im Völkerstrafrecht durchgesetzt zu haben.[647]

b) Die Repressalie

Repressalien gehören zu den wichtigsten völkerrechtlichen Rechtfertigungsgründen. Im Rahmen dieser Arbeit ist aber nur der Fall der Kriegsrepressalie interessant. Darunter zu verstehen sind Verhaltensweisen, die grundsätzlich nach dem Völkerrecht unzulässig sind, aber ausnahmsweise als Reaktion auf völkerrechtswidrige Kriegshandlungen eines anderen Staates erlaubt sein kön-

---

[644] Bassiouni, Crimes against Humanity S. 433 f; Fuhrmann, Der höhere Befehl als Rechtfertigungsgrund im Völkerrecht S. 114 ff; Dinstein, The Obedience to superior orders in International Law S. 217 ff, 223 ff;

[645] vgl. Kapitel C I 4. b)

[646] vgl. Kapitel C III 2. f)

[647] a.A. Gornig, NJ 1992 S. 11

nen.[648] Sie sollen den Gegner zur Einhaltung des Kriegsrechts zwingen. Bis zum ersten Weltkrieg hatten Repressalien, obwohl keine Einigkeit über ihre Voraussetzungen bestand, einen anerkannten Platz im Kriegsvölkerrecht.[649] In dem Kommissionsbericht von 1919 wurden jedoch viele Handlungen, die unter der Berufung auf Repressalien begangen worden waren, verurteilt.[650] Es dauerte aber noch zehn Jahre, bis das erste ausdrückliche Verbot formuliert wurde. Die Genfer Konvention über die Behandlung der Kriegsgefangenen vom 27. Juli 1929 untersagte in Art. 2 Repressalien gegenüber Kriegsgefangenen.[651]

Auch im zweiten Weltkrieg wurden unter dem Schild des Repressalienrechts viele völkerrechtswidrige Kriegshandlungen vorgenommen.[652] Die Statuten des IMT und des IMTFE enthielten diesbezüglich keine Regelungen. Der IMT beschäftigte sich jedoch am 15. März 1946 mit der Frage und ließ durch Beschluß den Einwand der Repressalie als Rechtfertigungsgrund zu.[653] Der Ankläger Jackson beschrieb ihre Voraussetzungen folgendermaßen:

> "Jede Handlung, die als Vergeltungsmaßnahme gerechtfertigt werden soll, (muß) auf eine bestimmte und fortgesetzte Verletzung des Völkerrechts durch die Gegenseite zurückgeführt werden können ... Zweitens: Alles, was als eine gerechtfertigte Repressalie in Anspruch genommen wird, muß innerhalb einer angemessenen Zeit erfolgen und in einem vernünftigen Verhältnis zu der Verletzung stehen, die verhindert werden soll ... Der nächste und wichtigste Punkt ist, daß eine vorsätzliche Politik der Völkerrechtsverletzung nicht als Repressalie gedeckt werden kann ... Man kann keine Schreckensherrschaft mit der Lehre der Repressalie rechtfertigen."[654]

Anschließend beschäftigte sich das IMT hiermit nicht weiter, und auch das Urteil enthielt keine Ausführungen dazu.

Die Genfer Konventionen von 1949 sehen zum ersten Mal umfangreichere Regeln in bezug auf Kriegsrepressalien vor. Sie verbieten solche Maßnahmen gegen die von ihnen geschützten Gebäude, Ausrüstungen, Schiffe und Personen-

---

[648] Triffterer in Hankel/Stuby, Strafgerichte gegen Menschheitsverbrechen S. 239; Oppenheim, International Law Bd II S. 561; Albrecht, AJIL 1953 S. 590; Schütze, Die Repressalie S. 41; Bassiouni, International Criminal Law Bd III S. 175

[649] Oppenheim, International Law Bd II S. 406; Schütze, Die Repressalie S. 43 ff

[650] Bassiouni, Crimes against Humanity S. 452; Oppenheim, International Law S. 565

[651] vgl. Kapitel C II 3. c)

[652] Schütze, Die Repressalie S. 1

[653] Der Prozeß gegen die Hauptkriegsverbrecher Bd IX S. 365

[654] Der Prozeß gegen die Hauptkriegsverbrecher Bd IX S. 362

gruppen.[655] Ihre Anwendbarkeit wurde durch das ZP I noch weiter eingeschränkt. Illegal sind danach auch Repressalien gegen zivile Objekte; gegen für die Zivilbevölkerung lebensnotwendige Objekte; gegen die natürliche Umwelt; gegen Anlagen oder Einrichtungen, die gefährliche Kräfte entfalten, z.B. Staudämme, Deiche, Kernkraftwerke; gegen geschichtliche Denkmäler, Kunstwerke oder Kultstätten.[656] Aus dieser Zusammenstellung ergibt sich, daß Kriegsrepressalien noch nicht völlig untersagt sind. Die vielen speziellen Verbote haben aber eine ähnliche Wirkung wie ein absolutes Verbot.

c) Der Einwand des „tu quoque"

Der Einwand „tu quoque" bedeutet, daß ein Staat die Völkerrechtsverstöße, die er seinerseits begeht, einem anderen Staat nicht als Rechtsbruch vorwerfen darf.[657] Diese Berufung auf Straftaten der Gegenseite als Strafausschließungsgrund ähnelt dem Einwand der Repressalie. Beide setzen eine Verletzung des Völkerrechts voraus. Sowohl bei der Repressalie als auch bei „tu quoque" richten sich die völkerrechtswidrigen Taten gegen Personen, die nicht mit dem die Maßnahmen auslösenden Akt in Zusammenhang stehen. Die Berufung auf Straftaten der Gegenseite geht aber insofern über den Einwand der Repressalie hinaus, als dabei einem Staat auch dann noch Vergeltungsmaßnahmen erlaubt sind, wenn sie nicht mehr als Repressalie gerechtfertigt wären.[658] Das führt zu einer Situation, in der kein Staat sich mehr an die jeweiligen Regeln des Kriegsvölkerrechts gebunden fühlt. Das Problem des „tu quoque" stellte sich gerade bei dem Prozeß vor dem IMT. Schließlich wurden dort die Taten der Besiegten durch die Sieger abgeurteilt, denen ebenfalls Verbrechen vorgeworfen werden konnten. Der Einwand wurde aber mit der Ausnahme des uneingeschränkten U-Boot Krieges zurückgewiesen.[659] Das IMT begründete dies damit, daß es nicht für von anderen Staaten begangene Völkerrechtsverletzungen zuständig sei.[660] Gegen die Berufung auf „tu quoque" spricht vor allem, daß auch im staatlichen Strafrecht niemand einer Verurteilung entgehen kann, indem er

[655] vgl. Art. 46 des 1. Abkommens, Art. 47 des 2. Abkommens, Art. 13 Abs. 3 des dritten Abkommens, Art. 33 des vierten Abkommens

[656] vgl. Art. 20, Art. 51 Abs. 6, Art. 52 Abs. 1, Art. 53 c), Art. 54 Abs. 4, Art. 55 Abs. 2, Art. 56 Abs. 4 des ZP I; vgl. auch Art. 4 des Haager Kulturgüterabkommens von 1954

[657] Bassiouni, Crimes against Humanity S. 460; Kraus, KRG Nr. 10 S. 37

[658] Bassiouni, Crimes against Humanity S. 461

[659] Der Prozeß gegen die Hauptkriegsverbrecher Bd XXII S. 636, 641

[660] Bassiouni, Crimes against Humanity S. 461

auf die Straftaten anderer verweist, die nicht gerichtlich abgeurteilt wurden.[661] Bei den Verfahren vor den Tribunalen für das ehemalige Jugoslawien und für Ruanda wird der Einwand des „tu quoque“ kaum zur Anwendung kommen. Dort richten nicht die Sieger über den Besiegten sondern unabhängige von den VN eingesetzte Richter über die Straftäter aller an den Konflikten beteiligten Parteien.

d) Die Kriegsnotwendigkeiten

Ein weiterer völkerrechtlicher Rechtfertigungsgrund ist der der militärischen Notwendigkeit. Danach sind völkerrechtswidrige Maßnahmen erlaubt, wenn eine zwingende militärische Notlage, die auf andere Weise nicht beseitigt werden kann, sie erforderlich macht.[662] Die Berufung auf Kriegsnotwendigkeiten ist aber nur dann zulässig, wenn das Kriegsrecht die Wirksamkeit bestimmter Normen ausdrücklich in dieser Art und Weise einschränkt.[663] Schon die HLKO enthielt einen solchen Fall. Gemäß Art. 23 g ist die Zerstörung oder Wegnahme feindlichen Eigentums ausnahmsweise erlaubt, wenn sie durch die Erfordernisse des Krieges dringend notwendig ist. In das Statut des IMT wurde diese Vorschrift in etwas abgewandelter Form übernommen. Es erklärt jede durch militärische Notwendigkeit nicht gerechtfertigte Verwüstung zu einem Kriegsverbrechen. Diese Möglichkeit der Rechtfertigung bei der Zerstörung von Sachgütern im Krieg findet sich auch in Art. 53 des vierten Genfer Abkommens von 1949 und am ausführlichsten in Art. 54 Abs. 2 und 5 des ZP I. Das vierte Genfer Abkommen sieht in Art. 49 Abs. 2 noch einen zweiten Fall vor, bei dem der Einwand der Kriegsnotwendigkeiten rechtfertigend wirkt - die vollständige oder teilweise Räumung einer bestimmten besetzten Gegend. Dementsprechend wurde der Rechtfertigungsgrund in diesen beiden Fällen auch in Art. 2 d) und g) sowie Art. 3 b) des Statuts für das Jugoslawien Tribunal verankert. Zusammenfassend läßt sich also feststellen, daß nur bei der Zerstörung fremder Sachwerte und der Einzel- oder Massenverschickung der Zivilbevölkerung die Kriegsnotwendigkeit als Rechtfertigungsgrund eingewandt werden kann.

---

661 so auch Woetzel, The Nuremberg Trials S. 120; Bassiouni, International Criminal Law Bd III S. 174

662 Jescheck, Die Verantwortlichkeit der Staatsorgane S. 221

663 Triffterer in Hankel/Stuby, Strafgerichte gegen Menschheitsverbrechen S. 238; Jescheck, Die Verantwortlichkeit der Staatsorgane S. 221

3. Vorsatz und Fahrlässigkeit

Auch allgemeine Regeln über Vorsatz und Fahrlässigkeit fehlen im Völkerstrafrecht. Es ist daher für jeden Tatbestand einzeln zu prüfen, ob er nur vorsätzlich oder auch fahrlässig erfüllt werden kann. Bei den Tatbeständen der Statuten von IMT und IMTFE ergibt sich bereits aus den Definitionen der Verbrechen wie „Planen, Vorbereitung, Einleitung oder Durchführung eines Angriffskriegs" sowie „Mord, Mißhandlungen, Deportation, Plünderung oder mutwillige Zerstörung" und „Verfolgung aus politischen, rassischen oder religiösen Gründen", daß sie nur vorsätzlich begehbar waren. Das IMT verstand dabei unter Vorsatz die genaue Kenntnis von allen Merkmalen, die zum Tatbestand der strafbaren Handlung zählen.[664] Für die Tatbestände des Völkermords ergibt sich die Beschränkung auf Vorsatztaten aus dem Erfordernis der Absicht, eine bestimmte Gruppe ganz oder teilweise zu zerstören. Bei den in den vier Genfer Konventionen aufgezählten „schweren Verletzungen" ist größtenteils eine vorsätzliche Begehung ausdrücklich vorgeschrieben. Für die übrigen Tatbestände ergibt sich dieses Erfordernis meistens schon aus der Umschreibung, z.B. willkürliche Zerstörung oder Aneignung von Eigentum. Auch das ZP I spricht in Art. 85 Abs. 3 und 4 nur von vorsätzlicher Begehung. Es enthält jedoch in Art. 86 Abs. 2 eine Ausnahme: Bei pflichtwidriger Untätigkeit in bezug auf bevorstehende oder bereits begangene Straftaten sind Vorgesetzte auch für fahrlässiges Unterlassen zur Verantwortung zu ziehen. Ähnliche Regelungen finden sich in Art. 7 Abs. 3 des Haager Statuts und Art. 6 Abs. 3 des Ruanda Statuts. Insgesamt läßt sich also feststellen, daß das Völkerstrafrecht mit der Ausnahme für Vorgesetzte nur eine vorsätzliche Begehung der Verbrechen für strafbar hält.

4. Zusammenfassung

Die Zusammenstellung hat gezeigt, daß sich Ansätze bezüglich Täterschaft und Teilnahme, Vorsatz und Fahrlässigkeit sowie einige Rechtfertigungsgründe nachweisen lassen. Es fehlen aber Vorschriften zum Versuch, Rücktritt, Entschuldigungsgründen und zu Irrtumsmöglichkeiten. Die Richter der Tribunale für das ehemalige Jugoslawien und für Ruanda müssen also versuchen, durch einen Vergleich der Regeln und dogmatischen Figuren, die in den nationalen Rechtsordnungen weitgehende Anerkennung gefunden haben, allgemeine Rechtsgrundsätze für die nicht geregelten Bereiche zu entwickeln. Durch den Grundsatz n.c.,n.p.s.l. sind sie dabei insofern nicht behindert, als dieser nur für die Umschreibung des tatbestandlichen Verhaltens gilt.

---

[664] Der Prozeß gegen die Hauptkriegsverbrecher Bd I S. 320, 324, 331, 333, 336, 349 etc.

D. ZUSAMMENFASSUNG DER WESENTLICHEN ERGEBNISSE

Die vorliegende Untersuchung hat gezeigt, daß das Völkerstrafrecht trotz zahlreicher Bemühungen lediglich einen fragmentarischen Charakter aufweist.

Als völkerstrafrechtliche Normen können nur solche angesehen werden, die die unmittelbare Strafbarkeit des Einzelnen begründen. Ihre Entstehung und Anwendung wird durch den Grundsatz n.c.,n.p.s.l. begrenzt. Dieser gilt im Völkerstrafrecht allerdings nur in einer eingeschränkten Form. Er verlangt lediglich, daß die Strafbarkeit einer Handlung zur Tatzeit normiert ist. Eine schriftliche Festlegung und konkrete Strafdrohungen sind dagegen nicht erforderlich.

Die Untersuchung der Strukturen der internationalen Strafgerichtshöfe und der Entwürfe für einen ständigen internationalen Strafgerichtshof hat ergeben, daß von ihnen folgende Normen als völkerrechtliche Straftatbestände angewandt wurden und werden: das Verbrechen gegen den Frieden, die Kriegsverbrechen, die Verbrechen gegen die Menschlichkeit und das Verbrechen des Völkermords.

Bei der anschließenden Überprüfung dieser Tatbestände sowie des Verbrechens der Apartheid hat sich herausgestellt, daß die Aufnahme des Verbrechens gegen den Frieden in das Londoner Statut vom 8. August 1945 gegen den Grundsatz n.c.,n.p.s.l. verstieß und es bis heute keinen rechtssicheren Straftatbestand darstellt. Die internationale Staatengemeinschaft lehnt überwiegend die völkerstrafrechtliche Haftbarmachung der Verantwortlichen für das Planen und Führen eines Angriffskrieges ab. Insofern ist verständlich, warum dieser Tatbestand nicht in die Statuten der Tribunale für das ehemalige Jugoslawien und für Ruanda aufgenommen wurde.

Der älteste völkerstrafrechtliche Tatbestand ist der der Kriegsverbrechen. Er wurzelt im Völkergewohnheitsrecht und ist inzwischen in zahlreichen internationalen Abkommen kodifiziert. Als Kriegsverbrechen anzusehen sind Verstöße gegen die HLKO, der Beispielskatalog in Art. 6 b) des Statuts des IMT sowie die „schweren Verletzungen" der vier Genfer Abkommen und ihres ZP I. Der Tatbestand der Kriegsverbrechen ist damit auf internationale Konflikte beschränkt. Auf interne Auseinandersetzungen erstreckt er sich dagegen noch nicht.

Die Aufnahme der Verbrechen gegen die Menschlichkeit in das Londoner Statut verstieß ebenfalls nicht gegen den Fundamentalsatz n.c.,n.p.s.l., da sich dieser Tatbestand auf die Völkerrechtsquelle der allgemeinen Rechtsprinzipien zurückführen läßt. Er wurde jedoch bisher nicht in allen seinen Facetten kodifiziert und weist daher keine festen Schranken auf.

Anders ist dagegen der auf den Humanitätsverbrechen basierende Tatbestand des Völkermords zu beurteilen. Er ist von der internationalen Staatengemeinschaft anerkannt und hat durch die Kodifizierung im Völkermord-Abkommen vom 9. Dezember 1948 einen festen Rahmen erhalten.

Der Tatbestand der Apartheid ist heftiger Kritik ausgesetzt. Seine Vorschriften sind für strafrechtliche Bestimmungen zu weit gefaßt. Zudem hat die Apartheid-Konvention keine so universelle Verbreitung gefunden, wie das Völkermord-Abkommen. Er stellt noch keinen rechtssicheren Tatbestand dar.

Noch fragmentarischer sind die völkerstrafrechtlichen Vorschriften des allgemeinen Teils. Als besondere Beteiligungsform kennt das Völkerstrafrecht die aus dem anglo-amerikanischen Rechtskreis stammende „Conspiracy". Wegen der Weite dieser Zurechnungsform sollte sie jedoch nur sehr eingeschränkt angewendet werden.

Mit der Ausnahme der Haftung von Vorgesetzten für Fahrlässigkeit bei Kriegsverbrechen hält das Völkerstrafrecht nur die vorsätzliche Begehung von Verbrechen für strafbar.

Im Völkerstrafrecht gelten daneben spezielle Rechtfertigungsgründe, deren Anwendbarkeit aber inzwischen begrenzt worden ist. Die Zulässigkeit der Kriegsrepressalie ist durch die Genfer Konventionen von 1949 und ihr ZP I sehr beschnitten worden. Auch der Einwand des „tu quoque" wirkt im Falle von unabhängigen internationalen Strafgerichtshöfen nicht mehr rechtfertigend. Der Einwand der Kriegsnotwendigkeit gilt nur noch für die Zerstörung fremder Sachwerte und der Einzel- oder Massenverschickung der Zivilbevölkerung. Der umstrittene Einwand des Handelns auf Befehl hat keine rechtfertigende Wirkung sondern kann sich nur noch strafmildernd auswirken.

FSC
www.fsc.org
MIX
Papier | Fördert gute Waldnutzung
FSC® C083411

Kolibri 360 GmbH
Ferdinand-Jühlke-Straße 7
99095 Erfurt, Deutschland
produktsicherheit@kolibri360.de